Basic French Reader

Julian Harris
André Lévêque

UNIVERSITY OF WISCONSIN

Basic

French Reader

THIRD EDITION

HOLT, RINEHART AND WINSTON
New York   Toronto   London

Preface

In this Reader, as in our other books, we proceed on the assumption that language is something you <u>do</u> and that the easiest and most natural way to learn a language is by using it. In our *Basic Conversational French*[1] we provide texts and exercises for practice in understanding and speaking the language; in our *Intermediate Conversational French*[2] we provide texts and exercises for practice in understanding, speaking, and writing; and in this Reader we provide texts and exercises for practice in understanding, speaking, and reading in French. Continuing to follow the phrase-centered method that has proved so effective in our other books, we use a variety of devices to get the students to read and understand entire phrases in French instead of learning and "overlearning" the English equivalent of French words.

The reading material is a series of descriptions of the reactions of young Americans to different aspects of life in present-day France. Much of it is in the form of conversations between young Americans or between Americans and French people. We chose this form for the first edition of the Reader because students and teachers all over the country had shown unusual enthusiasm for our *Basic Conversational French*. The first few chapters of the present edition are largely in dialogue form, but we have gradually introduced longer descriptive and narrative passages in the later ones. We have chosen subject matter which, we think, will not only interest students but which will contribute to their understanding of the French way of life and some of the problems of contemporary France. In addition to this material, we have included seven Fables of the matchless and ageless La Fontaine. We have provided a translation of the Fables — somewhat pedes-

---

[1] *Basic Conversational French, Fourth Edition*, Holt, Rinehart and Winston, New York, 1968. *Teacher's Manual* for same, Holt, Rinehart and Winston, New York, 1968.

[2] *Intermediate Conversational French, Revised*, Holt, Rinehart and Winston, New York, 1966. *Teacher's Manual* for same, Holt, Rinehart and Winston, New York, 1966.

trian, alas, but accurate — so that no beginning student of French will run the risk of doing even greater violence to these little masterpieces.

The present edition differs from the previous one as follows: (1) we have included eight new chapters entitled: *Américanismes et anglicismes, À propos de truffes, Voyage à la lune, Rénovation du vieux Paris, Voyage à Rouen, À Rouen, Touristes et vacanciers, Dans les Causses;* (2) we have omitted the chapters on Les Halles; (3) we have examined carefully all the other chapters and revised most of them — sometimes to bring them up to date as to content, sometimes to make them more readily comprehensible, sometimes to introduce useful expressions; (4) we have revised the questionnaires so that each will have thirty questions that can be effectively used by students in preparing their assignments or by teachers in the classroom; (5) for each lesson we have added exercises and discussions in French that, we hope, will help students increase their working vocabulary and their ability to read entire phrases at a glance; (6) we have put the footnotes in French insofar as it seemed to us feasible; and (7) we have included a detailed briefing for students as to "How to go about learning to read in French."

We have also written a *Teacher's Manual*[3] which is being published separately. In this manual we have included a detailed description of the way we go about teaching students to read in French, the tape scripts we have worked out for students who prepare their reading assignments in the language laboratory, and discussions of many of the moot questions about the teaching of foreign languages — making it a point to say as unambiguously as we can what we think should and should not be done, and why we think so.

[3] Tapes for the Third Edition of the *Basic French Reader* are available from the publisher, Holt, Rinehart and Winston, 383 Madison Avenue, New York, N. Y., 10017. All tapes may be purchased or borrowed by teachers using the book for copying. *Teacher's Manuals* are available free of charge for teachers using the book.

How to go about learning to read in French

It took man many thousand years to learn to record speech in writing, and only in the last few hundred years have large numbers of people learned to read and write. Although we take literacy for granted in this country, it is still a considerable achievement. Even today, learning to read in your native tongue takes a substantial proportion of the time devoted to your schooling: only after thousands of hours of practice in school and out did you reach the point where you could read in English with fair skill. Fortunately, you can learn to read in French much more quickly than you learned to read in English, because much of your reading skill can be transferred to reading in French. Indeed, you can begin by reading entire sentences in French because you have already learned to convert a printed page (in English) to actual speech and to understand its meaning. Most people these days would agree that you do not need to devote a lot of time to learning the French alphabet and recognizing syllables and words, because your skill in reading in English permits you to grasp that sort of thing almost at a glance. But as recognizing letters and words is not reading, you still have to learn to read in French.

Now in English, you read with such skill that you could read for hours without looking up a word in a dictionary. You read for meaning — the meaning of sentences, paragraphs, even pages; you do not examine (or even see) each individual word. If, in reading in English, you had to define every word you read, or if you had to produce a synonym for each word, it would take you all day long just to read the newspaper! You must now learn to read in French consciously as you do unconsciously in English — read, that is, for the meaning of sentences, paragraphs, and pages, rather than for the meaning of individual words. Rule #1: THE PRIMARY PURPOSE OF READING IS TO GET THE MEANING OF WHAT IS WRITTEN OR PRINTED.

Of course you will learn the meaning of many words, but that is secondary to the business of practicing and mastering the art of reading. People used to think you had to find out the meaning of all the words in a paragraph or even a page of French before you could begin to understand what it was all about. That word-centered point of view was slow and tedious — so slow, in fact, that the vast majority of foreign language students dropped out before, they developed even a rudimentary reading knowledge of the language. Now in our phrase-centered method, you try to understand what it is all about before you try to understand the meaning of all the words. And you will find that when you do think what it is all about, the meaning of many unfamiliar words will become perfectly clear.

If you should read in English: "The man bought a baguette at the French bakery," what would you do? Would you not be sensible enough to know at once that a baguette is some sort of French bread? Or would you reach for a dictionary and look up the word baguette? If you consult a dictionary, the various meanings of baguette in English (a cut of gems, a type of molding, etc.) would make the sentence less comprehensible rather than more so! Now if you should read in French: *Le garçon a acheté une baguette à la boulangerie*, would you not still know that a *baguette* is some sort of French bread? And until you need or want to know just what sort of French bread a *baguette* is, you can be content with the meaning you gather from the context.

Likewise, if you read: *Le chef d'orchestre arrive sur la scène, prend sa baguette et commence la Symphonie en Sol mineur de Mozart*, would you not be knowledgeable enough to know that *une baguette* is also the name of the object a *chef d'orchestre* picks up before conducting a symphony? You would surely not be so foolish as to think a *chef d'orchestre* could conceivably conduct an orchestra with a stick of French bread. If you like to think about words, you might be tempted to toy with the fact that in English we call a conductor's stick a *baton* and that the French, instead of using a perfectly good French word like *baton* as we do, see fit to call it a *baguette*. And if you looked in a good French dictionary, you might be fascinated to find that a *baguette* (*de pain*) weighs 300 grammes and that it is about 80 centimetres long. But all this is studying words instead of practicing reading; and while you are looking into the meaning of a word or two, you could read and understand an entire paragraph. Your progress in learning to read is much more rapid if you don't get bogged down in words. Rule #2: NEVER LOOK UP A WORD BEFORE TRYING TO UNDERSTAND THE PASSAGE IN WHICH IT STANDS.

But the context, helpful as it is, will not give you the meaning of all the words. So when you can't figure out the meaning of one or more words in a passage, you look up the most important one (subject, verb, or object) while keeping the context clearly in mind. When you find it, you choose the meaning that will fit into the context, and you see if the additional information will throw light on the other unfamiliar words. If not, look up the next most important word while keeping the context still clearly in mind. And so on. When you do find what a word means, make it a point to reread two or three times the phrase in which it stands so that thereafter you will be able to associate the word with French words in French contexts rather than with an English word. In this way you really learn what the authentic French phrase actually means in French. If you learn an English equivalent of a French word, and do not take the trouble to associate it with other French words, you will probably not remember the French word and, consequently, you will look up the same word over and over. Vocabulary thumbing and "overlearning" should be avoided because they are boring, stupid, and inefficient. (The word "overlearning," which is not to be found in most dictionaries, means "learning the same material over and over." Certain foreign language teachers say you must "overlearn" vocabulary items rather than you must learn(?) the same words over and over.) Rule #3: WHEN YOU DO LOOK UP A WORD, ALWAYS REREAD THE PHRASE IN WHICH IT STANDS — IN FRENCH — AND BE SURE YOU UNDERSTAND IT IN FRENCH. Each time you say or think a French phrase, it makes a deeper impression on your mind.

After you read through your lesson and learn to understand each phrase completely in French, it is absolutely essential to reread the chapter two or three times in French so that you can at least read that chapter in French more or less as you read in English. If you can read one chapter well, some of your skill will be transferable to reading the next chapter. Rule #4: READ EACH CHAPTER UNTIL YOU CAN READ IT EXPERTLY, BECAUSE YOU CANNOT LEARN TO READ WELL BY READING BADLY.

As your instructor will probably read Chapter 1 with you, let us take a look at Chapter 2, "*Chez Mme Lange*" and see how to go about learning to read a specific assignment.

You probably understand the meaning of the title, but if not, never mind for the moment. In Chapter 1, you learned that Bill Burgess has come to spend a year in Paris and that he has just gone into the apartment house where he is going to live. With this in mind, you read through the first paragraph carefully in French and make an effort to understand as much of it as you can — in French, of course. You understand most of it. Before underlining or looking up any "new words" in the vocabulary, you read the questions of the questionnaire (p. 182), find the answers to each of them and read them. Question 1: *Qui est Mme Arnauld?* Answer: *Mme Arnauld est la concierge.* If you are not sure just what a *concierge* is, at least you know that the *concierge* seems to belong to the apartment building, that she knows who Bill is, that she knows he has engaged a room in Mme Lange's apartment. Go on to Question 2: *Quel âge a-t-elle?* and read the answer: *C'est une personne d'un certain âge.* In reading Questions 3, 4, and 5, you learn more about the physical appearance of the concierge and about her probable age. If you still do not know what *d'un certain âge* means, read Exercise 1 on p. 183. Note that you are already beginning to read in French — intelligently! Rule #5: JUST AS YOU LEARN BY DOING IN OTHER FIELDS, YOU LEARN TO READ BY READING.

In answer to Question 6, you read: *Elle a un petit appartement au rez-de-chaussée.* Since Bill sees her when he enters the building, you see what the *rez-de-chaussée* must be; but you may read footnote 2 just to be sure. Now you can envisage clearly *un petit appartement au rez-de-chaussée* and you know precisely what it means. You don't say "ground floor" or "street level" because your English is fluent enough without further practice; you simply read the French phrase again: *Elle a un petit appartement au rez-de-chaussée.* Reading and understanding this phrase increases your ability to read in French more than saying it in English ten (or ten thousand) times: it also teaches you what *rez-de-chaussée* means, that it is masculine, since you say *au rez-de-chaussée* (although *chaussée* is feminine), that you use the preposition *à* rather than *sur* (even though in English we say <u>on</u> the street level). and it prepares you to understand the expression *au quatrième étage,* which you will see in a moment. Don't say: *étage* means floor; simply read again: *L'appartement de Mme Lange est au quatrième étage.* Rule #6: THINK EACH SENTENCE IN FRENCH INSOFAR AS IT IS POSSIBLE FOR YOU TO DO IT.

Before you go on to the next paragraph, reread the first paragraph in French. If you still feel inclined to check a word or two in the vocabulary, you may now do so. But every time you look up a word, be sure to reread the sentence in which it stands so that you will really have it mastered. Do not under any circumstances write English words in your book; because if you do, you will not even see the French words any more. And how can you possibly hope to learn to read in French if you don't even see the French words? You may be sure that if a trot would teach you to read in French, we would give you an interlinear text. Rule #7: REMEMBER THAT YOU ARE STUDYING FRENCH, NOT ENGLISH.

Now read lines 6–11 in French. Find the answers to Questions 7 and 8 and read them. If you still do not understand the meaning of *Chez Mme Lange,* go ahead and look it up. Perhaps you do not quite understand *Mme Lange vous attend.* Don't think about the meaning of the English cognate *attend* — which has nothing to do with the French word; think what the concierge could say about Mme Lange at this juncture. You can surely understand the meaning of *Voici l'ascenseur,* because it is the way Bill is to go up to the *quatrième étage;* and in an apartment house in the neighborhood of the Arc de Triomphe, it is hardly likely that people would be expected to walk up four flights of steps.

Now read the next three lines. Reading the answer to Question 11 will throw light on these lines. If you don't see at once the meaning of *Elle l'arrête,* think what the *concierge* could do as Bill picks up his bags and stars towards *l'ascenseur.* Do not confuse the issue by considering the English cognate "arrests." Any way you should remember *L'avion s'arrête devant l'aérogare* and *Le taxi s'arrête* from Chapter 1. But it is no crime to consult the vocabulary if you do it intelligently. Rule #8: LOOK UP WORDS IN THE VOCABULARY WHEN YOU MUST; BUT ONCE YOU KNOW WHAT THE SENTENCE MEANS, BE SURE TO THINK IT IN FRENCH BEFORE YOU LEAVE IT. It takes real persistence to escape from the immense gravitational pull of thinking in English and to develop the habit of thinking in French.

In the same way, you read the rest of the chapter, reading the questions and answers, noting what each phrase could mean, looking up words when you must, so as to verify or correct your guess as to their meaning. Read the notes and do the exercises (on p. 183) whenever you think you need to do them. After you have worked your way through the entire chapter, reread it in French as usual, making it a point to be conscious of the meaning of every phrase in French. Rule #9: NEVER MAKE THE MISTAKE OF JUST PRO-NOUNCING THE WORDS WITHOUT THINKING OF MEANING (A PRACTICE KNOWN AS "WORD-CALLING") — AS CHILDREN IN THE SECOND AND THIRD GRADES SOMETIMES DO!

If your instructor wants you to translate the reading assignment, you can now proceed to do it efficiently. But if you try to translate it into English before you understand it, your translation will be in fractured English, and, what is worse, you will not be learning to read in French.

If you have studied a foreign language by traditional methods, this sug-gested procedure may seem less direct than simply looking up the words and writing them in your book. But no. You will find, not too surprisingly, that you learn much faster if you use your powers of reasoning, your judg-ment, your imagination, your general knowledge, and the know-how you acquired in learning to read in English. People used to say (and some still say) that learning a foreign language is largely a matter of memorizing (learning, forgetting, "overlearning" and so on). This is simply not true. Rule # 10: IF YOU EXPECT TO LEARN TO READ IN FRENCH, YOU HAVE TO USE YOUR HEAD, TO SOLVE PROBLEMS, TO PUT TWO AND TWO TOGETHER, TO THINK!

As a matter of fact, you spend most of your waking hours considering possibilities, thinking, guessing, interpreting, deciding. You do much of it unconsciously. For example, if a friend says something to you when you are reading, or following a TV program or just thinking, you might not hear what he says, or you might hear only a part of it. But if you hear only the last word of a sentence, you often understand what was said. Let us assume that you can recall the rhythm and intonation of the phrase and that you heard only one word: "— — — — paper?" You would know it could mean two or three different things. If your friend is usually interested in newspapers, it could mean: "Have you seen the paper?" If he is a borrower, it could mean: "Have you got some paper?" Or "Will you lend me some paper?" If he is likely to talk about school work, it could mean: "Have you finished your paper?" and so on. The point is that you have acquired the ability to use with great cunning, consciously or unconsciously, all sorts of clues in order to understand meaning. It is unthinkable that an intelligent student would undertake to learn a foreign language without making good use of this marvelous skill. If, instead of using this priceless ability, you resort to the stultifying habit of automatically looking up an English equivalent of every unfamiliar word, your progress will be slow and tedious.

There are a lot of French words that look like English words, some of which have approximately the same meaning as in English, and others that have very different ones. Foreign Language teachers often call the former "friends" or *amis* and the latter "false friends" or *faux amis;* we think they are all false friends. The former strengthen your natural tendency to think in terms of English equivalents instead of learning to read and understand the French words; the latter make you think of English words that aren't even approximately equivalent to the French words they resemble! In either case, it is important to make a special effort to practice using these French words in meaningful French contexts and to avoid the temptation to slip back into English. For example:

Don't say: *Violoniste* means "violinist," but: *Ce violoniste a un beau violon.*
Don't say: *Nombre* means "number" and *bibliothèque* means "library," but: *Il y a un grand nombre de livres dans la bibliothèque.*
Don't say: *Librairie* means "bookstore," but: *J'ai acheté ce guide à la librairie en face.*

Don't say: *Photographe* means "photographer" and *photographie* means "photographe," but: *Ce photographe prend d'excellentes photographies.*

Don't say: *Demander* means "to ask," but: *Je lui ai demandé son opinion.*

Don't say: *Lecture* means "reading," but: *J'aime la lecture. Voici un bon livre de lecture.*

Don't say: *Conférence* means "lecture," but: *J'ai trouvé la conférence de M. Leclerc très instructive.*

Don't say: *La poste* means "the post office" and *Le poste* means "the job,' but: *Je vais à la poste acheter des timbres. Roger a un bon poste.*

In this way you learn not only the meaning of the words, but also their gender, the way they are used, the way they look, and the way they sound. If you like to keep lists of "troublesome words" or to make flash cards for practicing them, we urge you to put the words into meaningful phrases and practice using them instead of merely copying them. Rule #11: NO ONE HAS EVER LEARNED TO READ IN FRENCH BY WRITING WORDS IN HIS NOTEBOOK! Besides, it is much easier to find a word in the vocabulary than it is to find it in your notebook.

It is sometimes useful to be aware of the fact that there are large numbers of words whose meanings are altered in a recognizable way by prefixes or suffixes. For example, regardless of the context, familiarity with the word *mettre* and a few prefixes helps you understand the words *admettre, commettre, démettre, émettre, permettre, promettre, soumettre, remettre, transmettre.* The meaning of prefixes is unfortunately not always consistent, but the following examples will perhaps help you associate French words with other French words:

(1) The prefix **a-** (or **ad-, af-, ap-, at-**) often has the meaning "to": *porter — apporter, mener — amener, border — aborder, tirer — attirer.*

(2) **Dé-** often gives a word an opposite meaning: *bloquer — débloquer, dire — dédire, faire — défaire, loyal — déloyal, hériter — déshériter.*

(3) **En-, em-** often mean "away" or "away from": *fuir — s'enfuir, voler — s'envoler, mener — emmener, porter — emporter, aller — s'en aller.*

(4) **Mal-** often gives a word an opposite meaning: *adroit — maladroit, adresse — maladresse, aisé — malaisé, appris — malappris, disant — maldisant, entendu — malentendu, honnête — malhonnête, faire — malfaire, traiter — maltraiter, chance — malchance, avisé — malavisé, formation — malformation.*

(5) **Mé-** or **més-** often gives a word a bad meaning: *mésaventure, mécontent, méconnaître, médire, mécompter, méprendre.*

(6) **Mi-** means "halfway" or "mid:" *la mi-carême, la mi-avril, à mi-chemin, à mi-voix, mi-mort.*

(7) **Pré-** means "before:" *précaution, préjuger, prédisposer, préétablir, prévoir.*

(8) **R-, re-** sometimes means (a) "again," sometimes (b) "back," and sometimes (c) it merely intensifies the meaning of the word with which it is used:

 (a) *redire, refaire, revoir, repartir;*

 (b) *revenir, retourner, ramener, rentrer;*

 (c) *rechercher, ressentir, remercier, rafoller.*

(9) **Sou-,** or **sous-** usually adds the meaning of the preposition *sous: soulever, souligner, soutenir, sous-entendre, sous-louer, sourire.*

(10) **Sur-** usually adds the meaning of the preposition *sur: surcharger, surchauffer, surexciter, surestimer, surmener, surabondant, surfin, surhumain, surnaturel, surtout, le surlendemain.*

The following prefixes are used with fairly consistent meanings as in Latin and in English: *ante-, anti-, con-, com-, dis-, ex-, extra-, in-, im-, inter-, sub-, super-, trans-, ultra-, vice-.*

The meaning of suffixes in French is perhaps a little more dependable than that of prefixes; but, again, we mention a few only as a reminder that you can often figure out the meaning of words by taking a good look at them.

(1) The suffix **-té** or the suffix **-eur** can turn an adjective into a noun:

 (a) *beau — beauté, pur — pureté, naïf — naïveté, oisif — oisiveté, cher — cherté, humide — humidité;*

 (b) *frais — fraîcheur, froid — froideur, grand — grandeur, chaud — chaleur, deuil — douleur, lent — lenteur, blanc — blancheur, laid — laideur.*

Often the suffixes **-eur, -iste, -ien, -er,** or **-ier** indicate the name of a person who is identified with a particular activity or a particular place:

 (a) *pêcheur, directeur, lecteur, porteur, chercheur, coiffeur, coureur, menteur, chroniqueur, farceur, restaurateur;*

 (b) *artiste, juriste, évangéliste, bouquiniste;*

 (c) *collégien, académicien, historien, pharmacien;*

 (d) *jardinier, fermier, hôtelier, boucher.*

A person who studies Balzac seriously is a *balzacien.* Cf. *Descartes — cartésien, Rabelais — rabelaisien.* These words are also used as adjectives: *Les études balzaciennes, cartésiennes, darwiniennes, kantiennes,* etc.

The adjectives that are used to refer to places are sometimes difficult to recognize — particularly since they are spelled with a capital only when they refer to persons: *Artois — artésien, Berry — berrichon, Bordeaux — bordelais, Bourgogne — bourguignon, Brest — brestois, Bretagne — breton, Bruxelles — bruxellois, Chambéry — cambrésien, Grande-Bretagne — britannique, Madagascar — malgache, Monaco — monégasque, Rouen — rouennais, Savoie — savoisien, Toulouse — toulousain, Tours — tourangeau*, etc.

Rule #12: EVEN WHEN YOU FIGURE OUT FROM ITS FORM WHAT A WORD MEANS, IT IS STILL IMPORTANT TO ASSOCIATE IT WITH OTHER FRENCH WORDS SO THAT NEXT TIME YOU MEET IT YOU WILL NOT NEED TO FIGURE OUT ITS MEANING AGAIN!

J. H.
A. L.

Contents

SEPT FABLES DE LA FONTAINE

Basic French Reader

1 Arrivée[1] à l'aéroport d'Orly

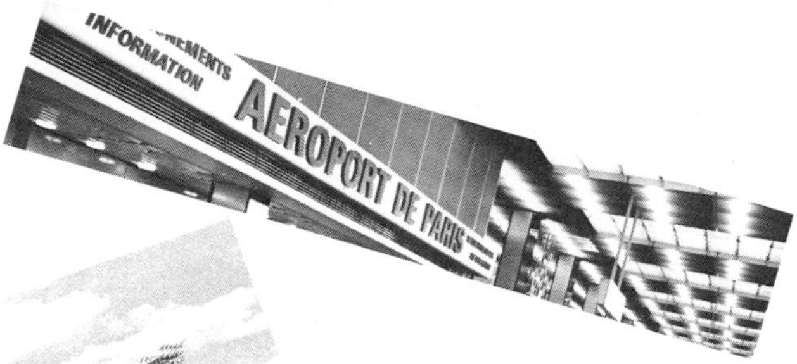

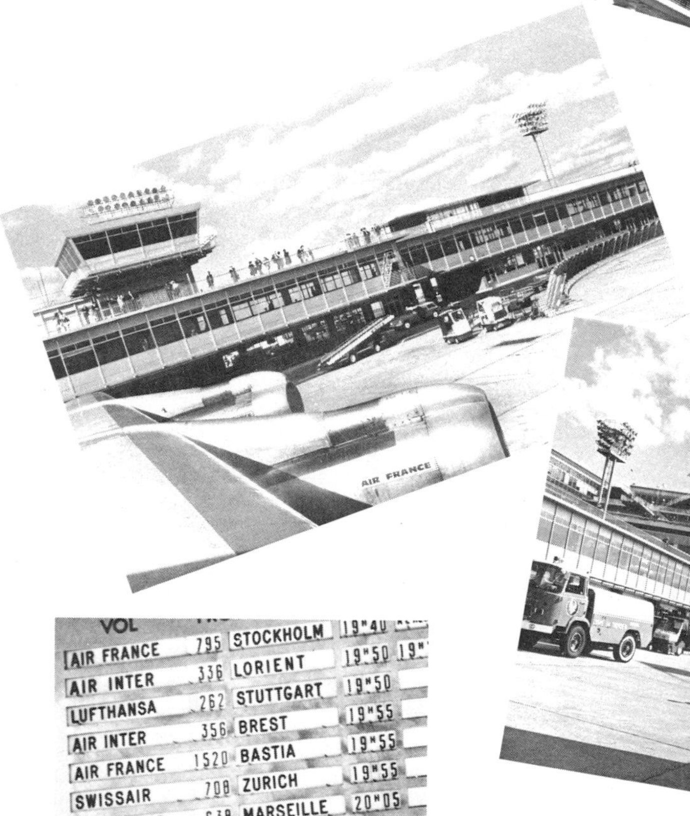

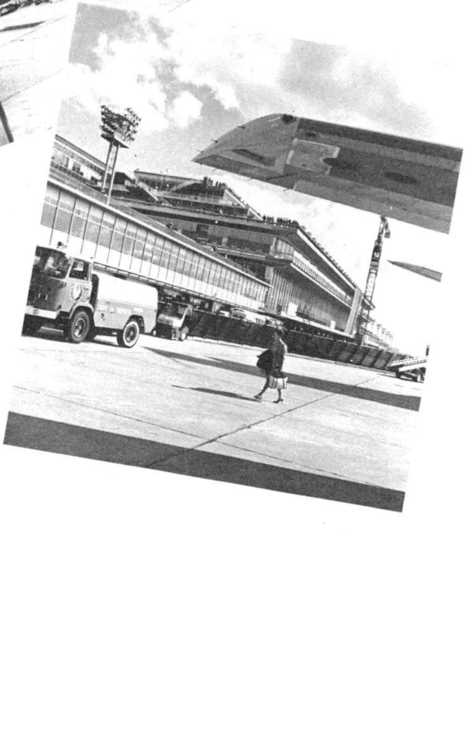

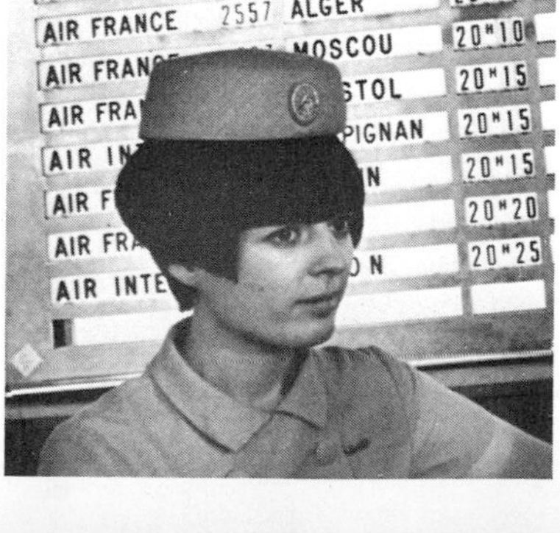

L'avion, un Boeing 707, se pose doucement sur le sol à l'aéroport d'Orly, roule quelques minutes, puis s'arrête devant l'aérogare. Bill Burgess est heureux d'être arrivé; passer la nuit à 10.000 mètres d'altitude au-dessus de l'Atlantique n'est pas très amusant. Les passagers,
5 fatigués par leur voyage, commencent à descendre. À l'intérieur de l'aérogare, Bill remarque l'arrangement ultra-moderne. Tout est clair, spacieux, fait pour la commodité et l'agrément des voyageurs. La visite des bagages[2] est rapide: les agents de la douane française n'essayent pas de persécuter les touristes. Quelques minutes plus tard, Bill sort de
10 l'aérogare avec ses deux valises.

Tout de suite un taxi arrive et s'arrête en face de lui.

—*Where to, sir?* lui demande poliment le chauffeur.

Bill est un peu vexé. Il parle français avec assez de facilité, et il a l'intention de parler français en France, même si les chauffeurs de taxi
15 lui parlent anglais.

—120 (Cent vingt), avenue Victor Hugo, répond-il. Et un peu pour prouver au chauffeur de taxi qu'il parle très bien français, il continue: «J'ai seulement ces deux valises».

Le chauffeur place les valises dans le coffre du taxi. Bill monte dans
20 la voiture. Le taxi part tout de suite.

—Quelle joie d'être enfin en France! pense-t-il.

(Questions, Exercices et notes, p. 180)
[1] Arrivée: Remarquez que l'article défini est souvent omis dans les titres de livres, de chapitres, etc. Ex.: Histoire de France, Première leçon, etc.
[2] La visite des bagages: *Customs inspection*

L'aéroport d'Orly est à[3] à peu près quinze kilomètres du quartier de l'Étoile, où est l'avenue Victor Hugo. Le long de l'autoroute qui va de l'aérogare jusqu'à l'entrée de la capitale, le chauffeur montre à Bill de nouvelles constructions qui occupent un espace considérable. «C'est le nouveau marché de Paris, explique-t-il. Il remplace les vieilles Halles 5 centrales, situées au centre de Paris. Il y a des gens qui les regrettent. Pas moi, pas plus que les autres chauffeurs de taxi» . . .

Le taxi entre dans Paris. La circulation est intense, rapide, déconcertante, avec toutes ces rues qui vont dans toutes les directions. Cependant Bill remarque que son chauffeur de taxi est très habile, que la 10 circulation parisienne n'a pas de secrets pour lui. Peu à peu rassuré, il regarde avec curiosité les larges avenues plantées d'arbres, les maisons aux façades régulières.

Le chauffeur est très fier des nouvelles constructions du quartier Montparnasse. «On a démoli la vieille gare Montparnasse pour con- 15 struire ces nouveaux buildings,[4] explique-t-il. Paris se modernise.» Bill admire poliment, même s'il n'est pas très impressionné. «Ces bâtiments ne sont pas très différents des buildings de nos villes d'Amérique, pense-t-il, et je dis cela même si je suis ici à Paris pour étudier à l'École des Beaux-Arts.[5] Les Français semblent aimer beaucoup l'ultra- 20 moderne. C'est peut-être simplement parce que leur pays est si riche en magnifiques monuments du passé.»

Le taxi traverse la Seine, suit l'avenue des Champs-Élysées jusqu'à un monument que Bill reconnaît tout de suite: l'Arc de Triomphe de l'Étoile. Quelques minutes plus tard, il s'arrête devant un bel immeuble, 25 120 avenue Victor Hugo.

—C'est combien? demande Bill.

—Douze francs, monsieur. J'espère que vous allez aimer notre capitale.

Bill donne quinze francs au chauffeur de taxi et, avec ses deux valises, 30 il entre dans sa nouvelle habitation.

---

[3] à: Remarquez qu'on emploie la préposition «à» en exprimant la distance entre deux endroits: Orly est à 15 kilomètres de Paris. Rouen est à 100 km de Paris.
[4] buildings: Remarquez qu'il y a trois mots différents qui sont employés couramment pour exprimer le mot anglais *building* en français: un bâtiment (terme général pour les grandes constructions); un immeuble (habitation à plusieurs étages); un building (immeuble moderne de très vastes dimensions). On parle couramment du building Vaugirard, du building Plaisance, etc. Cf. Rockefeller Center.
[5] École des Beaux-Arts: école nationale de peinture, de sculpture, et d'architecture

. . . LES MAISONS AUX FAÇADES RÉGULIÈRES

L'AVENUE DES CHAMPS-ÉLYSÉES

2 | Chez Mme Lange

Voici la concierge, Mme Arnauld. C'est une personne d'un certain âge,[1] qui marche difficilement. Elle a les cheveux gris et elle porte une robe noire. Comme beaucoup de concierges à Paris, elle a un petit appartement au rez-de-chaussée[2] où elle habite avec son mari, un oiseau
5 en cage et un chat qui surveille cet oiseau.

—Bonjour, madame, lui dit Bill. Je suis Bill Burgess. J'ai une chambre chez Mme Lange. Elle sait que j'arrive aujourd'hui.

—Vous êtes monsieur Burgess? Mme Lange vous attend. Voulez-vous monter? Voici l'ascenseur. Son appartement est au quatrième.

10 —Très volontiers, répond Bill. Après mon long voyage, je suis content d'être enfin à Paris.

Bill prend ses valises, mais Mme Arnauld l'arrête. «Attendez, monsieur, dit-elle. Vous pouvez laisser vos bagages ici. Mon mari va les monter dans quelques minutes.»

15 Bill entre dans l'ascenseur. Il appuie sur le bouton marqué «Quatrième» et l'ascenseur part lentement. «Les ascenseurs français sont moins rapides que les ascenseurs américains, pense Bill. Ce petit ascenseur ne monte pas très rapidement. Mais il monte, c'est l'essentiel.»

Arrivé au quatrième, Bill sort de l'ascenseur, trouve la porte de Mme
20 Lange et il sonne. Quelques instants plus tard Mme Lange ouvre la porte. Elle reçoit Bill très gentiment, lui pose des questions sur son voyage et lui montre une chambre magnifique.

—Voici votre chambre, monsieur, lui dit-elle. C'est la chambre de mon fils Pierre, qui est actuellement[3] en Amérique. Du balcon, vous
25 avez une belle vue sur l'avenue.

(Questions, Exercices et notes, p. 182)
[1] d'un certain âge: Remarquez que quand une personne a dépassé la cinquantaine, on dit souvent: Elle est d'un certain âge; ou: Elle a un certain âge.
[2] rez-de-chaussée: Remarquez qu'on entre dans un immeuble au rez-de-chaussée. Du rez-de-chaussée on peut descendre au sous-sol ou à la cave. Du rez-de-chaussée on peut aussi monter aux étages supérieurs.
[3] actuellement: *now, at present*

Bill est très favorablement impressionné. Il sort sur le balcon et admire la belle perspective sur l'avenue. À quelque distance à droite, il voit l'Arc de Triomphe. Ensuite Mme Lange lui montre le salon, la salle à manger, la salle de bains et le cabinet de travail de son mari, qui est professeur au lycée Janson-de-Sailly.[4] À ce moment, M. Arnauld arrive 5 avec les bagages de Bill. Il les place dans la chambre à coucher, à côté du lit. Bill le remercie.

Quand Mme Lange et M. Arnauld le quittent, Bill examine sa chambre avec ses beaux meubles anciens, sa garde-robe monumentale, sa commode avec son plateau de marbre, son lit somptueux et large, et, à 10 côté, une table de nuit ornée d'une lampe en porcelaine. Bill s'étend un instant sur ce lit, si attrayant après une nuit presque blanche. Il le trouve très doux, très confortable, trop confortable . . . Puis il sort de nouveau sur le balcon. Il voit des enfants qui jouent sur le trottoir, des concierges qui bavardent devant leur porte, deux agents de police. Il 15 entend un vendeur de journaux qui crie «France-Soir» — ou quelque chose d'approchant, car à Paris comme ailleurs la voix des crieurs de journaux est à peu près inintelligible. C'est la marque de leur profession, de même que l'écriture d'un médecin est généralement illisible.

Bill décide d'ouvrir ses valises et de ranger ses affaires avant d'aller 20 dîner. Il met ses vêtements, un peu fripés, dans la garde-robe, place son linge dans les tiroirs de la commode. Ceci fait:[5] «Je ne sais pas où je vais dîner, se dit-il. Je vais demander à la concierge s'il y a un bon restaurant près d'ici. À Paris, il n'est sans doute pas nécessaire d'aller très loin.» 25

---

[4] Lycée Janson-de-Sailly: un des meilleurs établissements d'enseignement secondaire de Paris
[5] Ceci fait: (*This done*) veut dire «Quand il a rangé ses affaires».

CHAPITRE 2

FONTAINE SUR LA PLACE DE LA CONCORDE

3 | Un vieil ami

Vers cinq heures et demie, au moment où[1] Bill va quitter sa chambre, on sonne à la porte de l'appartement de Mme Lange. Mme Lange va ouvrir de nouveau et trouve un jeune homme qui porte un béret, mais qu'elle devine Américain. Les Français semblent toujours reconnaître les Américains.

—Bonjour, madame, dit le jeune homme en enlevant son béret. La concierge me dit que mon ami Bill Burgess est ici. Est-ce que je peux le voir?

—Certainement, monsieur. Je crois qu'il est toujours[2] dans sa chambre, sans doute en train de[3] ranger ses affaires. Venez par ici, s'il vous plaît. Voilà sa porte.

Jack frappe. Bill reconnaît la façon de frapper de Jack Stevens.

—Entrez, mon vieux, dit-il en lui tendant la main. Quelle agréable surprise! Comment ça va? Entrez donc.

—Je m'excuse d'arriver si tard, répond Jack. Je ne suis pas libre le lundi avant cinq heures. Impossible par conséquent d'être à l'aéroport au moment de l'arrivée de votre avion. Mais quelle belle chambre! Vous avez de la chance d'être si bien logé.

Bill lui montre son balcon et la vue sur l'avenue. Ensuite les deux amis parlent longuement de leur vie passée et présente, de leurs parents, de leurs amis communs. Bill donne ses impressions sur son voyage et son arrivée à Paris. Jack connaît déjà bien la ville. C'est sa deuxième année à l'Institut d'Études Politiques.

—Allons dîner ensemble, propose Jack. Je connais un petit restaurant où les prix ne sont pas excessifs et où la cuisine est excellente. C'est assez loin d'ici, mais j'ai ma voiture. D'ailleurs, à Paris, on ne dîne jamais avant sept heures ou sept heures et demie.

(Questions, Exercices et notes, p. 184)

[1] au moment où: *when, just as*

[2] toujours: a souvent le sens de *still* en anglais. Ex.: Il est toujours dans sa chambre. Il est toujours en train de ranger ses affaires. Son père est toujours en Amérique.

[3] En train de: suivi d'un infinitif a le sens du présent progressif. En anglais on dit: *in the act of, busy (doing something)*.

L'auto de Jack est une petite Renault, qu'il conduit avec toute l'audace d'un chauffeur de taxi.

—Mais dites donc, Jack, dit Bill, il me semble que vous allez beaucoup trop vite.

—Oh! répond Jack, quand on est à Paris il faut faire comme les ⁵ Parisiens. Il faut bien suivre les autres . . .

Nos deux amis descendent une magnifique avenue, traversent la Seine et bientôt ils arrivent à leur destination.

—Dînons à la terrasse, propose Bill. Il y a encore⁴ des tables libres. J'aime bien dîner dehors quand il fait chaud.   10

Un garçon arrive et leur présente la carte. Bill la regarde. La liste des plats est si longue et leur variété si grande qu'il ne sait pas où commencer. Il n'est d'ailleurs⁵ pas au courant de la terminologie gastronomique. Jack vient à son aide:

—Commencez par les hors-d'œuvre et finissez par le dessert. C'est ¹⁵ l'ordre habituel . . .

—Quelle espèce de vin voulez-vous, monsieur? demande le garçon.

Bill regarde la carte des vins et sa perplexité recommence. De nouveau, Jack vient à son aide. «Apportez-nous d'abord une bouteille de chablis», dit-il au garçon.   20

Bill commande des hors-d'œuvre — qu'il trouve délicieux — puis un poisson froid mayonnaise, une entrée, un légume et un dessert.

—Ce dîner est mémorable, dit-il en finissant son café. Mais si je dîne comme ça tous les jours, je ne vais pas beaucoup étudier les beaux-arts.

En partant du restaurant, Jack demande à Bill s'il veut faire une ²⁵ promenade avant de rentrer.

—La vie du Quartier latin est toujours amusante, dit-il.

—Volontiers, répond Bill. Après ce dîner, c'est une bonne idée de marcher un peu. Mais je préfère rentrer d'assez bonne heure, car j'ai besoin d'une bonne nuit de sommeil. Le voyage, et surtout les six ³⁰ heures de différence entre New York et Paris affectent tout le monde, vous savez.

---

⁴ encore: Remarquez que le mot «encore» (comme «toujours») est souvent employé avec le sens de *still* en anglais. Répétez les phrases suivantes en remplaçant le mot «encore» par «toujours»: Il y a encore des tables libres. Il fait encore assez chaud. Il y a encore du vin rouge.

⁵ d'ailleurs: Ce mot est souvent employé avec le sens de *besides* ou *incidentally*. Ex.: Il n'est d'ailleurs pas au courant de la terminologie gastronomique. Il ne connaît d'ailleurs pas les vins de France. Il n'a d'ailleurs pas l'habitude de boire du vin aux repas.

AU QUARTIER LATIN

4 | Sur les Grands Boulevards[1]

Bill et Jack se promènent sur le boulevard des Italiens. Il est dix heures du soir, la soirée est belle et il y a beaucoup de gens venus faire une promenade après dîner. Les Européens en général aiment prendre l'air le soir quand il fait chaud. De fait, Bill est surpris du caractère cosmo-
5 polite de la foule. On voit tous les types physiques, on entend parler[2] toutes les langues. Bill observe qu'il est souvent facile de reconnaître les différentes nationalités: les Anglais, les Scandinaves, les Allemands, les Espagnols, sans compter naturellement les Américains.

—Mais où sont les Français? demande-t-il à Jack.
10 —En vacances, répond Jack. Pourtant, n'exagérons pas. Il y a encore des Français ici. Mais nous sommes au mois d'août, et comme le mois d'août est d'ordinaire le mois le plus chaud de l'année, beaucoup de Parisiens quittent Paris pour aller passer leurs vacances en province. En été, Paris appartient aux touristes, ou presque . . .
15 —Tiens, dit Bill regardant un groupe de jeunes gens et de jeunes filles qui passent, ces jeunes Françaises ne sont pas très différentes des jeunes Américaines. Les modes féminines sont les mêmes ici qu'aux États-Unis. Mais pouvez-vous m'expliquer pourquoi tant de personnes âgées portent des couleurs sombres? Presque toutes les femmes qui ont
20 dépassé la cinquantaine sont habillées en noir ou en couleurs neutres.

—C'est une tradition, je suppose, selon laquelle une personne, homme ou femme, est censée agir, et par conséquent s'habiller, conformément à son âge. Certaines gens pensent qu'une femme âgée vêtue de rose est un anachronisme. Ce vieux préjugé est sans doute en train de disparaître.
25 N'oubliez pas d'ailleurs que bon nombre de jeunes femmes portent du noir, parce qu'elles le trouvent très chic et qu'il les fait paraître plus svelte . . .

(Questions, Exercices et notes, p. 186)
[1] les Grands Boulevards: suite de boulevards qui portent plusieurs noms, au centre du Paris moderne: le boulevard de la Madeleine, des Capucines, des Italiens, etc.
[2] entendre parler: *to hear . . . spoken*

La foule, sur le trottoir, est riche en contrastes. À côté de gens à l'apparence prospère, on voit aussi de pauvres diables, des clochards[3] qui vont peut-être passer le reste de la nuit sous un des ponts de la Seine. Il y a beaucoup de monde à la terrasse des cafés.

—Est-ce que cette animation dure toute la nuit? demande Bill.   5

—Non, répond Jack. Elle commence à diminuer vers minuit. Les Parisiens rentrent chez eux. Les touristes vont s'amuser dans les cabarets ou dans les dancings de Montmartre. Les boulevards sont à peu près déserts à une heure du matin. «Pas un chat dans les rues», disent les Français. Plus exactement, on voit seulement quelques chats dans les 10 rues — et quelques agents de police. La vie recommence vers sept heures du matin, quand les gens vont à leur travail.

Nos deux amis arrivent place de l'Opéra.

—Cet Opéra, construit par Napoléon III il y a une centaine d'années, est un bâtiment toujours discuté. Certains le trouvent très beau, d'autres 15 pensent qu'il est lourd et disgracieux. En tout cas, une soirée à l'Opéra est inoubliable. Malheureusement, il n'y a pas de représentations en ce moment. Comme presque tous les théâtres parisiens, l'Opéra est fermé pendant quelques semaines en été. Les représentations ne recommencent pas avant le début de septembre.   20

—Pourquoi fermer en été quand tous les touristes sont à Paris? demande Bill.

—C'est l'habitude, répond Jack. Et puis, les acteurs et les musiciens ont besoin de vacances, comme tout le monde . . . Mais je remarque qu'il est onze heures passées. Il est l'heure de rentrer, ne croyez-vous pas? 25

---

[3] un clochard: une personne qui n'a ni domicile ni moyens d'existence (*a bum*)

L'OPÉRA

5 | Dans le métro

Bill et Jack sont allés assister à une représentation au Théâtre de France. À leur sortie,[1] vers minuit, Jack dit à son ami:

—Rentrons par le métro. Je vais vous accompagner jusqu'à la station du Châtelet. Il est très simple d'aller de là jusqu'à l'Étoile.

5   Ils entrent donc dans la station du métro de l'Odéon, voisine[2] du théâtre. Au guichet, Jack prend deux billets de première classe.

—Voici un train, dit-il, au moment où ils arrivent sur le quai. Dépêchons-nous. Il ne s'arrête que quelques secondes.

Nos deux amis montent. Les portes automatiques se ferment. Le

10 train part et très rapidement il atteint toute sa vitesse.

—Vous allez changer de ligne au Châtelet, de l'autre côté de la Seine. Ce n'est pas le prochain arrêt, mais c'est le suivant.

—Changer de ligne? demande Bill un peu inquiet. Vous savez que je viens d'arriver[3] à Paris. Est-ce qu'il est difficile de trouver sa route

15 dans le métro?

(Questions, Exercices et notes, p. 188)

[1] À leur sortie: Remarquez qu'on peut dire: «à leur sortie» ou «en sortant»; «à leur départ» ou «en partant»; «à leur arrivée» ou «en arrivant»; «à leur entrée» ou «en entrant».

[2] voisin(e) de: près de. On dit: la station de métro voisine du théâtre, la librairie voisine du théâtre, le théâtre voisin de la Sorbonne, le kiosque voisin de la librairie.

[3] je viens de: *I have just.* Remarquez que «venir de» avec un infinitif a le sens du passé récent. On dit: Je viens d'arriver aujourd'hui. MAIS: Je suis arrivé l'été dernier.

—Rien de plus simple, répond Jack. Je vais vous expliquer ça tout à l'heure.

Lorsqu'ils descendent au Châtelet, Jack montre à Bill une carte sur le mur de la station.

—Regardez, dit-il. Les lignes du métro traversent Paris dans tous les sens. Elles vont d'une extrémité de la ville à l'autre, d'une ancienne porte, comme on dit, à l'autre. Ces portes n'existent plus, bien entendu, mais leurs noms restent. Vous voyez: nous sommes ici, au Châtelet, et vous allez là, à l'Étoile. Il faut donc prendre la direction du Pont de Neuilly, ici à gauche. Maintenant, regardez là-bas, sur le quai. Vous voyez l'entrée de cette galerie, avec au-dessus l'indication: CORRES-PONDANCE? Suivez-la, jusqu'au moment où vous arrivez à une autre indication:

Château de Vincennes — Pont de Neuilly

Là, vous prenez la direction: Pont de Neuilly. Une demi-douzaine de stations plus loin, vous arrivez à l'Étoile. De là vous connaissez le chemin et vous rentrez paisiblement chez vous.

—Mais vous venez de me parler de portes. Où sont donc les portes en question?

—La ligne N° 1,[4] que vous allez prendre, a été prolongée au-delà de ses anciennes portes. C'est d'ailleurs la plus ancienne ligne du métro parisien. C'est aussi une des plus modernes. Ses trains roulent sur des pneumatiques, presque sans aucun bruit. Et en passant, n'oubliez pas de regarder les murs de la station du Louvre. Les murs des autres stations du métro sont généralement décorés de réclames pour toutes sortes de produits, alimentaires, cosmétiques et autres. Mais les murs de la station du Louvre sont ornés d'objets d'art, de belles statues dans des vitrines. Cela ressemble un peu à une annexe du Musée . . .

—L'idée est fort intéressante, répond Bill. Mais, dites-moi, est-ce qu'on peut se procurer une petite carte du métro? Je vais l'étudier dans mes moments de loisir.

—Bien sûr; on en trouve chez tous les libraires. Mais ne vous inquiétez pas trop. C'est au fond très simple. Maintenant, au revoir et bonne nuit . . . Surtout, ne prenez pas la mauvaise direction. Le métro

---

[4] la ligne N° 1: Remarquez qu'on dit: la ligne numéro un.

ne marche plus après une heure du matin. Si vous êtes à cette heure-là au château de Vincennes[5] par exemple, vous êtes bien loin de chez vous, et vous n'avez même pas la ressource de passer la nuit dans son donjon, comme autrefois Diderot ou le marquis de Sade . . .

5   Sur ces paroles réconfortantes, Jack prend congé de son ami. Bill s'engage dans les longs couloirs de la correspondance, il monte des escaliers, il en descend d'autres. Il finit par arriver sur le quai.

   Le trajet n'est pas long du Châtelet à l'Étoile. Les lumières des stations apparaissent, puis disparaissent. Le visage des quelques voyageurs 10 révèle la fatigue d'une fin de journée.

   Bill rentre dans sa chambre à une heure du matin. Il a passé une soirée agréable au théâtre, et, dans le métro, il a pris la bonne[6] direction.

---

[5] Vincennes: Le château de Vincennes est une ancienne résidence royale et une ancienne prison. Diderot et le marquis de Sade sont deux des prisonniers célèbres qui ont passé quelque temps dans le donjon de ce château. On est en train de le restaurer.

[6] bon — mauvais: s'emploient souvent dans le sens de *right — wrong*. On dit: la bonne direction, la mauvaise direction; la bonne route, la mauvaise route; le bon chemin, le mauvais chemin.

DANS LE MÉTRO

6 | Une rencontre

LE PALAIS DU LUXEMBOURG

Quelques semaines passent. L'automne arrive. Il fait encore beau, mais depuis quelque temps[1] les journées, et surtout les nuits, sont plus fraîches. C'est bientôt la saison des pluies et de la rentrée[2] des classes.

Bill se promène souvent dans le Quartier latin, qui est depuis long-
5 temps le quartier des écoles parisiennes. Dans les rues voisines de l'Université, il y a beaucoup de libraires. Les gens qui passent s'arrêtent pour examiner un vieux livre, ou un livre récent couvert en papier jaune avec l'indication: «Vient de paraître».[3]

Un jour, Bill tourne les pages d'un volume sur l'architecture moderne
10 quand il entend tout à coup une voix féminine, évidemment américaine, l'appeler par son nom. Surpris, il se retourne:

—Ann Tilden! s'écrie-t-il. Qu'est-ce que vous faites ici?

—J'étudie le français, et je vais passer l'année à la Sorbonne.[4] Et vous, Bill?

15 —Je suis à l'École des Beaux-Arts, dans la section d'architecture. Mais, dites-moi, qu'est-ce que vous faites depuis votre départ de Philadelphie?

—Mes parents habitent maintenant à Los Angeles. Je suis étudiante à U.C.L.A. Quelle chance de nous rencontrer à Paris! Le monde est
20 vraiment bien petit. Imaginez: vous venez de Philadelphie, je viens de Los Angeles, et nous nous retrouvons par hasard ici . . .

Ann ne sait pas que ces rencontres inattendues ne sont pas rares. Beaucoup de touristes ont la surprise de retrouver par hasard des gens qu'ils connaissent. Ce n'est pas que le monde est petit. C'est que
25 les touristes visitent les mêmes endroits. Si vous attendez assez long-temps au pied de la tour Eiffel, vous y rencontrerez un jour ou l'autre une personne de connaissance.

(Questions, Exercices et notes, p. 190)

1 depuis quelque temps: Remarquez qu'en anglais on dit: *For some time, the days have been cooler, it has been raining*, etc. Mais en français on emploie le présent après «depuis quelque temps» au lieu du passé.

2 la rentrée: le moment où les classes recommencent après les vacances

3 Vient de paraître: Ce livre vient d'être publié. (*Just out.*)

4 la Sorbonne: l'ensemble des bâtiments occupés par la Faculté des Lettres de l'Université de Paris

Bill et Ann montent le boulevard et entrent dans le Jardin du Luxembourg,[5] tout décoré des riches couleurs de l'automne. Il est dix heures du matin, et le Jardin, avec son vieux palais, est presque désert. Il y a seulement quelques vieux messieurs qui lisent leur journal et quelques mères avec leurs enfants qui jouent au soleil. Ann remarque des voitures 5 d'enfant surmontées d'un petit parasol joliment décoré et ingénieusement monté sur un pivot. Cela permet[6] à la mère d'orienter le parasol et de mettre son bébé à l'abri des rayons du soleil.

Les deux jeunes gens vont s'asseoir au bord de la terrasse qui domine le bassin et les parterres fleuris. 10

—Certains jardins de Paris, autrefois fréquentés par la société élégante, sont maintenant le rendez-vous des enfants et des mères, explique Bill. Le Luxembourg est également populaire parmi les étudiants à cause de sa situation à deux pas des Facultés et des écoles. Mais le Jardin du Palais-Royal, si *fashionable* — pour employer l'expression du 15 temps — au cours du siècle dernier, est de nos jours presque abandonné. Seules quelques mères ont découvert le charme de ce lieu si calme et si oublié en plein cœur de Paris . . .

—Vous rappelez-vous nos années d'école à Philadelphie? demande Bill. 20

—On dit que ce sont[7] les meilleures années de la vie, répond Ann. Cependant, la vie d'étudiant à Paris est très agréable.

---

[5] le Jardin du Luxembourg: un des plus beaux jardins publics de Paris
[6] permettre: *to make something possible*
[7] ce sont: pluriel de «c'est»

Les deux jeunes gens parlent de l'avenir. Bill explique ses projets. Au mois de juillet prochain, il va retourner aux États-Unis pour travailler avec son oncle, qui est architecte à New York. Ann va continuer ses études en Californie.

5 —Est-ce que vous ne vous sentez pas quelquefois un peu seule, si loin de votre famille? demande Bill.

—Non, répond Ann. Évidemment, j'aime beaucoup mes parents, mais je me dis que notre séparation est temporaire. Il y a tant de choses à voir et à faire ici que je n'ai pas le temps de me sentir seule. D'ailleurs, 10 je connais très bien une famille française, qui m'a presque adoptée. Le père, M. Brégand, est ingénieur aux usines Renault; Jacqueline, sa fille, a dix-neuf ans, et son fils Raymond, qui a vingt et un ans, fait actuellement son service militaire à Versailles. Ce sont des gens charmants. Voulez-vous faire leur connaissance?

15 —Volontiers.

—Eh bien, je vais leur demander de vous inviter un de ces jours.

UNE RENCONTRE

7 | Une invitation

C'est aujourd'hui dimanche. Ann et Bill sont invités à passer la journée
chez les Brégand, qui habitent à Neuilly[1] près du Bois de Boulogne.[2]
À midi moins dix, Ann vient[3] en taxi chercher[3] Bill, dont l'appartement
n'est pas très loin de la maison des Brégand.

5 —Vous êtes juste à l'heure, lui dit-il. Vous êtes admirable, excep-
tionnelle, Ann, puisqu'on dit que l'exactitude n'est pas une vertu
féminine.

—Je n'ai pas le choix, répond modestement Ann. Nous ne pouvons
pas être en retard.

10 Quelques minutes plus tard, le taxi les dépose devant l'habitation
des Brégand. C'est une belle maison à deux étages, située au fond d'un
jardin fermé par une haute grille en fer.

—Les Français sont de grands individualistes, explique Ann. Ils
entourent volontiers leurs maisons de murs et font tout leur possible
15 pour s'isoler. Ils sont cependant très hospitaliers, quand on les connaît.

Ann sonne à la porte de la grille. La porte s'ouvre automatiquement.
Ils entrent et traversent la cour. M. Brégand sort de la maison et vient
à leur rencontre.[4] C'est un homme d'une cinquantaine d'années, grand
et distingué, avec une courte moustache grise. Ann fait les présentations:

20 —M. Brégand, permettez-moi de vous présenter Bill Burgess. C'est
un ancien camarade d'école. Il habite à Philadelphie.

—Enchanté, répond M. Brégand. Je suis content que vous soyez ici.
Entrez donc. Ma femme et ma fille sont au salon. Mon fils n'est malheureusement pas libre aujourd'hui.

25 Au salon, Bill fait la connaissance de Mme Brégand et de Jacqueline,
jolie jeune fille brune qui, comme Ann, est étudiante à la Faculté des
Lettres.

(Questions, Exercices et notes, p. 192)
[1] Neuilly: agglomération résidentielle aux portes de Paris
[2] le Bois de Boulogne: vaste parc à l'ouest de Paris
[3] venir chercher: *to come for, to come to get*
[4] venir à leur rencontre: *to come to meet them*

—Je connais un peu votre ville natale, dit M. Brégand à Bill, ou plutôt je sais qu'elle existe. J'y suis allé il y a quelques années, au cours d'un de mes voyages d'affaires aux États-Unis. J'avoue que de Philadelphie, de Chicago, de Detroit, je me souviens surtout des usines, des machines — et aussi de l'hospitalité de mes amis américains. 5

—Si vous avez l'occasion de retourner en Amérique, répond Bill, j'espère bien que vous allez venir nous voir à Philadelphie. Il y a autre chose aux États-Unis que des usines et des machines, vous savez.

—Depuis mon enfance, je désire visiter le Far-West, voir des Peaux-Rouges et des cow-boys, dit en souriant M. Brégand. 10

—Il y a toujours des Peaux-Rouges et des cow-boys, répond Bill, même s'ils ne sont plus tout à fait ce qu'ils étaient autrefois. Beaucoup sont maintenant motorisés.

—Je m'en rends compte, mais vous avez toujours vos immenses espaces et vos étonnantes curiosités naturelles, le Grand Canyon par 15 exemple. On dit que c'est une des sept merveilles du monde actuel.

—Heureusement, répond Bill, que le Grand Canyon, comme notre parc de Yellowstone, est beaucoup trop vaste pour être tout à fait gâté par les visiteurs. Ils restent un peu perdus au milieu des merveilles de la Création . . . 20

Après le déjeuner à la française — c'est-à-dire composé d'une série de plats, chacun accompagné d'un vin différent, les Brégand et leurs invités reviennent au salon prendre le café. Au cours de la conversation, Bill pose quelques questions sur la situation des usines Renault, où l'on fabrique des automobiles populaires en France et à l'étranger. 25

—Notre production est bonne, déclare M. Brégand. Si la question vous intéresse, je vais un jour vous expliquer tout cela.

Vers trois heures de l'après-midi, Raymond arrive, à la surprise générale. Il porte un uniforme kaki orné des galons de caporal. Les présentations faites,[5] il explique sa présence. 30

—J'ai une permission de minuit, dit-il. Mon capitaine est un chic type,[6] et comme je travaille dans son bureau, il est particulièrement gentil pour moi.

Le soir, les quatre jeunes gens décident d'aller ensemble au cinéma.

---

[5] les présentations faites: Remarquez qu'on dit couramment: «les présentations faites» dans le sens de: «après les présentations». Comparez: les vacances terminées — après les vacances.

[6] un chic type: un excellent homme. C'est une expression familière. Comparez: *a good guy*.

VIGNES EN BOURGOGNE

CHAMONIX

8 | De la pluie et du beau temps

A la sortie du cinéma, où ils ont passé la soirée ensemble, Ann, Jacqueline, Bill et Raymond marchent sous une petite pluie fine et persistante. Les lumières des rues se reflètent sur la foule des parapluies ouverts.

5 —Quel temps! Depuis deux jours, il pleut sans arrêt, déclare Raymond.

—En cette saison, le climat de Paris a l'air[1] de ressembler beaucoup au climat de la Californie, dit Bill en regardant malicieusement Ann.

—En Californie, il fait toujours beau, Ann répond avec bonne 10 humeur. Il n'y a que les gens de la Floride qui disent le contraire.

—Nous sommes au début de novembre, explique Raymond. À partir de la Toussaint,[2] il pleut asscz souvent et les brouillards sont fréquents. Paris n'est pas très loin de la mer, vous voyez. Les géographes disent que nous avons un climat tempéré, c'est-à-dire qu'il ne fait ni trop 15 chaud ni trop froid. Mais, en ce qui concerne l'humidité, notre climat est quelquefois intempéré . . . Croyez-moi, à Paris, pendant l'hiver, il est toujours prudent d'avoir un imperméable, et, pour plus de sûreté, un parapluie.

—Est-ce qu'il neige beaucoup? demande Ann.

20 —Non, deux ou trois fois pendant l'hiver. D'habitude, la neige ne dure pas longtemps, juste assez pour être désagréable.

—C'est dommage, dit Ann, car j'aime beaucoup les sports d'hiver.

—Alors, venez avec moi à Chamonix, dit Jacqueline. J'y vais tous les ans faire du ski.

(Questions, Exercices et notes, p. 194)
[1] avoir l'air de: *to seem*
[2] la Toussaint: fête du premier novembre — en l'honneur de tous les saints

—Je sais que les sports d'hiver sont très populaires en France, dit Bill. J'ai eu l'occasion de voir les derniers Jeux Olympiques d'hiver à la télévision en Amérique. Les performances des Français et des Françaises m'ont beaucoup impressionné, surtout peut-être dans les épreuves du slalom. Il faut[3] certes une très grande habileté pour virer si vite et si gracieusement à droite, à gauche, à droite, à gauche, en évitant tous les poteaux le long de la route.

—On dit que l'art d'éviter les autos sur les routes de France est un des facteurs à considérer, déclare Raymond.

—Garde pour toi tes mauvaises plaisanteries,[4] lui dit sa sœur.

Bill décide de changer quelque peu le sujet de la conversation.

—Quant à moi, continue-t-il, je ne suis pas grand skieur. Je n'aime pas la neige et la glace.

—Eh bien, répond Raymond, quand vous avez froid, descendez à Cannes ou à Nice. Vous pouvez nager dans les flots bleus de la Méditerranée, en compagnie de jolies baigneuses. La France vous offre toute sorte de facilités . . .

—Est-ce que l'hiver dure longtemps ici? demande Ann.

—À peu près trois mois, dit Raymond. Nous avons des saisons assez bien marquées, qui correspondent aux saisons du calendrier: le printemps, de mars à mai; l'été, de juin à août; l'automne, de septembre à novembre; et l'hiver, de décembre à février. En été, il fait beau, avec quelques pluies; en automne, c'est la même chose, excepté qu'il pleut davantage; en hiver, le ciel est gris et il pleut beaucoup, mais il ne fait pas trop froid; au printemps, le temps est «variable,» comme dit le baromètre. Pourtant, le printemps à Paris est d'habitude une saison déli-

---

[3] il faut: *you need, it takes, you have to have*
[4] une mauvaise plaisanterie: Une plaisanterie est une chose dite ou faite pour amuser. Jacqueline appelle la plaisanterie de Raymond une mauvaise plaisanterie parce qu'elle ne la trouve pas drôle.

SUR LA CÔTE D'AZUR

cieuse.[5] Les premiers signes apparaissent dès[6] le mois de mars. Il fait encore frais, mais, après les longs mois d'hiver, c'est un plaisir de voir les premières feuilles et d'entendre les oiseaux . . . À propos, avez-vous des vêtements chauds pour l'hiver?

5 —Oui, pourquoi?

—Parce que, quand on n'est pas habitué au climat parisien, on peut très facilement avoir froid ici. Même s'il ne fait pas très froid, le temps est souvent humide, et nos maisons sont moins bien chauffées qu'en Amérique.

10 —Voyons, Raymond, dit Jacqueline, Ann et Bill savent bien qu'il fait froid en hiver. D'ailleurs ils ont l'air d'être en bonne santé tous les deux. Ils ne vont pas souffrir excessivement dans un climat aussi doux que le nôtre.

Ann et Bill accompagnent Jacqueline et Raymond jusqu'à l'entrée de 15 la maison des Brégand. Là, les amis se séparent, en promettant de se revoir bientôt.

---

5 délicieux: Remarquez qu'on emploie le mot «délicieux — délicieuse» en parlant de toutes sortes de choses: le temps, une soirée, un plat, etc.
6 dès: *as early as*

9 | Les marchands des quatre saisons[1]

Ce qui m'étonne toujours, dit Bill à Jacqueline un jour qu'ils se promènent ensemble, c'est le nombre des marchands de toute espèce qu'on trouve encore dans certaines rues de Paris. Je ne parle pas bien entendu des magasins, mais des vendeurs de la rue. Une partie du
5 commerce parisien a l'air de se faire encore autour de petites voitures, le long des trottoirs.

—C'est ce qu'on appelle les marchands des quatre saisons, explique Jacqueline. Ils achètent en gros[2] chez des fournisseurs et vendent au détail[2] dans la rue. Au printemps, en été, en automne, ils arrivent tous
10 les matins au même endroit, avec leurs voitures chargées des légumes ou des fruits de la saison. En hiver, ils sont moins nombreux, mais ils ne disparaissent jamais tout à fait: au lieu de vendre des asperges ou des cerises, ils vendent des choux, des pommes de terre ou des oranges. Ces vendeurs ambulants existaient déjà en Gaule il y a près de vingt
15 siècles. Seulement, au lieu de crier: «Des pommes, mesdames, mes bonnes dames,» ils criaient en latin: «Mala, mulieres, mulieres meae!»[3]

—Je ne vois pas comment ils peuvent gagner leur vie, continue Bill. La concurrence des magasins, petits et grands, doit être accablante.

—Il est vrai que bon nombre de ménagères ont maintenant l'habitude
20 d'aller faire leurs provisions au supermarché. C'est plus commode, même si c'est bien moins intéressant. Les gens sont de plus en plus pressés, et cela amène des changements dans bien des aspects de la vie, l'abandon de beaucoup de vieilles habitudes. N'oubliez pas toutefois que Paris est une grande ville, que l'agglomération parisienne compte plus de
25 huit millions de bouches à nourrir. Et puis, même maintenant, la vie du Paris populaire est encore souvent une vie de quartier.

(Questions, Exercices et notes, p. 196)

[1] les marchands des quatre saisons: *street vendors.* Les marchands des quatre saisons sont de moins en moins nombreux dans les rues de Paris. On les trouve surtout dans les villes de province.

[2] en gros . . . au détail: *wholesale . . . retail*

[3] «Mala, mulieres . . .»: Remarquez qu'on parlait latin à Paris à l'époque gallo-romaine, puisque le français n'existait pas encore à ce moment-là.

LES MARCHANDS DES QUATRE SAISONS

36

—Que voulez-vous dire, une vie de quartier?

—Je veux dire que, même à Paris, une rue commerçante, une petite place où se tient un marché sont souvent les centres de la vie du quartier. Les marchands des quatre saisons connaissent les ménagères, sont connus d'elles. Ils ont tous[4] une clientèle plus ou moins fixe. Vous ne connaissez pas la psychologie féminine . . . 5

—Vous croyez? dit Bill.

—Les femmes sont partout les mêmes, vous savez. Elles peuvent passer toute une matinée à aller d'une voiture à l'autre, tandis que personne n'a envie de passer deux heures à l'intérieur d'un supermarché. 10 Rien de plus amusant que d'aller d'un marchand à l'autre, en comparant les produits et les prix. On rencontre ses amies, on cause, on échange les dernières nouvelles du quartier. Surtout on peut marchander, et les femmes adorent marchander. «Deux francs ces carottes, M. Dupont![5] Ce n'est pas raisonnable! — Eh bien, Mme Durand,[5] puisque vous êtes 15 une bonne cliente, je vais vous les laisser à un franc cinquante.» Et, satisfaite de sa petite victoire, Mme Durand s'en va avec ses carottes . . . Vous voyez, tous les avantages psychologiques sont du côté des marchands des quatre saisons. Voilà pourquoi leur petit commerce est encore florissant. 20

À ce moment, Jacqueline et Bill passent devant une vieille femme assise sur une chaise pliante à côté de sa voiture chargée de fleurs.

—Monsieur, un petit bouquet de violettes pour votre belle demoiselle? dit la marchande en s'adressant à Bill.

—Voulez-vous des fleurs, Jacqueline? 25

—Non, merci. Elles sont bien jolies; mais si vous achetez tout ce qu'on vous offre, vous rentrerez chez vous les bras pleins et les poches vides. Je vois venir un Arménien qui va sûrement essayer de vous vendre un tapis ou un portefeuille.

Mais l'Arménien, couvert de ses tapis, traverse la rue et s'arrête à 30 la terrasse d'un café.

—Les Parisiens et surtout les Parisiennes aiment beaucoup les fleurs,

---

[4] tous: Remarquez la position et la prononciation du pronom «tous» [tus]: Ils ont tous leur clientèle. Ils sont tous connus des ménagères. Ils sont tous assez âgés. Elles savent toutes marchander.

[5] Durand, Dupont: En français, on dit «M. Dupont» et «Mme Durand» comme nous disons *Mr. Smith* et *Mrs. Jones*. Il y a un grand nombre de noms de famille qui commencent par «du, de la, de l', des»: Dumont, Delavigne, Delisle, Deschamps, Desjardins, etc.

continue Jacqueline. Le premier mai, on vend partout du muguet[6] dans les rues. Ce jour-là, beaucoup de gens mettent un petit bouquet de muguet à leur boutonnière ou sur leur corsage. C'est une espèce de porte-bonheur. En été, on vend dans les rues toutes sortes de fleurs; en automne, des chrysanthèmes; en hiver, du mimosa ou des œillets qui viennent de la Côte d'Azur. Une fleur, pour les Parisiens, c'est un peu de campagne, d'air frais et de soleil. Connaissez-vous le Marché aux Fleurs?

—Non. Où se tient ce marché?

—Dans l'île de la Cité, près de Notre-Dame. Je vous y emmènerai un de ces jours . . . Remarquez que cet amour des fleurs n'est pas propre aux Parisiens. À la campagne, il y a des fleurs dans presque tous les jardins. Dans les villes de province, vous verrez bien souvent des pots de fleurs au bord des fenêtres. Il n'y a rien de plus agréable que de voir de beaux géraniums rouges, avec leurs feuilles vertes, à tous les étages d'une très vieille maison.

—Mais n'est-il pas dangereux de mettre des pots de fleurs au premier ou au second étage d'une très vieille maison?

—Les habitants des villes ont, de temps immémorial, l'habitude de se protéger contre ce qui peut tomber des fenêtres, répond Jacqueline.[7]

---

6 du muguet: Remarquez qu'on dit «du muguet» (*lilies of the valley*) comme «du raisin» (*grapes*) et «du mimosa».

7 . . . Jacqueline: Jacqueline a sans doute lu des histoires d'autrefois où les passants risquaient de recevoir des fenêtres toutes sortes de choses sur la tête.

LES MARCHANDS DES QUATRE SAISONS

10 | **Le Tour de France**[1]

Les journaux sont pleins des nouvelles du Tour de France, dit un jour Bill à M. Brégand. Pourquoi les Français s'intéressent-ils tant à une course cycliste?

—C'est sans doute ici le grand événement sportif de l'année, explique
5 M. Brégand, quelque chose comme votre *World Series* de baseball aux États-Unis.

—J'ai entendu parler[2] du Tour de France. Qu'est-ce que c'est exactement?

—C'est une course à bicyclette qui a lieu tous les ans, en été, et à
10 laquelle participent des coureurs professionnels des pays de l'Europe occidentale. Généralement, outre les Français bien entendu, la Belgique, la Hollande, l'Espagne, l'Italie, la Suisse, le Luxembourg et l'Autriche envoient des équipes. L'honneur national est ainsi en jeu,[3] pas trop, vous comprenez, juste assez pour rendre la course plus intéressante.

15 —Quel est au juste le parcours de la course?

—Il change d'une année à l'autre, de façon à ce que toutes les régions de la France aient leur tour . . . de France.[4] Mais d'ordinaire la course commence et finit à Paris et traverse le plus grand nombre possible de villes importantes. Le long de la route, les gens de la campagne eux-
20 mêmes viennent attendre[5] le passage des coureurs. Les spectateurs sont particulièrement nombreux aux endroits difficiles, là où il y a par exemple une côte longue et raide qui met à l'épreuve l'endurance des coureurs, ou bien une descente rapide, aux tournants dangereux, très favorables aux chutes[6] multiples. On dit que chaque année environ 35

(Questions, Exercices et notes, p. 198)
[1] le Tour de France: *the trip around France* (célèbre course cycliste qui a lieu chaque année)
[2] entendre parler de: *to hear of*
[3] en jeu: *at stake*
[4] . . . aient leur tour . . . de France: Jeu de mots sur le mot «tour» (*m*) qui veut dire *turn* et *tour*. (*So that all regions may have their turn to have the tour!*)
[5] venir attendre: *to come to wait for*
[6] favorables aux chutes: où beaucoup de coureurs risquent de tomber

millions de Français, c'est-à-dire les trois quarts de la population, ont ainsi l'occasion de voir passer le Tour de France.

—Est-ce que le Tour de France passe dans la région des Pyrénées et des Alpes? demande Bill.

—Certainement, répond M. Brégand. Les étapes de montagne sont 5 même les plus intéressantes, car c'est là souvent que la course se décide.

—Combien d'étapes y a-t-il en tout?

—Une vingtaine, avec une journée de repos entre chacune d'elles. Les plus longues sont dans les régions de plaine — l'étape Angers-Bordeaux, par exemple, est d'environ 350 kilomètres. Il s'agit alors d'une 10 course de vitesse, où parfois les coureurs maintiennent une moyenne de 40 kilomètres à l'heure sur une distance de 200 kilomètres. Ce n'est pas mal, n'est-ce pas?

—Assurément pas.

—Dans les régions montagneuses, les étapes sont plus courtes mais 15 plus pénibles, des montées interminables le long de routes en lacet, suivies de descentes vertigineuses. Dans les Pyrénées, dans les Alpes, beaucoup de coureurs, épuisés, abandonnent la course.

—Mais qu'est-ce qui les décide à tenter l'aventure?

—Tout d'abord, l'amour du sport, l'ambition d'être le gagnant du 20 Tour de France, le désir de porter, même un seul jour, le fameux maillot jaune.

—Le maillot jaune?

—Mais oui, explique Jacqueline; celui qui, à la fin de chaque étape, est en tête de la course, a le privilège de porter un maillot jaune qui 25 l'attire à l'attention de tous. Évidemment, le maillot change plusieurs fois de mains, ou plutôt de dos, pendant la course. Quelle satisfaction lorsque le porteur du maillot jaune fait une entrée triomphale et fleurie au stade du Parc-des-Princes,[7] au milieu d'une foule en délire!

—Que voulez-vous dire, une entrée fleurie? 30

—Mais oui, avec un magnifique bouquet de fleurs, tout comme une chanteuse de l'Opéra. Seulement, au lieu de serrer le bouquet contre son sein, il le porte sur son épaule . . .

—Et puis, à côté des avantages honorifiques, continue M. Brégand, le Tour de France offre aux participants des avantages financiers qui 35

---

[7] le Parc-des-Princes: énorme stade à l'ouest de Paris, près du champ de courses d'Auteuil

sont loin d'être négligeables. Le gagnant reçoit quelque chose comme 20.000 francs, plus les profits, petits et grands, de la publicité. Des entreprises industrielles et commerciales offrent toute sorte de prix, au coureur le plus combatif, à celui qui se distingue par une déveine per-
5 sistante, au meilleur grimpeur, c'est-à-dire au premier à atteindre un certain sommet.

—Je croyais que la publicité était une spécialité américaine . . .

—Hélas non, répond M. Brégand. Le Tour de France est envahi par la réclame, et les coureurs sont presque perdus au milieu d'une nuée
10 d'autos[8] qui célèbrent l'excellence de divers produits, depuis les cuisi- nières électriques jusqu'au Coca-Cola. Naturellement, tout cela fait beaucoup de bruit et beaucoup de poussière.

—Je suis vraiment charmé de retrouver nos produits familiers dans le Tour de France!

15 —N'écoutez pas mon père, dit Jacqueline. Il donne l'impression que le Tour de France est une entreprise de publicité. Après tout, une course cycliste de quatre à cinq mille kilomètres reste un événement sportif de tout premier ordre.

—Cinq mille kilomètres! s'écrie Bill. C'est à peu près la distance de
20 New York à San Francisco! Vraiment, j'ai une grande admiration pour le porteur du maillot jaune!

---

[8] une nuée d'autos: beaucoup (*lit. a cloud*)

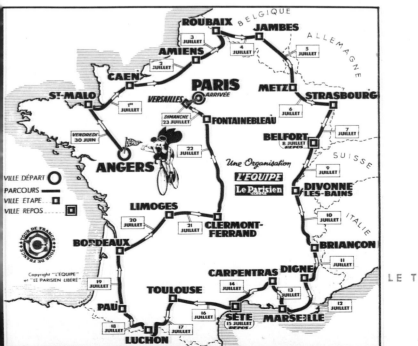

LE TOUR DE FRANCE

11 | L'industrie automobile

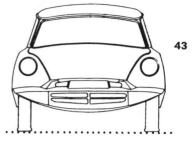

Sous la conduite de M. Brégand, Bill visite les usines Renault à Billancourt.[1]

—Est-ce que toutes vos voitures sont fabriquées ici? demande-t-il.

—Non, répond M. Brégand, nous avons un certain nombre d'usines,
5 à Orléans, à Annecy et ailleurs. Nos usines de Flins[2] sont parmi celles où l'automation est très développée — nous la visiterons un de ces jours, si vous voulez. Malgré la concurrence internationale de plus en plus forte, nous exportons nos voitures dans toutes les parties du monde. Naturellement, une bonne partie de notre clientèle est en France et dans
10 les pays de l'Europe occidentale. Nous essayons toujours de produire des voitures répondant aux besoins de pays qui n'ont pas encore toutes les facilités dont vous disposez.

—Quelles facilités, par exemple?

—Les routes, pour commencer. Nous avons quelques autoroutes —
15 le public se plaint de n'en avoir pas assez — mais la plupart de nos routes n'ont pas été faites pour l'automobile. Elles sont très bien entretenues, la signalisation routière est excellente; mais il y a d'autres facteurs à considérer, leur largeur et surtout leur tracé. Dans certaines régions accidentées, une route n'est parfois qu'une suite de virages plus
20 ou moins dangereux.

—Que voulez-vous dire quand vous parlez de régions accidentées?[3]

—Il s'agit de l'aspect du pays, des accidents de terrain, non des accidents d'automobile, même s'il existe malheureusement un rapport entre les deux. Souvent la route contourne ces accidents de terrain,
25 afin d'éviter des travaux d'excavation, la construction de ponts, etc. Nos villes non plus ne sont pas construites pour l'automobile, et une grosse voiture y est quelquefois un instrument fort incommode. J'étais

---

(Questions, Exercices et notes, p. 200)
[1] Billancourt: quartier industriel au sud-ouest de Paris
[2] Flins: ville industrielle au sud de Paris
[3] accidenté: On dit qu'une région est «accidentée» si elle a beaucoup de collines et de vallées.

L'INDUSTRIE AUTOMOBILE

l'autre jour dans une petite ville de Bourgogne,[4] pittoresque et attray-
ante, avec ses magnifiques vestiges de l'époque gallo-romaine.[5] L'hôtel
où je suis descendu était situé dans une rue étroite et montante, et le
parking était dans une cour intérieure. Pour y arriver, il fallait tourner
à angle droit et entrer par une porte cochère.[6]   5

—Une porte cochère? Qu'est-ce que c'est que ça?

—C'est une porte par laquelle entraient autrefois les voitures . . . qui
n'étaient pas des voitures automobiles.[7] Dans ma Renault, j'ai passé
sous la voûte sans difficulté. Lorsque j'ai quitté l'hôtel quelques minutes
plus tard, il y avait à la porte une immense limousine Cadillac. Le 10
chauffeur, dans son bel uniforme, faisait de grands efforts pour entrer.
Il avançait, reculait, zigzaguait, mais il n'y arrivait pas. Pour ne pas
paraître indiscret, je n'ai pas attendu le résultat de ses efforts.

—Vous ne savez donc pas s'il a réussi?

—Attendez! J'ai revu la limousine le lendemain matin, au moment 15
de mon départ. Elle était légèrement endommagée près du phare de
gauche — peut-être à la suite d'un accident récent — mais elle était
dans la cour. Il est clair que les efforts du chauffeur avaient été couronnés
de succès.

—À votre avis, quelle est, pour l'Europe, la voiture idéale?   20

—Il est difficile de parler d'une voiture idéale, puisque cela dépend de
l'acheteur, de ses besoins et surtout de sa bourse. On peut dire peut-être
que c'est une voiture d'un prix accessible à beaucoup de gens, une
voiture rapide, car les Européens aiment la vitesse, enfin une voiture
qui consomme très peu d'essence.   25

—À propos d'essence, dit Bill, j'ai été amusé de retrouver le long des
routes de France une image familière, celle d'un tigre qui se lèche les
babines,[8] avec la légende: «Oui au tigre»[9] . . . En tout cas, je comprends
pourquoi vous cherchez à réduire la consommation d'essence: votre
essence coûte cher.   30

—Réduire la consommation d'essence, c'est réduire en même temps

---

[4] Bourgogne: région historique de l'est de la France, célèbre pour ses œuvres d'art, ses
monuments, son université (Dijon) et ses vins
[5] l'époque gallo-romaine: du premier au cinquième siècle de notre ère (A.D.)
[6] porte-cochère: grande porte par laquelle les voitures peuvent entrer
[7] pas des voitures automobiles: Il veut dire «des voitures tirées par les chevaux».
[8] qui se lèche les babines: *licking his chops*
[9] «Oui au tigre»: transposition de la réclame courante en Amérique: *Put a tiger in your tank.*

la puissance du moteur, continue M. Brégand. Nous parlons de 4 CV (chevaux),[10] même de 2 CV. Ne croyez pas, d'ailleurs, qu'une voiture de quelques chevaux seulement n'est pas capable d'aller très vite. C'est seulement lorsqu'il s'agit de monter des côtes très raides qu'on remarque le manque de puissance de nos petites voitures, surtout quand elles sont lourdement chargées. Il faut avouer aussi que ces voitures sont légères et qu'elles ne tiennent[11] pas toujours parfaitement la route[11] quand il pleut ou quand il fait du vent.

—Certains prétendent que la puissance de nos voitures américaines est excessive, qu'elles sont trop lourdes et qu'il en résulte un gaspillage considérable d'énergie, c'est-à-dire d'essence. Qu'en pensez-vous?

—Sur cette question comme sur bien d'autres, il y a le pour et le contre. Comprenez-moi bien. Je considère nos petites Renaults comme d'excellentes voitures, robustes, économiques, très manœuvrables. J'avoue pourtant que si j'allais avec ma famille de Chicago à Los Angeles, je préférerais une de vos Buicks, qui sont si confortables, ou une limousine Cadillac. Vous voyez que je suis impartial.

—On disait autrefois que la France était un pays où tout le monde allait à bicyclette. Est-elle devenue le pays de l'automobile?

—Il y a toujours des bicyclettes, mais c'est maintenant un des pays les plus motorisés d'Europe. La vente des autos augmente sans cesse et vous connaissez le succès du Salon de l'Automobile. Chaque année, au mois d'octobre, il attire au Parc des Expositions un nombre immense de visiteurs. Ce Salon a eu lieu pour la première fois en 1898, à l'âge héroïque de l'automobile. Pour être admise, une automobile devait avoir accompli, par ses propres moyens, le voyage aller et retour de Paris à Versailles.

—Quelle est au juste la distance entre Paris et Versailles?

—Vingt-cinq kilomètres.

—Oh! L'automobile a fait pas mal de chemin depuis 1898!

---

[10] CV (chevaux-vapeurs): *horsepower*
[11] tenir la route: *to stay on the road*

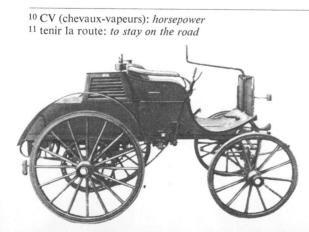

L'INDUSTRIE AUTOMOBILE

12 | Noël en France

C'est aujourd'hui le 15 décembre. Depuis des heures il tombe une pluie froide, avec quelques flocons de neige. En sortant de la Comédie-Française,[1] Jacqueline et Bill ont cherché refuge sous les arcades de la rue de Rivoli,[2] où il y a beaucoup d'enfants venus avec leurs parents
5 regarder les devantures des magasins. En cette saison, les jours sont si courts que la nuit commence à tomber à quatre heures de l'après-midi. Les devantures sont brillamment illuminées.

Tout en marchant, Jacqueline et Bill jettent un coup d'œil sur les étalages.

10 —On pourrait se croire aux États-Unis, dit Bill. Toute cette jolie décoration de Noël est presque la même que chez nous, sauf qu'il y a ici plus de lumières blanches. Elles produisent un effet un peu différent. Mais tout de même, cela me fait plaisir de voir comme chez nous des sapins plus ou moins réels, des branches de houx, de la neige artificielle.

15 —Est-ce que par hasard vous avez la nostalgie de l'Amérique, le mal du pays, comme on dit?

—Pas exactement. Mais c'est le premier Noël que je passe loin de mes parents. Il est tout naturel que je pense à mon pays et à ma famille.

—Vous n'êtes pas perdu[3] à Paris, continue Jacqueline. Regardez cette
20 devanture: voilà un wigwam indien à l'usage des petits Français, et là-bas, dans le coin, un groupe de Peaux-Rouges, vos compatriotes.

—Je ne savais pas que nos Indiens d'Amérique étaient si populaires ici.

(Questions, Exercices et notes, p. 202)
[1] la Comédie-Française: théâtre national dans lequel on joue surtout les pièces du répertoire classique
[2] les arcades de la rue de Rivoli: suite de galeries couvertes le long de la rue de Rivoli
[3] perdu: *lost, isolated.* Vous n'êtes pas perdu à Paris. *Cf.* Un village perdu dans les montagnes. Une maison perdue dans la forêt.

—Avec leurs collègues les cow-boys du Far West, ils font depuis des générations la joie des enfants européens. Ils ont tout pour plaire aux enfants de tous les temps et de tous les pays: leur costume pittoresque, leur bravoure, leur cruauté même . . .

—Entrons dans ce magasin, dit Bill. Je voudrais voir ce qu'on donne ⁵ aux enfants le jour de Noël.

—Volontiers, répond Jacqueline. En cette saison de l'année, j'adore parcourir le rayon des jouets et voir le visage radieux des enfants.

Ils entrent donc dans le Grand Magasin du Louvre,⁴ où se presse une foule considérable. Voici de jolies petites figures de plomb, qui ¹⁰ représentent en vives couleurs des chevaliers de la Table-Ronde et des soldats de Napoléon. À côté, il y a des jouets plus modernes: trains électriques, patinettes, automobiles de toutes les marques et de toutes les couleurs, même un canon atomique garanti «absolument inoffensif.» Jacqueline s'attarde devant des poupées italiennes, hollandaises, alsa- ¹⁵ ciennes, vêtues de leur costume traditionnel. Bill regarde un Père Noël français.

—Votre Père Noël est un peu différent de notre *Santa Claus*, re- marque-t-il. Il est comme lui jovial, vêtu de rouge et il porte une longue barbe. Mais qu'est ce panier qu'il a sur le dos? ²⁰

—C'est une hotte, répond Jacqueline. Il trouve plus commode de porter ainsi les jouets dont il est chargé. Votre *Santa Claus* voyage sur un traîneau tiré par des rennes, n'est-ce pas? Notre Père Noël est plus lent: il voyage tranquillement monté sur son petit âne. Il trouve tout de même le moyen de descendre dans toutes les cheminées pendant la ²⁵ nuit de Noël. Vous savez qu'en France les enfants laissent leurs souliers devant la cheminée et qu'il les remplit de bonbons et de fruits. Ce que vous ne savez peut-être pas, c'est que beaucoup d'entre eux ont soin de mettre, à côté de leurs souliers, une carotte pour l'âne du Père Noël. À leur réveil, la carotte a disparu. Quelquefois, si l'âne n'a pas ³⁰ grand-faim, il n'en mange qu'un morceau . . . Une autre coutume bien française est celle de la crèche.

—Je crois en avoir entendu parler. Qu'est-ce que c'est exactement qu'une crèche?

---

⁴ Grand Magasin: magasin où l'on vend toutes sortes de marchandises. Le Grand Magasin du Louvre est en face du palais du Louvre — d'où (*hence*) son nom.

—C'est une représentation, à l'aide de petits personnages et d'un décor approprié, de la scène de la Nativité. Dans une étable ouverte à tous les vents, l'Enfant Jésus, couché sur la paille, est entouré d'un groupe composé de Marie, de Joseph, de bergers avec leurs moutons,
5 d'un âne, d'un bœuf. Les Rois mages approchent, montés sur leurs chameaux. Au-dessus de la scène, les anges sont suspendus à des fils. C'est charmant.

—Vous avez aussi la tradition de la bûche de Noël, n'est-ce pas?

—Pas à Paris. Mais lorsque j'étais petite, nous allions tous les ans
10 passer les vacances de Noël chez ma grand-mère, à la campagne. La veille de Noël, on mettait dans la grande cheminée une énorme bûche qui brûlait deux ou trois jours. À Paris, on a plutôt l'habitude de servir comme dessert un gâteau en forme de bûche, qu'on appelle bien entendu une bûche de Noël. Vous en verrez chez tous les pâtissiers.

15 —Ce qui m'intrigue, observe Bill, c'est la relation qui semble exister partout entre la fête de Noël et le feu, la lumière. La cheminée, la bûche de Noël, les lumières sur les arbres, tout cela reprend au fond le même thème.

—Les savants disent qu'il s'agit là d'une tradition si ancienne qu'elle se perd dans la nuit des temps, explique Jacqueline. Les fêtes de fin d'année, qui suivent le solstice d'hiver, exprimaient, paraît-il, la joie de nos lointains ancêtres au retour prochain de la chaleur et de la lumière. Il n'y avait pas de chauffage central dans les cavernes. On dit qu'à l'origine c'étaient des fêtes en l'honneur du soleil.

—Je me rappelle vaguement qu'un de mes professeurs d'anthropologie en Amérique a parlé de tout ça, dit Bill . . . J'ai entendu dire qu'en France le jour de l'An[5] est une plus grande fête que le jour de Noël, que les cadeaux considérables sont réservés pour ce jour-là.

—C'est vrai, dit Jacqueline. Dans la plupart des familles françaises, c'est à leur réveil, le matin du premier janvier, que les enfants trouvent leurs plus beaux cadeaux, leurs étrennes[6] comme on dit. Le jour de Noël, on leur donne surtout des bonbons. Cependant notre grande nuit de réjouissance, la nuit du réveillon,[7] est celle du 24 au 25 décembre. À propos, si vous n'avez pas d'autre projet, voulez-vous faire le réveillon chez ma tante Françoise? Elle réunit la famille tous les ans pour cette fête.

—Très volontiers, et merci de votre invitation.

—Nous irons à la messe de minuit à la Madeleine,[8] où la musique est de toute beauté, et ensuite nous irons chez ma tante. Le menu traditionnel de la famille comprend des huîtres, un jambon, une oie, et naturellement une belle bûche de Noël. Le tout terminé par du champagne.

—Rien que d'y penser,[9] je commence à avoir faim et à avoir soif.

---

5 le jour de l'An: le premier janvier
6 étrennes: des cadeaux qu'on fait le jour de l'An
7 le réveillon: fête au milieu de la nuit, la veille de Noël
8 la Madeleine: belle église sur les Grands Boulevards dans le style d'un temple grec
9 rien que d'y penser: *just thinking about it*

NOËL AUX GRANDS MAGASINS

NOËL EN FRANCE

13 | **La circulation parisienne**[1]

PLACE DE LA CONCORDE

Assis auprès du feu qui brûle dans la cheminée, Bill cause avec ses hôtes, les Brégand. On parle de choses et d'autres. Finalement, la conversation tombe sur un sujet toujours d'actualité,[2] celui de la circulation dans les rues de Paris.

5 —Aux États-Unis, dit Bill, j'ai entendu parler de la circulation parisienne comme d'un phénomène unique au monde. On dit que Paris est la ville des embouteillages perpétuels, des chauffeurs furieux qui s'interpellent constamment dans une langue très pittoresque. On rapporte toute sorte d'incidents à l'appui.[3] Dans son poème symphonique,
10 un de nos compositeurs les plus connus, George Gershwin,[4] a évoqué la circulation parisienne d'une façon amusante, par un tintamarre assourdissant. Je suis surpris de découvrir qu'au contraire, dans les rues de Paris, les klaxons gardent à peu près le silence.

—C'est le résultat des efforts d'un de nos préfets de police, répond
15 M. Brégand. Il a décidé un jour de faire appel à la population parisienne. «Le tintamarre est tel qu'on ne s'entend plus, a-t-il déclaré. Évidemment, je pourrais dire à mes agents de police de dresser une contravention à tous ceux qui contribuent à rendre la circulation assourdissante. Mais je n'aime pas avoir recours aux mesures coercitives. Ne voulez-
20 vous pas faire un petit effort pour m'aider à résoudre ce problème?»

—Qu'est-ce qui s'est passé?

—Le résultat a été merveilleux. Du jour au lendemain[5] le bruit a cessé et Paris est devenu presque silencieux.

—En faisant appel au bon sens des Parisiens, votre préfet de police
25 s'est révélé excellent psychologue. Mais cela va-t-il durer? demande Bill, un peu sceptique.

(Questions, Exercices et notes, p. 204)
[1] la circulation: *traffic*
[2] sujets d'actualité: *timely topics*
[3] à l'appui: *as proof*
[4] George Gershwin: compositeur américain, 1898–1937, auteur de *Porgy and Bess*, *An American in Paris*, *Rhapsody in Blue*, etc.
[5] du jour au lendemain: *over night*

ZONE
BLEUE

**DISQUE
OBLIGATOIRE**

—Cela dure depuis longtemps déjà, répond Mme Brégand. Maintenant l'habitude est prise. Ce n'est plus l'usage de klaxonner, sauf
lorsque cela est nécessaire.

—Le bruit n'est malheureusement pas le seul problème, reprend
M. Brégand. Celui du stationnement est bien plus difficile à résoudre. 5
Il y a plus de deux millions d'autos à Paris ou dans ses environs immé-
diats. Où les mettre? On a donc institué un peu partout, à Paris et
aussi en province, des zones dites «zones bleues». Dans les rues ainsi
marquées, une voiture ne doit stationner qu'une durée de temps limitée
et qui varie parfois selon l'heure de la journée. 10

—Mais comment être sûr qu'une voiture ne dépasse pas la durée
permise?

—Très simple, mon cher Bill. En quittant sa voiture, l'automobiliste
place bien en évidence à l'intérieur, contre le pare-brise, un disque
rotatif qui permet de contrôler l'heure de son arrivée. Le Destin, sous 15
la forme du Temps et des agents de police, fait le reste.

—C'est un peu comme nos *parking meters* . . .

—Oui, répond M. Brégand, mais le stationnement est gratuit. Enfin,
continue-t-il, il y a le problème de l'embouteillage, le pire de tous. La
partie centrale de Paris était autrefois un labyrinthe de rues étroites et 20
tortueuses. Même au XIXᵉ siècle, au temps où Haussmann[6] a fait
aménager ses belles places et ses larges avenues, il n'y avait pas d'automobiles. De nos jours, on a donc eu recours au seul moyen possible.
On a classé «sens unique»[7] un très grand nombre de rues dans la
partie centrale de Paris. De sorte que tout automobiliste qui n'est pas 25
très au courant de ces rues, ou qui n'a pas étudié de très près le plan
de la ville, est presque condamné à aller dans toutes les directions et
sans savoir où il va.

—Le problème de la circulation se posait bien avant l'automobile et
bien avant Haussmann, ajoute Raymond. Au XVIIᵉ siècle, les rues de 30
Paris étaient déjà encombrées de voitures, de chevaux, de carrosses,[8]
qui rendaient la vie très difficile pour les piétons. J'ai lu quelque part

---

[6] Haussmann: Préfet de la Seine pendant dix-sept ans, il a fait aménager des avenues et
de belles places, démoli de vieux quartiers et transformé Paris en une ville moderne.
(1809–1891)
[7] sens unique: *one way street* (prononcez: [sɑ̃s])
[8] carrosse: voiture de grand luxe tirée par plusieurs chevaux

qu'au siècle suivant le roi Louis XV[9] a prié d'Argenson, son lieutenant de police, de faire quelque chose à ce sujet.

—Et qu'est-ce qu'a fait M. d'Argenson? demande innocemment Jacqueline.

5   —Il a remarqué qu'un grand nombre d'accidents étaient causés par des femmes qui conduisaient à toute vitesse de petites voitures à deux roues nommées cabriolets. Alors, un beau matin, il a interdit aux femmes de conduire un cabriolet dans les rues de Paris avant l'âge de raison.

10   —Eh bien?

—Pour les femmes, il a fixé l'âge de raison — un peu arbitrairement je l'avoue — à trente ans.

—Ton M. d'Argenson était un mauvais plaisant, déclare Jacqueline. C'est toujours la même histoire: nous autres femmes, nous sommes
15   responsables de tous les maux. Tu me fais penser à la vieille chanson populaire, une chanson à boire,[10] comme il convient:

> *À la tienne, Étienne,*
> *À la tienne, mon vieux;*
> *Sans ces diables de femmes,*
20   > *On serait tous heureux . . .*

Ce sentiment de supériorité qu'ont les hommes me paraît parfaitement ridicule.

—Ne te fâche pas, Jacqueline. Est-ce qu'il n'est pas permis à un frère de taquiner un peu sa sœur?

---

9 Louis XV: roi de France de 1715–1774
10 Chanson à boire: *To yours* (*your health*), *Steve;* | *To your health, old man;* | *But for the darned women,* | *We would all be happy.*

14 | Américanismes et anglicismes

Je m'étonne toujours du nombre de mots anglais employés plus ou moins couramment en France, dit Bill à M. et Mme Lange, un dimanche qu'ils l'ont invité à prendre le thé chez eux. Les journaux, les revues, surtout les revues populaires, sont assaisonnés[1] de termes de chez nous.
5 Je passais hier devant un immeuble en construction. J'ai été quelque peu surpris de voir là une pancarte annonçant: «A vendre. 5 appartements et 3 bureaux de très haut standing.» J'ai regardé dans le dictionnaire. Le mot standing y était, même l'expression «de haut standing» . . .

—Pourquoi n'y serait-elle pas? répond en riant M. Lange. Cela veut
10 dire qu'il s'agit d'un bâtiment confortable, moderne, up-to-date, à l'américaine . . . Mais je m'aperçois qu'en disant «up-to-date», je viens de commettre un nouvel américanisme . . . Le fait est simplement que le constructeur est désireux de vendre son immeuble. Il s'adresse donc au public de ceux qui ont le goût du confort, du moderne, de l'up-to-
15 date, à l'américaine . . .

—Mais n'y a-t-il pas, quelquefois au moins, pas mal d'affectation dans l'emploi de ces termes à l'américaine, comme vous dites?

—Peut-être, répond M. Lange, mais cette affectation n'est pas nouvelle. Au temps de la Renaissance, lorsque l'influence de l'Italie sur
20 les mœurs et sur les goûts était très forte, bon nombre de courtisans français avaient pris l'habitude de parsemer leur langage d'italianismes, la raison étant, disaient-ils, que Sa Majesté[2] trouvait à cela un «grandissime plaisir». Ce genre de charabia[3] était alors très à la mode. Il y avait bien entendu des gens qui protestaient, non sans raison, contre
25 ce nouveau français italianisé.

—Il y a maintenant des Français qui protestent avec véhémence contre l'invasion grandissante de mots anglais, dit Mme Lange.

(Questions, Exercices et notes, p. 206)
[1] assaisonné: *highly seasoned*, *laced with*
[2] Sa Majesté: Catherine de Médicis (prononcez: [medisis]). Fille de Laurent II de Médicis, elle était femme d'Henri II et mère de trois rois de France.
[3] le charabia: un langage bizarre. Quand on écrit mal ou parle mal, on dit couramment: «C'est du charabia».

AMÉRICANISMES ET ANGLICISMES

—Sans doute. Mais il faut reconnaître que beaucoup de ces mots représentent des objets nouveaux, des habitudes nouvelles pour lesquelles le français n'a pas de mot approprié. Si l'annonce: «Hot dogs. 2 francs» vous choque, comment diable le diriez-vous autrement? Il peut vous sembler étrange de parler d'un «Building des Pyrénées» — ou 5 d'ailleurs. Mais là encore il s'agit de quelque chose de nouveau. Le mot français «immeuble» est un terme général. S'il a une signification plus particulière, il suggère plutôt le genre de bâtiments qu'Haussmann faisait construire le long de ses boulevards, au temps de Napoléon III. On parle donc de buildings pour désigner des constructions à l'améri- 10 caine, très vastes et très élevées. Le mot est descriptif, précis, même s'il n'est pas essentiellement français.

—La difficulté est que ces mots ne sont pas toujours employés très judicieusement et que leur prononciation est parfois assez étrange, du moins à une oreille américaine. 15

—Vous connaissez le fameux mot[4] d'Alexandre Dumas[5] faisant allusion aux nombreux mots d'origine française passés dans la langue anglaise: «L'anglais n'est que le français mal prononcé!» Il y a dans le français moderne un certain nombre de mots anglais mal prononcés. Mais après tout le français, comme l'italien, comme l'espagnol, n'est 20 guère autre chose que le latin mal parlé, si vous voulez . . .

—Il n'en reste pas moins que les dictionnaires français[6] sont obligés d'indiquer la prononciation — approximative bien entendu — de mots comme building, smoking — pour éviter la rime avec «singe» — et aussi celle de pin-up, de play-boy, de blue-jean, et autres importations 25 américaines. J'ai trouvé week-end épelé «ouiquinde», sans doute avec quelque humour de la part de l'auteur.

—Vous me faites penser à je ne sais plus quel orateur du siècle dernier, farouche défenseur de l'intégrité de la langue française, qui n'a jamais prononcé le nom de Shakespeare autrement que «Cha-kes- 30 pé-are»! . . . Beaucoup de ces mots disparaîtront sans doute avec la mode qui les a introduits dans l'usage. D'autres resteront. Remarquez

---

[4] mot: *witty remark*
[5] Alexandre Dumas: auteur des *Trois Mousquetaires* et d'une centaine d'autres romans
[6] les dictionnaires français: Contrairement aux dictionnaires anglais, les dictionnaires français n'indiquent pas d'ordinaire la prononciation des mots. Pour les Français l'orthographe (*spelling*) indique généralement assez bien la prononciation des mots.

d'ailleurs qu'il ne s'agit pas seulement d'importations américaines. Savez-vous par exemple ce que c'est qu'un liftier?

—Je n'en ai pas la moindre idée . . .

5 —Il y a deux sortes d'anglais, l'anglais d'Outre-Manche et l'anglais d'Outre-Atlantique, l'anglais du Roi et l'anglais du Président. Ce que vous appelez *elevator*, les Anglais l'appellent *lift*. Nous avons bien en français le mot «ascenseur». Mais comment désigner l'employé préposé au fonctionnement de cet appareil? «Ascensionniste» ne fait pas l'affaire. Cela suggère celui qui grimpe en haut d'une montagne. De 10 l'anglais *lift* on a donc fait le mot «liftier», en lui donnant une terminaison française . . . Il y a ainsi des inventions charmantes. L'autre jour, j'ai lu cette phrase dans un journal: «Il s'agit de la ravissante télé-speakerine Jacqueline Huet.»

—Avec une telle phrase, elle ne peut manquer d'être ravissante . . .

AMÉRICANISMES ET ANGLICISMES

15 | Considérations sur l'éducation

LA SORBONNE

Est-ce que ces jeunes gens vont à l'école, demande Bill à Raymond, un matin que les deux jeunes gens descendent la rue Saint-Jacques.[1] Quand donc a lieu la rentrée des classes?

—Ce sont probablement des élèves du Lycée Louis-le-Grand,[2] dit
5 Raymond. Quant à la date de la rentrée des classes, elle change de temps à autre. Vous savez qu'à l'heure actuelle, il n'y a pas grand-chose de très assuré dans le monde scolaire. Personne n'est complètement satisfait de l'ordre des choses existant. Mais il est plus facile d'être mécontent que de décider exactement de ce qu'il convient de faire . . .
10 —C'est un peu comme chez nous . . .

—Pourtant, la question, si discutée et depuis si longtemps, de la réforme de l'enseignement, ne se pose pas ici dans les mêmes termes que chez vous. L'enseignement en France est en grande partie dirigé par l'État, ce qui à certains égards facilite les changements.

15 —Je croyais qu'à côté des écoles publiques, il y avait en France beaucoup d'écoles privées.

—C'est parfaitement vrai. Au niveau des études secondaires, un tiers environ des élèves vont à ce qu'on appelle une école libre, généralement catholique. N'oubliez pas pourtant qu'ici l'État seul fait passer les
20 examens, et seul il décerne les diplômes scolaires et universitaires. Il exerce ainsi un contrôle étroit, bien qu'indirect, sur les programmes de l'enseignement, même dans les écoles libres.

—La tendance actuelle aux États-Unis est d'encourager l'étude des disciplines fondamentales, mathématiques, sciences expérimentales,
25 langues vivantes. Dans quelle direction sont orientées les réformes de l'enseignement en France?

(Questions, Exercices et notes, p. 208)
[1] la rue Saint-Jacques: une des principales rues du Quartier latin, parallèle au boulevard Saint-Michel
[2] le Lycée Louis-le-Grand: peut-être le plus connu des Lycées de Paris. Il compte parmi ses anciens élèves bon nombre d'hommes célèbres: Molière, Robespierre, Delacroix, Victor Hugo, Littré, etc.

—Votre question touche à tant de problèmes d'ordre économique, social, et politique qu'il n'est pas facile d'y répondre. Laissez-moi d'abord vous expliquer. Lorsqu'au commencement du siècle dernier, Napoléon a organisé l'enseignement public sous le nom d'Université de France[3] et l'a divisé dans ses trois branches traditionnelles — primaire, secondaire et supérieur — il s'intéressait particulièrement à l'enseignement secondaire. L'enseignement primaire était pour les petites gens,[4] artisans et paysans, qui fournissaient au pays les ouvriers et les soldats dont il avait besoin. L'enseignement supérieur était évidemment indispensable, mais il n'intéressait qu'un petit groupe d'individus. Dans l'esprit de Napoléon, c'était l'enseignement secondaire qui devait former les dirigeants du pays, fonctionnaires,[5] avocats, médecins. Or,[6] ces professions n'exigeaient pas alors une très forte spécialisation.

—Il me semble pourtant qu'un juge, un avocat ou un médecin est à sa façon un spécialiste, espérons-le du moins . . .

—Évidemment. Mais les études de droit ou de médecine ne commençaient qu'à la fin des études secondaires, après le baccalauréat. Jusque là,[7] tous suivaient à peu près les mêmes cours, recevaient la même formation. Tous, ou presque tous, venaient d'ailleurs du même milieu social, de la bonne bourgeoisie, où existait depuis deux siècles une forte tradition humaniste. Jusqu'à une époque relativement récente, l'étude du grec était jugée indispensable pour celui qui désirait étudier la médecine.

—Voulez-vous dire que la tendance actuelle en France est d'encourager la spécialisation aux dépens des études humanistes?

—Pas du tout. Le but des réformes récentes est bien plutôt d'introduire plus de souplesse, plus de variété dans les études, de façon à mieux développer les aptitudes individuelles. Malgré ses vertus, l'enseignement d'autrefois était beaucoup trop rigide. Un enfant allait au lycée parce que ses parents l'y envoyaient. Pendant six ou sept ans, il

[3] Après la Révolution française, Napoléon a réorganisé l'enseignement, les cours de justice, les théâtres nationaux, les banques, etc.
[4] les petites gens: le peuple, *the masses*
[5] fonctionnaire: employé du gouvernement
[6] Or: Employée au cours d'un raisonnement ou d'une explication, la conjonction «or» indique habituellement la liaison entre une idée et une autre. Ex.: Il y a beaucoup de candidats. Or, il n'y a pas assez d'examinateurs. En anglais, le mot *now* est employé dans le même sens.
[7] jusque là: jusqu'à ce moment-là

y étudiait les matières au programme. Puis, son baccalauréat[8] passé, il devenait trop souvent fonctionnaire . . . On raconte qu'au siècle dernier, un ministre de l'Instruction publique, en regardant sa montre, déclara un jour avec fierté: «À cette heure-ci, tous les élèves des lycées de France sont en train de faire une version latine» — c'est-à-dire une traduction en français d'un texte latin.

—Pas mal! Mais quelles mesures a-t-on prises pour remédier à cet état de choses?

—Tout d'abord, on a fait des efforts pour «orienter» l'élève selon ses aptitudes. Les classes de sixième et de cinquième[9] des lycées et collèges constituent ce qu'on appelle le «cycle d'observation.» Le travail de l'enfant, âgé alors de onze à treize ans, est observé de près. À la fin du cycle, un conseil composé de maîtres et d'experts fait ses recommandations en ce qui concerne la nature des études que poursuivra l'élève jusqu'à l'âge de seize ans.

—Ne pensez-vous pas que ce système est lui aussi rigide et arbitraire? Certains enfants se développent plus lentement que d'autres . . .

---

8 le baccalauréat: appelé aussi «le bac» et «le bachot». Les élèves se présentent pour le baccalauréat deux ans plus tôt que pour le *B.A.* américain, et on estime que le baccalauréat est l'équivalent de deux années de *college* en Amérique.

9 la sixième et la cinquième: la première et la deuxième année au lycée. Elles correspondent plus ou moins à nos *8th and 9th grades*. Après sept ans au lycée on peut se présenter au baccalauréat. L'université (*strictly graduate school*) n'a ni dortoirs, ni réfectoires, ni clubs, ni maisons de fraternité, ni équipes de football.

L'UNIVERSITÉ DE CAEN

—La décision du conseil n'est pas irrévocable. Si plus tard un élève fait preuve d'aptitudes, il pourra poursuivre ses études jusqu'au baccalauréat et au-delà.

—Mais qu'est-ce qu'on étudie au lycée et au collège?

—Une fois de plus, il n'est pas facile de répondre à votre question, 5 car les options, c'est-à-dire les programmes d'études possibles, se sont multipliées. Tout d'abord, parallèlement à l'enseignement secondaire plus ou moins traditionnel, appelé maintenant l'enseignement général un enseignement nouveau a été créé, l'enseignement technique.

—Ce que nous appelons *vocational training*? 10

—Mais non. C'est un enseignement qui, sans négliger les humanités, prépare des spécialistes pour les professions industrielles et commerciales. Au temps de Napoléon, la vie était très simple: connaître son métier était tout ce qui était exigé d'un artisan, savoir compter tout ce qui était exigé d'un commerçant. La science et ses applications, la 15 complexité de la vie économique moderne ont changé les choses. Certains pensent que la France a besoin de plus d'ingénieurs et de techniciens, et de moins de philosophes.

CHAPITRE 15

—J'ai pourtant toujours entendu dire que la France avait d'excellents ingénieurs.

—Il ne s'agit pas de qualité, mais de quantité. De nos jours,[10] l'industrie et le commerce ont besoin d'un nombre énorme de spécialistes, et à tous les degrés de préparation. C'est pourquoi on a organisé un enseignement technique «court», d'une durée de trois ans, et un enseignement technique «long», donné dans des lycées techniques, et qui au bout de cinq ou six années d'études, mène au baccalauréat.

—Est-ce que le baccalauréat technique est l'équivalent de l'autre?

—Oui, du moins au point de vue de l'admission dans l'enseignement supérieur, car un certain préjugé existe encore au profit des études humanistes, notamment des études littéraires . . . L'enseignement général lui-même est divisé en enseignement court et en enseignement long. Ce dernier mène au baccalauréat.

—Le même baccalauréat qu'autrefois?

—Pas exactement. Traditionnellement l'examen comprenait deux parties, qui se passaient à un an d'intervalle. En 1963, l'examen de la première partie a été remplacé par un examen probatoire, qu'on a supprimé l'année suivante — ce qui vous donne une idée des hésitations et incertitudes . . . On a aussi presque supprimé l'examen oral, sauf pour les langues étrangères. Il y avait trop de candidats et pas assez d'examinateurs. Toutefois, le nombre des candidats reçus ne dépasse pas soixante pour cent, selon la vieille formule.

—Les changements que vous venez d'indiquer nécessitent une réorganisation considérable.

—Cette réorganisation est «en voie d'accomplissement», comme on dit en style administratif . . . On parle aussi beaucoup de moderniser les méthodes. Beaucoup pensent que la façon d'enseigner la géométrie et l'algèbre est archaïque, que l'enseignement des sciences est trop théorique et chargé de détails inutiles. D'autres sont en faveur d'un plus grand emploi de la télévision dans les classes, car il n'y a pas assez d'instituteurs et de professeurs pour la population toujours croissante des écoles.

—On discute aussi tous ces problèmes aux États-Unis.

—Ce sont les problèmes du monde actuel, le résultat des changements de notre temps.

---

10 de nos jours: *nowadays*

16 | Eaux minérales

À VICHY

M. et Mme Lange ont souvent invité Bill à dîner chez eux et ils l'ont présenté à leurs amis le plus aimablement du monde — comme s'il était membre de la famille. Bill décide de rendre[1] leur politesse en les invitant à dîner dans un restaurant du Bois de Boulogne.[2] Ils acceptent
5 avec plaisir, car M. Lange étant professeur, ils dînent rarement dans les grands restaurants.

En descendant du taxi, Bill remarque que l'affluence[3] est grande et qu'il y a dans le parking de belles autos de toutes les marques européennes et américaines. À l'intérieur, au contraire, tout est ordonné et
10 calme. Pas de musique, pas de bar. Les garçons, vêtus de noir, vont d'une table à l'autre présentant des cartes, apportant des plats. Malgré leur zèle, le service est assez lent. Dans les restaurants de luxe, on n'est pas pressé.

Quand Bill et ses invités sont assis, Bill regarde curieusement autour
15 de lui. Il trouve toujours amusant d'observer les gens. Voici deux messieurs à barbe blanche, décorés[4] tous les deux, qui mangent ensemble. À la table voisine, un homme jeune et bien mis dîne en tête à tête avec une blonde éclatante. Plus loin, il y a une famille de la bonne bourgeoisie[5] qui mange copieusement, serviette au cou. Bill remarque
20 que quelques-uns de ces gens ne boivent que de l'eau.

—J'ai toujours entendu dire[6] que vous autres Français ne buvez jamais d'eau, dit-il.[7] Avant mon départ des États-Unis, on m'a recommandé de ne pas en boire. Par précaution on m'a même vacciné contre les maladies que l'eau peut transmettre. Ces gens n'ont-ils pas peur de
25 la dysenterie ou de la fièvre typhoïde?

—Soyez tranquille,[8] répond M. Lange. Notre eau est parfaitement inoffensive. Je me demande quelquefois si cette légende de l'insalubrité

(Questions, Exercices et notes, p. 210)
1 rendre: *to give back*, *pay back*
2 un restaurant du Bois de Boulogne: Les restaurant du Bois de Boulogne sont élégants et très chers. Ils sont fréquentés surtout par les gens riches et les touristes.
3 affluence: *coming and going*, *crowd of people*
4 deux messieurs décorés: qui portent rubans ou rosettes correspondant à une distinction honorifique qu'ils ont reçue, telle que la Croix de Guerre ou la Légion d'honneur
5 la bonne bourgeoisie: *the well-to-do upper middle class*
6 entendre dire: *to hear*, *to hear it said that*
7 Remarquez que malgré ce que Bill a entendu dire, les boissons non alcooliques sont de plus en plus populaires en France.
8 Soyez tranquille: *Don't worry*

EAUX MINÉRALES

de l'eau en France n'est pas entretenue par des gens intéressés à la vente d'autres boissons. Mais les gens que vous voyez ne boivent pas de l'eau ordinaire. Ils boivent de l'eau minérale.

—De l'eau minérale, dit Bill. Ils sont donc malades?

—Pas du tout, répond Mme Lange. S'ils boivent de l'eau minérale, 5 c'est parce qu'ils l'aiment et qu'ils ont l'habitude d'en boire. Quelques eaux minérales n'ont aucune saveur particulière: on a seulement l'impression de boire une eau très pure et d'excellente qualité. D'autres boivent de l'eau minérale parce qu'ils croient qu'elle est bonne pour la santé. Certaines eaux sont recommandées pour l'estomac, d'autres pour 10 le foie, d'autres pour le cœur.

—J'avoue qu'à en juger par l'étiquette, on pourrait quelquefois penser que l'eau contenue dans la bouteille est une espèce de remède universel, dit M. Lange. Et la liste des maladies qu'une eau est censée plus ou moins guérir s'allonge avec les progrès de la médecine. Telle 15 eau peut être recommandée, par exemple, comme remédiant à la présence excessive de cholestérol dans le sang.

—Les eaux minérales peuvent contenir des produits utiles pour le traitement de certaines maladies. Mais croyez-vous qu'ils s'y trouvent en quantité suffisante pour être vraiment efficaces? demande Bill. 20

—Vous êtes bien américain, mon cher Bill, reprend Mme Lange avec un sourire. Vous voulez toujours être efficient. Ne pensez-vous pas qu'il vaut mieux soigner tout doucement une maladie d'estomac, par petites doses d'eau de Vichy par exemple, plutôt que de la traiter violemment, par une opération chirurgicale ou par des doses massives de 25 produits chimiques?

—Certainement, répond Bill, mais à condition que la maladie soit aussi douce que le remède. J'admets qu'en Amérique nous abusons peut-être des remèdes énergiques. Mais n'est-il pas dangereux de traiter par l'eau de Vichy un désordre sérieux? 30

—Tous les désordres ne sont pas sérieux, répond Mme Lange. Je connais des gens qui vont faire chaque année une cure à Vichy ou ailleurs et qui se sentent beaucoup mieux, disent-ils. Le succès n'est pas absolument garanti. Mais pour les personnes d'un certain âge, la santé est un terme relatif. 35

—À vrai dire, explique M. Lange, faire une cure ne consiste pas seulement à boire de l'eau d'une source. Vichy, Vittel, Aix-les-Bains, toutes les grandes stations thermales sont aménagées en lieux de villégia-ture. Terrains de golf,[9] courts de tennis, piscines, régates, courses, concerts, théâtres, casinos, restaurants de luxe, boîtes de nuit même, rien n'y manque.

5   —Dans ces conditions, dit Bill, je ne doute pas que faire une cure est très agréable. Mais à quoi bon boire de l'eau minérale pour se soigner l'estomac si on fait ensuite un bon dîner dans un restaurant de luxe et si l'on finit la soirée au casino ou ailleurs? Ne détruit-on pas, la nuit, tout le bon travail de la journée?

10   —N'exagérons pas, dit en riant M. Lange. La plupart des gens prennent leur cure très au sérieux. Ils boivent de l'eau minérale à la source même, ils suivent des traitements physiothérapiques bienfaisants, ils prennent un peu d'exercice. Surtout ils se reposent, loin des soucis de la vie habituelle.

15   —Ah bon, je comprends, dit Bill. Les gens vont aux eaux comme ils vont à la plage ou à la pêche à la ligne: pour se reposer et pour se distraire.

    —C'est précisément pourquoi telle ville d'eaux des Pyrénées par exemple peut être recommandée pour le traitement d'une fracture . . .

20   —Comment? Si je me casse le bras ou la clavicule, est-ce que je ne peux pas tout aussi bien me guérir à domicile?

    —Vous n'y êtes pas du tout, mon cher Bill. Tout médecin digne de ce nom vous dira qu'un bon moral est essentiel à une guérison rapide. Un paysage agréable, un air pur, des montagnes couvertes de forêts, 25 une demeure confortable, sinon luxueuse, tout cela constitue un milieu fort propice. Ne négligez même pas la vanité satisfaite comme facteur de guérison. Aller aux eaux a quelque chose de distingué. Plus qu'à la plage, où tout le monde va, on peut trouver là l'élite de la société internationale: hommes d'État, étoiles de cinéma, princes dépossédés, 30 rois en exil . . .

    À ce moment, l'arrivée d'un garçon vient interrompre la conversation. Mme Lange regarde la carte qu'il lui présente, puis, se tournant vers son hôte, elle lui demande avec un gentil sourire: «Eh bien, mon cher Bill, qu'allez-vous prendre comme boisson? Une bouteille d'eau 35 minérale?»

---

9 terrains de golf: Remarquez que dans une liste, on omet d'ordinaire l'article défini et le partitif.

17 | **Sur le Pont-Neuf**

LA SAINTE-CHAPELLE

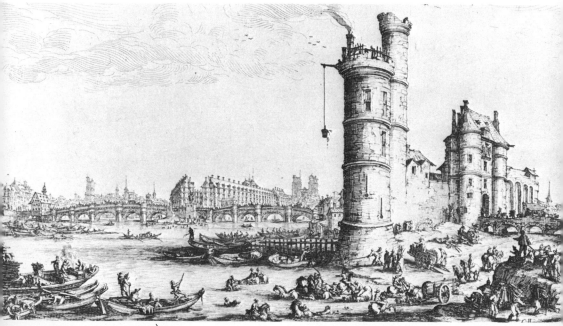

LE PONT-NEUF AU XVIIe SIÈCLE

Après une visite à la Sainte-Chapelle,[1] Bill, Ann et Jacqueline traversent ensemble le Pont-Neuf.[2]

—Ce large et beau pont de pierre est le plus vieux des ponts de Paris, explique Jacqueline. Très animé autrefois, il était pendant la
5 journée encombré de marchands et de marchandes, de musiciens, d'acteurs qui jouaient des farces, de spectateurs, d'acheteurs, de promeneurs, et bien entendu de toutes les variétés d'escrocs et de voleurs.

—Mais pourquoi l'appeler le Pont-Neuf si c'est le plus vieux des ponts de Paris? demande Ann.

10 —Il était neuf il y a près de quatre siècles, dit Jacqueline. On a continué à l'appeler le Pont-Neuf — peut-être parce qu'il a vieilli si gracieusement que personne ne s'est aperçu qu'il vieillissait . . .

En arrivant au milieu du pont, ils s'arrêtent un moment devant la statue équestre de Henri IV.

15 —Un de mes camarades à l'École des Beaux-Arts m'a raconté l'histoire de cette statue, qu'on a longtemps appelée «le cheval de bronze», explique Bill. Ce cheval avait été fait en Italie. Les Italiens de la Renaissance connaissaient l'anatomie animale comme l'anatomie humaine, et ils avaient alors la réputation de faire de très beaux chevaux.
20 La statue que vous voyez n'est malheureusement pas la statue primitive.[3]

—Pourquoi pas? demande Ann.

—Parce que la Révolution, qui n'aimait pas les rois, a fait fondre Henri IV et son cheval. Une vingtaine d'années plus tard, la monarchie a été restaurée.[4] Le nouveau roi n'aimait pas Napoléon. Il a donc fait
25 fondre la statue de Napoléon placée en haut de la colonne Vendôme,[5] et on s'est servi du bronze de cette statue pour refaire celle de Henri IV. Telles sont les vicissitudes de la politique . . .

(Questions, Exercices et notes, p. 212)
[1] la Sainte-Chapelle: Bâtie au treizième siècle, elle est un petit chef-d'œuvre de l'architecture gothique. Ses vitraux (*stained glass windows*) sont universellement admirés.
[2] le Pont-Neuf: *the new bridge*. Il a été terminé au début du dix-septième siècle.
[3] la statue primitive: Remarquez que «primitif» n'a pas le sens du mot anglais *primitive*.
[4] la monarchie a été restaurée: La monarchie a été restaurée en 1815. Le nouveau roi était Louis XVIII, frère de Louis XVI, guillotiné par la Révolution, ainsi que Marie-Antoinette, sa femme.
[5] la colonne Vendôme: se trouve au milieu de la belle place Vendôme. Elle est couverte de bas-reliefs en bronze qui représentent des victoires de Napoléon.

Au pied de la statue, un artiste de la rue, comme on en voit à Paris, est en train de dessiner sur le trottoir, à l'aide de craies multicolores, une vaste composition. Des passants passent, indifférents. D'autres s'arrêtent, curieux de voir ce que cela représente. Quelques-uns admirent le talent de l'artiste.   5

—Regardez la Seine, dit Jacqueline, avec ses ponts et les bâtiments qui bordent ses quais. N'est-ce pas là un beau spectacle?

—Vraiment admirable, répond Bill. La Seine n'est pas un fleuve très imposant; ce n'est pas le Mississippi, non. Mais tandis que chez nous, les quartiers qui bordent fleuves et rivières sont souvent misérables, il 10 faut avouer que les Parisiens ont su tirer parti de la Seine et faire d'elle un des attraits de leur ville.

—Aussi[6] adorent-ils leur fleuve, dit Jacqueline. La Seine est pour eux, dans son flot continu, comme une espèce de symbole de la continuité de leur ville. Elle est célébrée dans beaucoup de chansons populaires. 15

—J'en connais une, dit Bill. Voulez-vous que je la chante?

---

[6] aussi: au commencement d'une phrase, a le sens de «par conséquent». Remarquez que quand une phrase commence par «aussi» on invertit l'ordre du verbe et le pronom sujet.

Elle roucoule, coule, coule,
Dès qu'elle entre dans Paris,
Elle s'enroule, roule, roule
Autour de ses quais fleuris.
Elle chante, chante, chante,
Chante le jour et la nuit,
Car la Seine est une amante
Et son amant c'est Paris.

BOÎTES DE BOUQUINISTES PARISIENS

—Cette chanson est la plus jolie du monde, dit Ann, et vous la chantez très bien. Mais attention! les gens vous regardent. Ils se demandent peut-être si vous êtes un de ces chansonniers populaires autrefois si nombreux sur le Pont-Neuf . . .

5   —À quelle heure devez-vous être à la Sorbonne? demande Bill lorsqu'ils arrivent à l'extrémité du Pont-Neuf.

—Un peu avant onze heures. Nous avons trois quarts d'heure devant nous. Nous pouvons peut-être jeter un coup d'œil sur les étalages des bouquinistes.[7] On y trouve des choses intéressantes.

10   Le long de la Seine, sur le parapet qui borde le fleuve, sont placées côte à côte les boîtes des bouquinistes. Ann, Jacqueline et Bill vont d'une boîte à l'autre, tournant ici les pages d'un vieux livre, examinant là une collection de vieilles estampes.[8] Bill voit un traité d'architecture qui l'intéresse. Mais le prix — 140 francs — en est assez élevé. Il le 15 montre à Jacqueline et lui demande son avis.

—Pourquoi n'essayez-vous pas de marchander un peu? lui dit-elle tout bas. Le commerce des livres d'occasion n'est pas un commerce à prix fixe, vous savez.

Bill marchande donc, et il finit par payer 120 francs son traité d'archi-20 tecture. Satisfait de son acquisition, il continue avec les deux jeunes filles sa promenade le long de la Seine.

---

[7] bouquiniste: vendeur de vieux livres. Comparez: fleur — fleuriste, art — artiste, bouquin (vieux livre) — bouquiniste.

[8] de vieilles estampes: *old prints of various kinds* (gravures, eaux-fortes, etc.)

Ann s'arrête un moment pour observer les pêcheurs, qui en plein cœur de Paris regardent patiemment leurs bouchons flotter sur l'eau verte de la Seine.

—Est-ce qu'ils attrapent jamais quelque chose? demande-t-elle.

—Pas grand-chose, répond Jacqueline. Mais les pêcheurs à la ligne 5 sont aussi parisiens que la tour Eiffel. Tous les matins, on les voit arriver avec leurs cannes à pêche et leurs chaises pliantes. Tous les soirs, ils rentrent chez eux, très contents de leur journée s'ils ont attrapé une demi-douzaine de poissons gros comme deux doigts.

—Ils ont l'air pourtant très experts dans leur art. Regardez l'habileté 10 avec laquelle cet homme lance sa ligne. Ce n'est sûrement pas un débutant.

—Le malheur est que les poissons de la Seine sont des experts, eux aussi. Ils ont acquis une certaine expérience, vous comprenez, depuis des siècles que les Parisiens essayent de les attraper . . . 15

CHAPITRE 17

18 | À propos de truffes[1]

Tout ce que je sais des truffes, dit un jour Bill à M. Lange, c'est, premièrement, que ce sont des champignons; deuxièmement, qu'on les trouve dans la terre; et troisièmement, que ce sont des cochons qui les découvrent.

5 —On dit plutôt des porcs, corrige en souriant M. Lange. Le mot cochon pourrait offenser une oreille très délicate.

—Pourquoi donc?

—Parce qu'il est parfois considéré comme vulgaire, sans doute à cause de certains emplois du mot. Appliqué à l'homme, ce n'est pas un 10 compliment, vous savez.

—C'est donc l'homme qui a donné mauvaise réputation à l'animal?

—Cela pourrait bien être, répond M. Lange. Mais que voulez-vous savoir au sujet des truffes?

—D'où elles viennent, tout d'abord . . .

15 —Généralement du Périgord[2] ou du Quercy, à l'ouest du Massif Central, dans la région de la Garonne. Ce sont des champignons noirs, qui ressemblent un peu à de minuscules pommes de terre et qu'on trouve enterrés à une profondeur de 15 à 30 centimètres. Les truffes sont donc invisibles à la surface du sol. Heureusement, les porcs peuvent 20 les sentir, et ils les déterrent.

—N'importe quel porc?

—Oh non. Les truies[3] ont une aptitude particulière pour ce genre d'occupation, et certaines d'entre elles sont particulièrement bien douées à cet égard. On les appelle des truies truffières. Remarquez que, par 25 une coïncidence assez amusante, le mot truie suit immédiatement le mot truffe dans le dictionnaire.

—Comment se fait-il que les porcs en général et certaines truies en particulier possèdent cette aptitude singulière?

(Questions, Exercices et notes, p. 214)

[1] truffe (f): champignon souterrain très recherché à cause de sa saveur exquise.

[2] le Périgord: Centre de la récolte truffière, le Périgord produit aussi beaucoup d'excellents pâtés de foie gras.

[3] la truie: femelle du porc.

—Parce qu'ils aiment les truffes, tout simplement. Le ou la propriétaire accompagne son animal dans les lieux où il y a, ou où il peut y avoir des truffes. On dit qu'une bonne truie truffière est capable de sentir une truffe à une distance de 10 mètres, lorsque le vent est favorable.

—Mais comment le propriétaire sait-il où il y a des truffes, puisqu'il 5 ne les voit pas?

—Il est un peu dans la situation du chasseur qui va à la chasse sans être jamais sûr de rapporter du gibier. Toutefois, il sait plus ou moins où aller. Les truffes ne se trouvent qu'à certains endroits, dans le voisinage des chênes. Vous savez ce qu'on appelle la symbiose, n'est-ce 10 pas?

—Oui, c'est une espèce de coexistence, ou plutôt d'association entre des êtres vivants, animaux ou plantes.

—Exactement. Eh bien, on sait qu'une association de ce genre existe entre les truffes et les racines des chênes. Un savant botaniste allemand 15 a découvert cela vers la fin du siècle dernier. Son étude est restée la première étude systématique du phénomène de la symbiose.

Mais qu'est-ce qui se passe lorsque la truie découvre une truffe? Est-ce qu'elle ne la mange pas, puisque les porcs sont friands de truffes?

—La pauvre bête n'en a ordinairement pas l'occasion. Son maître 20 l'en écarte brutalement, ou — tant est grande la duplicité humaine — il lui offre quelque chose à la place, un gland par exemple.

—Ne trouvez-vous pas qu'il est cruel de lui ôter, pour ainsi dire, le pain de la bouche?

—Il ne s'agit pas de pain, mais de truffes qui coûtent 40 dollars la 25 livre.

—Cela n'empêche pas que cette frustration répétée doit avoir, à la longue, un effet psychologique déplorable.

—Hélas oui. Après un hiver, qui est la saison où l'on récolte les truffes, une truie perd d'ordinaire tout intérêt pour les truffes. Alors, 30 son maître cruel se débarrasse d'elle — en l'envoyant chez le charcutier. Il est ainsi possible qu'elle finisse en charcuterie[4] dont le goût est agrémenté de truffes qu'elle a elle-même découvertes. C'est une tragique histoire.

—On emploie surtout les truffes comme condiment, n'est-ce pas? 35

---

[4] charcuterie: toute espèce de viande de porc: jambons, lard, saucisses, porc frais, pâtés, etc.

—Oui. On s'en sert en charcuterie, et surtout dans la préparation du pâté[5] de foie gras, de Strasbourg[6] et d'ailleurs. Sans elles, les oies mèneraient une vie beaucoup moins menacée.[7] C'est aux truffes que beaucoup de ces produits doivent leur excellence. Malheureusement pour les gourmets, la récolte des truffes diminue constamment. On ne sait pas pourquoi. Leur existence est pleine de mystère.

—Pourquoi ne pas les cultiver, comme d'autres champignons?

—On a maintes fois essayé, sans aucun succès. Je vous parlais tout à l'heure de ce savant botaniste allemand qui a étudié la symbiose. Le gouvernement impérial l'avait chargé d'étudier la croissance des truffes, afin d'introduire en Allemagne un commerce très profitable. Le savant homme a découvert la symbiose, mais il n'a jamais réussi à faire pousser des truffes. Elles poussent comme elles ont toujours poussé, et on continue à se servir de truies pour les découvrir . . . J'oubliais de vous dire qu'on emploie aussi des chiens à cet usage. Mais ce sont des chiens dressés, puisque les chiens sont indifférents aux truffes. Ils ne les mangent pas, ce qui est un avantage.

—En tout cas, c'est une espèce de satisfaction de savoir qu'à notre époque où l'on fabrique tout, ou l'on cultive tout, les truffes restent des truffes, conclut Bill.

---

[5] pâté (m) de foie gras: préparation du foie d'oie avec des truffes.
[6] Strasbourg: ville de l'Est de France, célèbre pour ses produits alimentaires. L'élevage de l'oie est très développé dans la région autour de Strasbourg.
[7] Une vie beaucoup moins menacée . . .: M. Lange fait allusion au fait que pour avoir des foies gras, on force les pauvres oies à manger beaucoup plus qu'elles ne voudraient.

ÉTALAGE DE CHARCUTIER

À PROPOS DE TRUFFES

19 | Rues de Paris

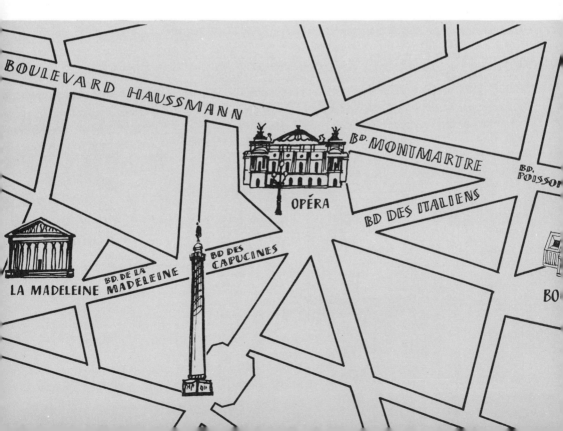

Un après-midi qu'ils se promènent ensemble sur les Grands Boulevards, Bill dit à Raymond:

—Il n'y a rien de plus déconcertant que vos rues de Paris. Elles vont dans tous les sens, et celles qui sont à peu près droites changent de
5 nom avec une facilité singulière. Il y a quelques instants ce boulevard-ci s'appelait le boulevard Montmartre. Il est devenu tout à coup le boulevard Poissonnière. Et maintenant je vois que nous sommes sur le boulevard de Bonne-Nouvelle, qui est le prolongement exact des deux précédents. Pourquoi a-t-on donné tant de noms différents à la même
10 rue?

—Pour que les gens ne sachent jamais où ils sont! Cela tient leur curiosité en éveil!

—Sérieusement, Raymond, pouvez-vous donner une raison logique qui explique ces changements? Vous autres[1] Français, vous avez la
15 réputation d'avoir l'esprit clair. Trouvez-vous un malin plaisir à jeter la confusion dans l'esprit des visiteurs étrangers de passage à Paris?

—Vous exagérez, Bill. Il y a relativement peu de rues qui changent de nom sans vous en avertir. D'ailleurs, les Parisiens eux-mêmes sont souvent embarrassés par la complexité des rues de leur ville, et beau-
20 coup d'entre eux ont dans leur poche un petit guide qui porte le nom bien choisi d'*Indispensable*. Il l'est[2] en effet. Même les agents de police et les chauffeurs de taxi doivent le consulter de temps en temps.

—Lorsque j'étais à Québec il y a deux ans, un des habitants m'a fait remarquer que la rue principale de la ville change trois ou quatre fois
25 de nom en cours de route. Il s'agit sans doute là d'une vieille coutume française.

—Le changement soudain du nom d'une rue s'explique souvent par une raison historique. C'est parfois la proximité d'un site bien connu

---

(Questions, Exercices et notes, p. 216)
[1] vous autres: vous
[2] Il l'est: *It is*, i.e., *it is indispensable.*
   Cf. —Ce monsieur a l'air intelligent. —Il l'est.
   —Cette femme a l'air d'être Française. —Elle l'est.
   —Ces étudiants ont l'air sérieux. —Ils le sont.

des Parisiens d'autrefois, d'une église, d'un bâtiment depuis longtemps disparu. Par exemple, la Bastille, qui a été détruite en 1789, a laissé son nom à un boulevard et à une belle place. Si une section des grands boulevards porte le nom de boulevard de Bonne-Nouvelle, c'est qu'il y avait là une petite église, qui existe encore, appelée Notre-Dame de 5 Bonnes-Nouvelles. À vrai dire,[3] il ne s'agit pas de changer le nom d'une rue tous les deux cents mètres; il s'agit, au contraire, de conserver les noms des lieux qui existaient au moment où on a aménagé la rue.

—Tout cela est très évocateur du passé, répond Bill, mais ce n'est guère pratique. Je préfère de beaucoup[4] le système que nous employons 10 dans certaines de nos villes d'Amérique, à New York par exemple, où tout le monde sait que la Quarante-septième rue est juste entre la Quarante-sixième et la Quarante-huitième. Pas d'incertitude possible. D'un point donné à un autre, on peut même presque exactement calculer la distance.   15

—Vous autres Américains, vous êtes pratiques. Voilà tout!

—Mais, mon cher Raymond, vous autres Français, vous êtes très fiers d'avoir inventé le système métrique. Vous en vantez justement la commodité, la simplicité. Or, je vous ferai remarquer que notre système de désignation des rues et des avenues est l'application d'une espèce de 20 système métrique à l'aménagement des villes.

—C'est assurément très sensé, Bill. Est-ce que toutes les villes américaines ont le même système?

---

[3] à vrai dire: *strictly speaking*
[4] de beaucoup: *greatly, much*

—Non, hélas. Je dois avouer que même à New York il y a des quartiers où les rues portent des noms comme à Paris. On peut facilement y perdre son chemin.

—Vous serez obligé d'admettre aussi que certaines rues de Paris ont
5 un nom fort pittoresque. Connaissez-vous la rue du Chat qui pêche?

—Non. C'est un nom assez inattendu. D'où vient-il?[5]

—C'est un vestige de la réclame commerciale d'autrefois, du temps où magasins et boutiques étaient ornés d'enseignes peintes destinées à[6] attirer les clients — dont la plupart ne savaient pas lire. Il y avait dans
10 cette rue-là une enseigne peinte, qui montrait un chat en train de pêcher — sans doute l'enseigne d'un marchand de poisson. Même si les noms de lieux sont en général très durables, certaines rues ont change de nom. C'est dommage, car l'ancien nom était parfois fort curieux . . .

—J'ai remarqué que beaucoup de rues portent le nom d'un saint ou
15 d'une sainte, la rue Saint-Jacques, la rue Saint-Denis, la rue Sainte-Anne. Ces saints et ces saintes ne sont évidemment jamais tous venus à Paris.

—Non, mais le vieux Paris était couvert d'églises et de couvents qui portaient leurs noms.

20 —Ainsi, une rue Saint-Étienne était une rue où il y avait une église Saint-Étienne?

—Très probablement. Saint Étienne, qui a vécu et est mort à Jéru-

---

[5] D'où vient-il?: *What is its origin? Where does it come from?*
  Cf. —C'est un nom assez inattendu. D'où vient-il?
       —C'est une femme charmante? D'où vient-elle?
       —Ce sont des noms de rue bizarres. D'où viennent-ils?
[6] destiné à: *whose purpose was*

salem, était autrefois très honoré dans le monde chrétien comme ayant été le premier martyr . . . La Révolution est venue. Elle a supprimé les noms de saints, sans se mettre en frais pour les remplacer. Elle les a raccourcis: de Saint-Denis elle a fait Denis, de Saint-Roch,[7] Roch. De même Saint-Cloud est devenu Cloud — tout court. On a plus tard 5 rétabli les anciens noms.

—Paris s'est beaucoup agrandi depuis la Révolution. Comment a-t-on choisi les noms des nouvelles rues?

—Avec une impartialité remarquable, on a distribué les noms de rues et d'avenues parmi les écrivains, les savants, les artistes, les généraux, 10 les hommes politiques de tous les temps et de tous les pays. Quelques-uns de vos compatriotes ont leur rue à Paris.

—Je connais l'avenue du Président Wilson. Y en a-t-il d'autres?

—La ville de Paris a également honoré Washington, Lincoln, Roose-velt, Kennedy, et Rockefeller, dont le nom, par une regrettable erreur, 15 est devenu «Rockfeller.»

—A-t-on pu trouver assez d'illustres personnages pour nommer toutes les rues de Paris?

—Il faudrait évidemment de l'érudition pour identifier quelques-uns d'entre eux. Le boulevard Raspail, par exemple, est une des grandes 20 artères parisiennes. L'illustre personnage qui a donné son nom à ce boulevard a fait beaucoup pour la chimie et pour le suffrage universel, mais il est moins connu aujourd'hui que son boulevard. À vrai dire, il n'est plus guère connu que par son boulevard.

—J'ai une idée, dit Bill, avec un sourire: on pourrait procéder tous 25 les cinquante ans à une révision générale des noms des rues, un peu comme l'Académie Française[8] procède à la révision de son *Dictionnaire!*

—L'idée ne serait pas mauvaise, si elle n'était pas de nature à mettre une certaine confusion dans les habitudes. C'est pourquoi je préfère les vieux noms pittoresques, ceux qui signifient ou qui évoquent quelque 30 chose, comme la rue de l'Arbre Sec, la rue du Bac,[9] ou la rue des Mauvais Garçons.

---

[7] Saint Roch (prononcez: [ʀɔk])
[8] l'Académie Française: Elle a, depuis 1694, publié une série de dictionnaires de la langue française. Les dictionnaires paraissent environ tous les cinquante ans.
[9] le bac: *the ferry.* Autrefois, la rue du Bac conduisait au bac de la Seine. De nos jours elle conduit au Pont-Royal. Le bac a disparu de la Seine depuis longtemps, mais la rue du Bac n'a pas changé de nom.

—Où se trouve cette rue an nom sinistre?

—Près de la Sorbonne. Je me demande si ces «mauvais garçons» n'étaient pas des étudiants de l'Université . . . Mais, à propos de noms sinistres, mon père m'a dit qu'il y avait à Amiens une vieille rue qui
5 portait le nom de rue des Corps Nus Sans Tête.[10] Que pensez-vous de ça?

—Franchement, déclare Bill, je pense que votre père a lu trop de romans policiers . . .

---

[10] Corps Nus Sans Tête, *naked corpses without heads.* Many names of streets in Paris seem strange to us: la rue du Pot-de-Fer, (*Iron Pot*), la rue des Vinaigriers (*Vinegar makers*), la rue du Quatre-Septembre (the date of the founding of the Third Republic), etc.

RUES DE PARIS

20 | **De la terre à la lune**

LE PROJECTILE DE JULES VERNE, 1865

Au cours d'une soirée passée chez les Brégand, on parle des récents voyages à la lune. Tout naturellement, la conversation tombe sur Jules Verne,[1] le précurseur.

—Nous étions à Amiens[2] au cours des cérémonies du cinquantenaire
5 de sa mort auxquelles mon mari avait été invité, explique Mme Brégand. Nous avons entendu des orateurs célébrer[3] en termes éloquents son imagination prodigieuse, son art de prédire, au dix-neuvième siècle, les merveilles de la science future, depuis le sous-marin *Nautilus* jusqu'au projectile[4] qui monte à la lune et qui en revient — par accident, si l'on
10 peut dire.

—Par accident? demande Bill. Que voulez-vous dire?

—Que rien n'était prévu pour le voyage de retour. C'était un voyage: aller seulement. Une fois arrivés à la lune, les trois passagers — deux Américains et un Français — n'avaient aucun moyen d'en revenir. Que
15 faire, en effet? Un formidable canon, long de 900 pieds et planté dans le sol, les avait lancés vers la lune à la suite de l'explosion de 400.000 livres de nitrocellulose, le plus puissant des explosifs alors connus. Ne me demandez pas comment les astronautes ont pu survivre à une telle secousse. Jules Verne explique, il est vrai, que l'obus dans lequel ils
20 étaient possédait un frein hydraulique capable d'absorber la presque totalité du choc. Espérons-le, du moins. D'ailleurs, tout ce qui importe, c'est que dans l'histoire ils sont sortis de l'épreuve sains et saufs, et qu'ils sont arrivés dans le voisinage de la lune.

—Dans le voisinage seulement? demande Bill.

25 —Mais oui, répond Mme Brégand. Nos astronautes modernes emploient des fusées pour initier, pour accélérer, pour ralentir leur course, mais vous comprenez qu'il n'était pas possible d'installer à la surface

---

(Questions, Exercices et notes, p. 218)
[1] Jules Verne: mort à Amiens en 1905
[2] Amiens: vieille ville sur la Somme, célèbre pour sa belle cathédrale gothique
[3] entendre . . . célébrer: *to hear someone praise*
[4] le projectile: Elle pourrait ajouter que, par une coïncidence singulière, le projectile de Jules Verne part du voisinage de Tampa, en Floride, et que le cap Canaveral est mentionné dans son histoire.

DE LA TERRE À LA LUNE

de la lune un canon destiné à les renvoyer vers la terre. C'est sans doute une des raisons pour lesquelles Jules Verne a décidé de mettre leur projectile seulement en orbite. Les trois héroïques voyageurs ont pu ainsi regagner la terre, et cela à leur grand désespoir, car c'étaient des hommes courageux. 5

—Maman a oublié de vous dire que si à certains égards les voyageurs de Jules Verne manquaient gravement de prévoyance, dit Jacqueline, ils étaient à d'autres égards d'une prévoyance rare. Grâce à elle, leur voyage à la lune fut infiniment plus agréable que ne le sont les voyages de nos astronautes. Ils avaient en effet emmené leur cave avec eux. En 10 route, ils buvaient pendant leurs repas tantôt une bouteille de pommard,5 tantôt une bouteille de chambertin, tantôt une bouteille de vin du Clos-Vougeot. Un jour que les choses allaient mal, ils eurent même recours à une bouteille de tokay du prince Esterházy . . .6

—Il y a des absurdités qu'il faut laisser dans une histoire lorsqu'on 15 pense qu'elles seront bien reçues du public, commente M. Brégand. C'est Corneille7 qui l'a dit, et Jules Verne se rendait compte de cette vérité.

—On dit pourtant que le récit de Jules Verne contient pas mal de vérité, reprend Bill, qu'il a prévu par exemple l'emploi des rétrofusées 20 pour le ralentissement de son projectile. N'a-t-il pas aussi décrit avec exactitude les effets de l'apesanteur? J'ai lu quelque part, je crois, qu'il nous montre ses passagers flottant dans toutes les directions à l'intérieur de leur cabine, les bras étendus, et parfaitement incapables de toucher du pied le fond de leur projectile. 25

—N'oubliez pas que ces effets étaient bien connus du temps de Jules Verne, répond M. Brégand. La lune elle-même était presque aussi bien connue que de nos jours. Sa distance, sa masse, sa pesanteur, sa surface, tout cela avait été mesuré, observé au cours des siècles par des savants tels que Copernic, Galilée, Newton et bien d'autres. Jules Verne s'est 30 habilement servi des connaissances acquises pour donner à son lecteur l'illusion de la réalité. Il n'avait nullement besoin d'aller jusqu'à la

---

5 une bouteille de pommard: Remarquez qu'on écrit une bouteille de bordeaux (sans majuscule), mais du vin de Bordeaux (avec majuscule).
6 le prince Esterházy: Il avait envoyé aux astronautes une bouteille de tokay avec ses compliments.
7 Corneille: Corneille et Racine sont les deux grands auteurs de tragédies de l'âge classique en France.

lune pour la décrire: il n'avait qu'à consulter les cartes existantes, et
c'est exactement ce qu'il a fait. C'était un très bon narrateur, plein
d'humour[8] et possédant à un très haut degré l'art de ce que nous
appelons comme vous le «suspense». C'est seulement sa technologie
qui était insuffisante . . .

—Vous voyez, dit Jacqueline, Jules Verne est comme tous ceux qui
prédisent l'avenir: on oublie volontiers lorsqu'ils se trompent, pour ne
considérer que leurs prédictions que l'avenir confirme.

—Il faut dire aussi que Jules Verne a évité d'aborder les problèmes
techniques relatifs à son voyage, continue M. Brégand, ou, quand il
l'a fait, il les a quelque peu escamotés.[9] Un exemple: il fait certes un
peu chaud, mais c'est tout de même sans difficulté que ses passagers,
au retour, traversent l'atmosphère dans leur projectile d'aluminium —
un élément alors nouveau et qui coûte neuf dollars la livre. Ils tombent
dans l'Océan, sans rien pour ralentir leur chute. C'est là qu'on les
retrouve flottant plus de quinze jours après. Et savez-vous ce qu'ils font
au moment où on les repêche?

—Ils sont en train de boire leur dernière bouteille de chambertin,
hasarde Bill.

—Mieux que cela: ils sont en train de jouer aux cartes!

—Maman vous a dit tout à l'heure que c'étaient des hommes courageux, conclut Jacqueline.

---

[8] humour (m): mot emprunté de l'anglais. Railleries dissimulée sous un air sérieux. Ne
pas confondre avec le mot «humeur» (f) qui n'a pas du tout le même sens. On dit: Un
tel est de bonne humeur, de mauvaise humeur; mais ces expressions n'ont aucun rapport
avec l'humour.

[9] escamoter: supprimer, éviter, faire disparaître. *Cf.* Les prestidigitateurs savent escamoter
toute sorte d'objets.

L'HOMME SUR LA LUNE, 1969

DE LA TERRE À LA LUNE

90

21 | Anniversaires

MONUMENT DE
JEANNE D'ARC À ROUEN

Je vois dans le journal qu'on a récemment célébré le deuxième centenaire de la naissance de Chateaubriand,[1] dit Bill à Jacqueline. Madame
Brégand parlait l'autre jour des cérémonies qui ont eu lieu à Amiens à
l'occasion du cinquantenaire de la mort de Jules Verne. Pourquoi donc
5 célébrer la mort de Jules Verne et la naissance de Chateaubriand?

—Peut-être qu'en 2048 on organisera des cérémonies à l'occasion
du deuxième centenaire de la mort de Chateaubriand, répond Jacqueline.
Peut-être y aura-t-il alors des gens prêts à organiser ce bicentenaire,
avec la collaboration des autorités régionales et locales, comme on dit.
10 Chateaubriand, vous le savez, est né et a passé une partie de son enfance
au château de Combourg, en Bretagne. Même s'il n'y est pour ainsi
dire jamais retourné de son vivant, il est un des grands hommes de sa
province natale. Le régionalisme breton reste vigoureux. Cela explique,
au moins dans une certaine mesure, pourquoi tant de villes bretonnes,
15 Dinan, Nantes, Saint-Malo — où il est enterré — et d'autres, ont honoré
en lui un «grand disparu».[2]

—En d'autres mots, le choix entre la naissance et la mort dépend
un peu des circonstances?

—Oui. N'oubliez pas pourtant que l'Église a sa tradition des saints
20 martyrs, autrefois très honorés. Et puis, certaines morts sont mémora-
bles, celle de Jeanne d'Arc[3] par exemple. Dans son cas, on célèbre la
date de sa mort, non celle de sa naissance.

—Mais dites-moi, Jacqueline, en quoi consistent exactement les cérémonies dont vous parlez.

25 —Cela aussi dépend des circonstances. Il y a d'ordinaire une exposition d'objets associés à la vie et à l'œuvre du personnage en question.
À Dinan, par exemple, on a exposé dans une salle du vieux château

---

(Questions, Exercices et notes, p. 220)
[1] Chateaubriand (1768–1848): un des grands écrivains français. Connu aux États-Unis
surtout pour son *Voyage en Amérique* et son influence sur le mouvement romantique.
[2] un disparu: une personne qui est morte. En français, comme dans les autres langues,
beaucoup de gens évitent de dire «le mort».
[3] Jeanne d'Arc: héroïne et sainte française. Brûlée vive par les Anglais en 1431, elle a été
canonisée en 1920. Sa fête est célébrée le deuxième dimanche de mai.

ANNIVERSAIRES

de la reine Anne de Bretagne des livres, des gravures, des documents relatifs aux années d'enfance de Chateaubriand. S'il s'agit d'un homme de science, on réunira[4] des appareils ou des instruments qu'il a employés dans ses recherches, des tableaux ou des dessins s'il s'agit d'un peintre.

—De telles expositions ne peuvent manquer d'être fort instructives. 5

—Certainement, dit Jacqueline. Pour l'exposition Chopin, à la Bibliothèque Nationale, on a réuni toutes sortes de choses: des manuscrits, des premières éditions de ses compositions avec des couvertures décorées de scènes romantiques, son piano même, son portrait par Delacroix, des lettres de son amie George Sand, des keepsakes,[5] etc. 10 Les expositions organisées à la Bibliothèque Nationale sont toujours très intéressantes.

—J'ai entendu dire que la Bibliothèque Nationale[6] possède une collection de manuscrits et d'estampes tout aussi remarquable que les collections de peintures et de sculptures du Louvre. 15

—Cela est vrai, dit Jacqueline. Mais à propos des anniversaires, il y en a bien entendu des grands et des petits. L'importance des cérémonies commémoratives est proportionnée à celle de l'homme qu'elles honorent. S'il s'agit d'un anniversaire local, on inaugure en présence des autorités compétentes un buste du personnage en question dans un 20 jardin public ou sur une des places de la ville; ou bien on pose une plaque commémorative sur la façade de la maison où il est né, où il a vécu, où il est mort. À l'occasion des grands anniversaires, le service des P.T.T.[7] émet parfois un timbre commémoratif. La principauté de Monaco n'a pas manqué d'émettre une série de timbres à l'occasion du 25 bicentenaire de Chateaubriand, comme elle l'avait fait d'ailleurs pour le cinquantenaire de Jules Verne.

—Je comprends maintenant pourquoi il y a tant de statues et de bustes en France et pourquoi vous émettez tant de timbres commémoratifs. J'admets pourtant que vos timbres sont d'ordinaire plus artis- 30 tiques que les nôtres.

—Merci. J'admettrai en retour que certaines des statues qui ornent

---

[4] réunir: *to collect, to bring together*. On peut réunir des choses ou des personnes.

[5] keepsake: livre illustré, populaire au dix-neuvième siècle

[6] la Bibliothèque Nationale: une des plus grandes bibliothèques existantes

[7] le service des P.T.T.: L'administration des Postes, télégraphes et téléphones est devenue l'administration des Postes et télécommunications, mais on dit toujours les P.T.T. (Prononcez: [pe-te-te].)

MONUMENT HONORANT(?) GOUNOD

nos places publiques ne sont pas des chefs-d'œuvre. Fréquemment, nos journaux commencent une campagne de presse contre quelque monument qui, disent-ils, déshonore leur ville. Mais ces campagnes réussissent rarement, les citoyens de la ville étant des électeurs . . .

5 —Oui, dit Bill, il est sûrement plus facile d'ériger un monument que de s'en défaire. En Amérique comme en France, chaque petite ville a son monument aux anciens combattants. La plupart du temps, le monument n'honore ni la ville ni les soldats.

—Alors, dit Jacqueline, vous apprécierez l'initiative d'un groupe de
10 jeunes peintres qui ont mis un jour dans le Parc Monceau[8] un écriteau avec la légende:

IL EST INTERDIT

D'ÉRIGER DES STATUES

SUR LA PELOUSE

---

[8] le Parc Monceau: joli parc dans un des beaux quartiers de Paris où il y a un peu partout des statues. On dirait en anglais: *Keep off the grass with your statues.*

22 | Un sport inusité[1]

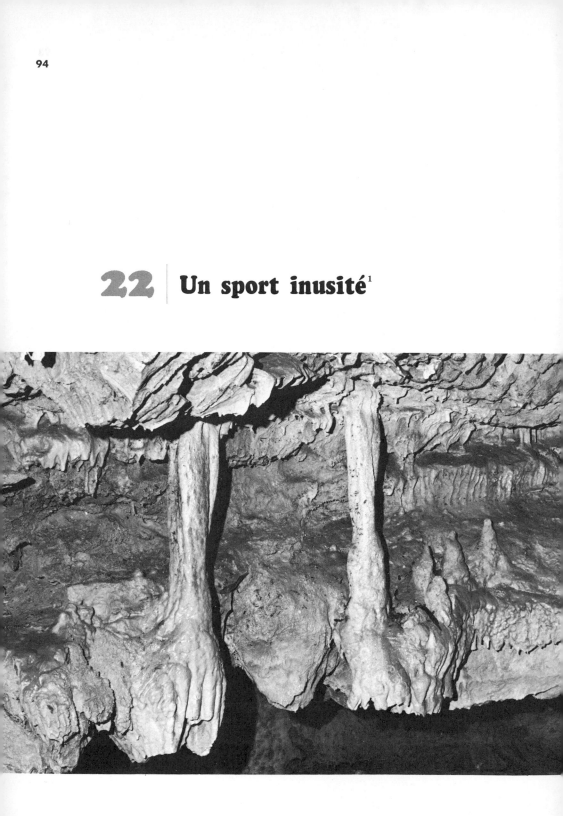

Sur la table, dans la chambre de Raymond, Bill remarque un jour plusieurs livres relatifs à la spéléologie.[2]

—Qu'est-ce que c'est que la spéléologie? demande-t-il à Raymond. Il s'agit sans doute d'une science nouvelle. Il y a tant de sciences nou-
5 velles et tant de mots qui finissent en -LOGIE que je ne devine pas du tout ce que cela veut dire.

—La spéléologie, répond son ami, est à la fois une science et un sport. La science, c'est l'étude de la formation des grottes et des cavernes naturelles. Le sport, c'est leur exploration.

10 —Oh! oui, répond Bill. J'ai lu dans une revue américaine que ce sport était populaire en France.

—Populaire, c'est beaucoup dire, explique Raymond. Descendre, à l'aide de cordes ou d'échelles flexibles, parfois à des milliers de pieds sous terre, n'est pas exactement un sport pour les amateurs. Beaucoup
15 de gens parlent de la spéléologie, mais ceux qui la pratiquent sont moins nombreux.

—Vous êtes, si je devine bien, un de ceux qui la pratiquent?

—De temps en temps. J'ai un camarade qui est non seulement fanatique de ce sport, mais qui est aussi très expérimenté dans l'art
20 des explorations souterraines. Je l'ai accompagné plusieurs fois dans ses expéditions.

—Y a-t-il assez de grottes et de cavernes pour tout le monde?

—Oui. Elles sont très nombreuses dans certaines régions de la France, notamment à l'ouest du Massif Central.[3] Il y a là des plateaux
25 calcaires où l'on trouve énormément de grottes naturelles. Vous avez entendu parler de l'homme de Cro-Magnon,[4] n'est-ce pas?

(Questions, Exercices et notes, p. 222)
[1] inusité: qui est peu usité, peu pratiqué
[2] la spéléologie: science qui étudie les cavernes
[3] le Massif Central: région montagneuse au centre de la France
[4] l'homme de Cro-Magnon: homme préhistorique dont on a découvert en 1868 le squelette dans un lieu nommé Cro-Magnon, près des Eyzies en Dordogne

UN SPORT INUSITÉ

LA DORDOGNE

—Naturellement. Il occupe une place d'honneur dans tous les manuels d'anthropologie. J'ai même vu ses os au Musée de l'Homme[5] dans le Palais de Chaillot.

—Eh bien, il a habité avec ses contemporains, il y a plus de 20.000
5 ans, dans des grottes le long des rivières, pas très loin de la ville actuelle de Bordeaux. Notre région du Périgord, célèbre pour ses truffes, l'est aussi[6] pour ses anciens troglodytes.[7] C'est là qu'on a découvert ces merveilleux dessins d'animaux préhistoriques avec lesquels nos lointains ancêtres décoraient leurs demeures. Il paraît même que ces gens-là
10 avaient des yeux meilleurs que les nôtres: il a fallu attendre la découverte de la photographie pour reproduire les mouvements des animaux aussi exactement qu'ils l'ont fait dans leurs dessins.

—C'est peut-être grâce à l'excellence de leur vue que vos lointains ancêtres ont été de si grands artistes. Mais visiter les grottes où ils ont
15 vécu entourés de leurs œuvres artistiques me paraît être une variété de tourisme plutôt qu'un sport véritable.

—Vous avez tout à fait raison. Mais vous pensez aux cavernes aménagées pour les touristes. Tout ce qu'on risque, c'est parfois de se cogner la tête contre la paroi supérieure d'une étroite et longue galerie
20 souterraine . . . Le sport commence lorsqu'il s'agit de visiter des lieux où l'homme n'a sans doute jamais pénétré. C'est une sorte d'alpinisme à rebours: au lieu de monter, puis de descendre, on descend d'abord et l'on remonte ensuite. Mais les outils employés, cordes, crampons, etc., sont à peu près les mêmes. L'exploration d'un gouffre profond offre
25 d'ailleurs toutes les satisfactions de l'alpinisme, avec quelque chose de plus, l'attrait du mystère. Descendre dans l'inconnu, dans un gouffre noir dont on ne sait où est le fond est un sport passionnant.

—Qu'est-ce que vos parents pensent de ce genre de distraction?

—Ils me disent que je vais évidemment me casser le cou, un jour ou
30 l'autre. En réalité, les accidents sont rares.

—Y a-t-il quelquefois des accidents?

---

[5] le Musée de l'Homme: riche musée d'ethnographie et d'anthropologie qui occupe actuellement une partie du Palais de Chaillot à Paris
[6] l'est aussi . . .: Remarquez que dans cette phrase, le mot «l'» veut dire: «célèbre». *Cf.* Il a fallu attendre la découverte de la photographie pour reproduire les mouvements des animaux aussi exactement qu'ils l'ont fait. (Le mot «l'» signifie ici: «reproduire exactement les mouvements des animaux»).
[7] troglodyte: habitant des cavernes

—Si une corde ou une échelle est mal attachée, on risque de dégringoler au fond du gouffre. Il y a surtout le danger de l'eau et des avalanches.

—Y a-t-il des avalanches souterraines? Cela me fait peur rien que d'y penser.

—Bien sûr. Vous avez visité des cavernes, n'est-ce pas?

—Oui, deux ou trois fois, en Amérique, l'espèce de caverne où l'on paie un dollar à l'entrée, des cavernes avec électricité, ascenseurs, ponts pour ne pas se mouiller les pieds, souvenirs à vendre, etc.

—Vous savez en tout cas que les cavernes sont très humides. L'eau s'infiltre constamment à travers le sol, forme des poches, des cours d'eau souterrains. Le moindre choc suffit parfois à provoquer une inondation. Lorsqu'on est suspendu à une corde, il est peu plaisant de recevoir tout à coup sur la tête une cataracte, accompagnée de terre et de pierres.

—J'en suis sûr! Mais sans parler de ces surprises désagréables qu'est-ce que vous découvrez au cours de vos explorations? Je ne vois pas bien l'attrait de ce sport.

—Quelquefois on voit des spectacles extraordinaires qui vous donnent l'impression d'être dans un palais enchanté. J'ai vu des stalactites et des stalagmites de toute beauté, blanches comme la neige ou colorées des nuances les plus délicates. Vraiment, Bill, tout y est primordial, silencieux et pur.

—Trouvez-vous trace de vie au fond de vos cavernes?

—Oui, une flore et une faune bizarres,[8] des mousses étranges, des poissons sans yeux, sans compter bien entendu les chauves-souris qui sont les hôtes ordinaires des cavernes . . . Devinez ce qui, un jour, à plusieurs centaines de pieds sous terre, m'a littéralement frappé de terreur.

—Je ne sais pas, moi. Un monstre préhistorique? Un dinosaure oublié qui s'avançait lentement en vous regardant avec de petits yeux méchants?

—Pas du tout, un vulgaire lapin qui a pris la fuite à mes pieds . . . J'avais si peur que j'ai failli tomber dans une mare.

—Qu'est-ce que ce lapin faisait là?

---

[8] bizarres: Remarquez que le mot «bizarres» est au pluriel pour s'accorder avec «flore et faune».

—Je suppose qu'il était venu passer l'après-midi à la fois[9] au frais et à l'abri des chasseurs.

—Allez-vous écrire un livre sur vos explorations souterraines? Vous devriez le faire. Les livres de ce genre sont toujours à la mode.

5 —Je n'y ai pas pensé . . . Mais voulez-vous venir avec moi la prochaine fois que j'explorerai une caverne?

—Non, merci. Vous me faites penser à un de mes amis en Amérique, skieur émérite et spécialiste du saut à haute altitude. Je ne suis, moi, ni l'un ni l'autre. «Cela ne fait rien,» m'a-t-il expliqué, «sautez tout de

10 même. Une fois qu'on est parti, ça va tout seul, il n'y a plus moyen de s'arrêter.» Je lui ai répondu que c'était là[10] précisément ce qui me gênait. En ce qui concerne l'exploration des cavernes, mon cher ami, j'attendrai avec impatience votre premier livre à ce sujet.

---

9 à la fois: en même temps. Remarquez que la phrase «à la fois au frais et à l'abri» serait exprimée en anglais par: *both where it was cool and where he was safe*.

10 c'était là: c'était cela

23 Le vieux Paris

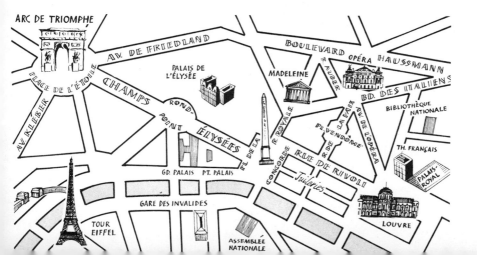

Je n'ai pas besoin de vous annoncer que Paris est une très belle ville, dit Ann à Bill, un après-midi qu'elle traverse avec lui le Jardin des Tuileries.[1] Vous le savez mieux que moi. Mais n'êtes-vous pas étonné de voir combien Paris, qui a été bâti à toutes les époques, forme un
5 ensemble agréable et homogène? Qu'est-ce que vous en pensez, vous qui êtes architecte et spécialiste d'urbanisme?[2]

—Il faut avouer qu'on trouve bien çà et là à Paris, des rues, des quartiers même qui n'offrent pas grand intérêt. Mais toute la partie centrale, qui est pourtant la plus ancienne, est un chef-d'œuvre d'amé-
10 nagement. Considérez l'endroit où nous sommes en ce moment. Le Palais du Louvre,[3] le Jardin des Tuileries, la place de la Concorde, l'avenue des Champs-Élysées,[4] avec, dans le lointain, l'Arc de Triomphe,[5] constituent, à mon avis, une des Sept Merveilles du monde actuel. Le plus étrange, c'est que tout cela a été aménagé à différentes
15 époques, sans plan préétabli. C'est le résultat d'un travail de construction et de démolition qui a duré quatre cents ans. Vous savez comment Paris s'est développé, n'est-ce pas?

—Plus ou moins. Je sais qu'avant l'arrivée des Romains, la petite île au milieu de la Seine, maintenant l'île de la Cité, était occupée par les
20 huttes d'une tribu gauloise, les Parisii; que les Romains ont donné à cet endroit le nom de Lutèce et ont construit dans le voisinage quelques monuments qui existent encore en partie; puis que peu à peu,

---

(Questions, Exercices et notes, p. 224)
[1] le Jardin des Tuileries: vaste jardin public qui s'étend le long de la Seine, du Louvre jusqu'à la place de la Concorde. Il a presque un kilomètre de long et plus d'un tiers de kilomètre de large. Il est orné de parterres, de statues, de pièces d'eau, etc.
[2] urbanisme: ensemble de mesures techniques, économiques, sociales, etc. qui permettent un développement rationnel et harmonieux des villes.
[3] le Palais du Louvre: Ancien palais royal, il est occupé actuellement par quelques bureaux du gouvernement et l'immense collection d'œuvres d'art du musée du Louvre.
[4] l'avenue des Champs-Élysées: belle avenue plantée d'arbres, longue de presque deux kilomètres, qui unit les deux plus belles places de Paris: la place de la Concorde et la place de l'Étoile
[5] l'Arc de Triomphe: Impressionnant par ses dimensions et sa décoration, il fut construit comme monument à la gloire des armées impériales.

devenue Paris, la ville s'est étendue sur les deux rives de la Seine.

—C'est ça. Vous savez que l'âge d'un arbre est indiqué par une série de cercles concentriques, dont chacun représente la croissance d'une année. Eh bien, Paris a grandi un peu de la même manière. À mesure que la ville s'est développée, on l'a entourée de plusieurs enceintes 5 successives. Mais on n'a pas toujours démoli immédiatement les vieilles fortifications. Vous connaissez peut-être la vieille rue qui descend du Quartier latin vers la Seine et qui porte le joli nom de rue Monsieur le Prince?

—Mais oui. J'ai remarqué ce nom l'autre jour, en allant chez mon 10 libraire.

—Pour aménager cette rue, au temps de Louis XIV, on a démoli une vieille muraille flanquée de tours, qui faisait partie des fortifications construites au Moyen Âge. Imaginez la joie des enfants qui pouvaient grimper sur ces vieilles tours, et aussi l'inquiétude de leurs mères.   15

—Est-ce que toutes les fortifications de Paris ont maintenant disparu?

—Complètement. Devenus inutiles, murs et châteaux forts ont été démolis. La Bastille a été détruite à la suite de la fameuse journée du 14 juillet. Les fortifications plus modernes ont été remplacées par des boulevards. C'est ainsi que les Grands Boulevards actuels suivent à peu 20 près la ligne des murs qui protégeaient la partie nord de Paris au dix-septième siècle.

—Voulez-vous dire qu'au temps de Louis XIV Paris ne s'étendait pas au delà de la ligne actuelle des Grands Boulevards?

—À peine. À côté de la porte Saint-Denis, que vous avez remarquée sur les grands boulevards, il y avait encore des moulins à vent et des fermes. Bien entendu, la place de la Concorde et l'avenue des Champs-Élysées n'existaient pas à ce moment-là. On a commencé à aménager
5 la place de la Concorde seulement au dix-huitième siècle.

—N'est-ce pas sur cette place que, pendant la Révolution, se dressait la guillotine?

—Oui, c'est là que pendant plusieurs mois, on a exécuté des aristocrates, et aussi des gens qui ne l'étaient pas.[6] C'est pour effacer tous
10 ces mauvais souvenirs qu'on a donné plus tard à cette place le nom de la place de la Concorde.

—La guillotine est un étrange moyen d'établir la concorde . . .

—Ici, près du Louvre, continue Bill, nous sommes plus ou moins dans le Paris des rois de France. Là-bas, autour de l'Arc de Triomphe,
15 on est plutôt dans le Paris de Napoléon. C'est lui qui a eu l'idée de bâtir un beau monument à sa gloire personnelle. L'Arc de Triomphe est au centre d'une espèce d'étoile formée par douze belles avenues qui portent les noms de ses victoires ou de ses généraux. D'où le nom Arc de Triomphe de l'Étoile . . . Naturellement, tout cela a beaucoup changé
20 depuis le temps de Napoléon.

—Est-ce que Napoléon a rapporté d'Égypte l'obélisque que nous voyons là-bas?

—Mais non! Le vice-roi d'Égypte l'a offert à Louis-Philippe en 1831. Vous voyez que cette partie de Paris est moins ancienne que quelques
25 quartiers de Boston ou de Philadelphie.

—J'ai entendu dire qu'un certain Haussmann a embelli Paris. Qu'est-ce qu'il a fait?

—C'est lui qui, en qualité de préfet de la Seine il y a cent ans, a fait de Paris une ville vraiment moderne. Avant lui, certains quartiers de la
30 ville étaient encore un dédale de rues étroites et tortueuses. On raconte qu'il a pris un plan de Paris et une règle; avec cette règle il a tracé d'un point à un autre une ligne droite, qui est devenue une avenue nouvelle.

—Est-ce que Paris n'a pas changé depuis Haussmann?

—La ville s'est étendue dans tous les sens, bien entendu. Mais le

---

6 . . . des gens qui ne l'étaient pas: Remarquez que le pronom «l'», qui se réfère au mot «aristocrates», veut dire «aristocrates». Nous dirions en anglais: *people who weren't* (*aristocrats*).

centre de Paris est resté à peu près le même, au grand ennui de ceux qui ont maintenant à résoudre le problème de la circulation parisienne. Un des coins de la ville qui s'est le plus transformé est le voisinage de la tour Eiffel.

—Mais la tour Eiffel est déjà assez vieille, n'est-ce pas? 5

—Elle a été bâtie à l'occasion de l'Exposition Universelle de 1889. Un ingénieur français, Gustave Eiffel, a construit alors cette tour, haute de trois cents mètres, comme un monument à l'âge nouveau du fer et de l'acier. La plupart des visiteurs de l'Exposition l'ont trouvée admirable. D'autres ont déclaré que c'était une véritable horreur. Les 10 protestations sont devenues si nombreuses et si fortes qu'au début du vingtième siècle on a été sur le point de démolir la tour Eiffel. Ce qui l'a sauvée, c'est la découverte de la T. S. F.[7] On y a établi un poste émetteur puissant et, plus récemment, un phare pour avions.

—Qu'est-ce que les Parisiens en pensent maintenant? 15

—Leur point de vue a complètement changé. À l'heure actuelle, les esthètes eux-mêmes disent que la tour Eiffel est une construction fort élégante. Elle fait d'ailleurs si bien partie du panorama parisien que sa disparition est presque inconcevable.

—Ma grand-mère est allée à une exposition à Paris, mais ce n'est 20 sûrement pas celle de 1889.

—Il y a eu plusieurs expositions près de la tour Eiffel sur le Champ-de-Mars.[8] Votre grand-mère est sans doute allée à celle de 1937. C'est à l'occasion de cette exposition qu'on a construit le beau Palais de Chaillot. 25

—Oh! je croyais qu'il était tout nouveau . . . J'y suis allée plusieurs fois voir des pièces et assister aux concerts dans sa belle salle de spectacles souterraine.

—Il y a là aussi un musée anthropologique fort intéressant. On l'appelle le Musée de l'Homme . . . Mais, pour revenir à ce que nous 30 disions, vous voyez comment s'est constitué un des plus beaux coins de Paris: à une extrémité du Champ-de-Mars, vous avez l'École Militaire, bâtiment classique du dix-huitième siècle et tout près, le bâtiment

---

[7] la T.S.F.: la radio. Ces lettres sont les initiales de «télégraphie sans fil» (*wireless*). Prononcez: [te-ɛs-ɛf].

[8] Champ-de-Mars: Ancien champ de manœuvres de l'École Militaire, le Champ-de-Mars est aujourd'hui un des plus beaux parcs de Paris. Long d'environ un kilomètre, il s'étend de l'École Militaire à la tour Eiffel.

ultra-moderne de l'Unesco;[9] à l'autre extrémité, la tour Eiffel, de la fin du dix-neuvième siècle; en face, sur l'autre rive de la Seine, le Palais de Chaillot, bâtiment moderne — et ces trois constructions si différentes s'harmonisent pour constituer un ensemble extrêmement impression-
5 nant . . .

—Vous avez bien fait d'avoir choisi Paris pour y faire vos études d'architecture urbaine.

—J'espère qu'un jour j'aurai l'occasion d'aménager en Amérique de vastes places comme la place de la Concorde et le Champ-de-Mars.

---

[9] Unesco: maison permanente de l'Organisation des Nations Unis pour l'éducation, la science, et la culture. Le mot «Unesco» est formé par les initiales du titre en anglais: *United Nations Educational, Scientific, and Cultural Organization.*

LA TOUR EIFFEL

LE VIEUX PARIS

24 | La rénovation du   vieux Paris

PLACE DE LA CONCORDE

Regardez la jolie couleur blonde du vieux Louvre éclairé par les rayons du soleil couchant, dit Raymond à Bill, alors qu'ils s'arrêtent un instant au milieu du Pont-Neuf. Il y a quelques années, tous ces bâtiments étaient sombres, noircis par le temps. On les a complètement
5 nettoyés et cela, vu leur étendue, n'était pas une petite entreprise. Jamais personne n'a vu le Louvre tel que nous le voyons maintenant.

—Un jour pourtant, tous ces bâtiments ont été neufs.

—Certes oui, mais pas tous en même temps. Leur construction a duré plus de quatre siècles. Je suis sûr que les parties déjà existantes,
10 lorsqu'on construisait une aile nouvelle, étaient toutes noires. On appelait complaisamment «la patine[1] des siècles» ce qui n'était que la crasse des siècles, un mélange de suie et de poussière délayées par la pluie. Le Louvre s'est trouvé tout d'un coup rajeuni d'un ou de plusieurs siècles.

15 —J'ai entendu dire qu'on était en train de rénover certains quartiers parisiens.

—La rénovation ne consiste pas seulement à démolir des bâtiments vétustes pour les remplacer par des constructions modernes. Il s'agit avant tout de rajeunir Paris sans détruire son charme. Vous avez
20 peut-être vu dans les journaux le mot «ravalement»?

—Non. Qu'est-ce que c'est que ça?

—C'est la restauration, la remise en état des façades. L'État encourage ce genre d'opérations. Bien des immeubles parisiens ont déjà été ravalés, dans certains quartiers en particulier des rues entières — ce qui donne
25 à ces rues un aspect plus gai, moins morose. C'est le gouvernement qui se charge de nettoyer et de rénover les édifices publics. On vient de nettoyer la cathédrale de Notre-Dame. Vous avez sans doute entendu parler de la Conciergerie,[2] l'ancienne prison du Palais de Justice, où

(Questions, Exercices et notes, p. 226)

[1] la patine: sorte de coloration que prennent le bois, les pierres, etc. avec le temps. Le Louvre avait «la patine des siècles».

[2] la Conciergerie: Avec le Palais de Justice et la Sainte-Chapelle, la Conciergerie forme un vaste ensemble de bâtiments qui sont d'un grand intérêt pour les visiteurs. C'est à la Conciergerie que revivent le mieux les souvenirs de la Révolution.

LA RÉNOVATION DU VIEUX PARIS

l'on montre encore le cachot de la reine Marie-Antoinette. Eh bien, ses vieilles tours sinistres se reflètent maintenant presque blanches dans l'eau de la Seine qui coule à leur pied. Nous les verrons tout à l'heure . . . On essaie aussi de résoudre le problème des pigeons. Vous savez que les pigeons sont de sales oiseaux[3] — ou plutôt des oiseaux sales. 5

—Qui le sait mieux que moi! Connaissez-vous les redoutables pigeons italiens? J'étais un jour sur la place du Vieux Palais, à Florence. Il y a là, comme vous le savez, la statue de Persée, par Cellini. Il y avait là aussi un pigeon sur le rebord de la Loge des Lances, et j'ai malencontreusement levé la tête pour regarder la statue alors que je me trou- 10 vais juste sous le pigeon . . .

—On a proposé de se débarrasser des pigeons parisiens. Indignation et protestations des Parisiens amateurs de pigeons.[4] Détruire des oiseaux qui sont si apprivoisés, si amicaux qu'ils grimpent sur la tête et sur les épaules des vieux messieurs qui leur donnent à manger dans 15 les jardins publics et sur les squares de Paris! Et les enfants qui les regardent! On a donc renoncé à les détruire. La peine capitale a été remplacée par le bannissement. On a attrapé le plus de pigeons qu'on a pu, et on les a envoyés ailleurs. Malheureusement, paraît-il, il y avait parmi eux des pigeons voyageurs, qui ont ramené le peuple des pigeons 20 vers la Terre Promise . . . Je ne garantis pas, bien entendu, l'authenticité de l'histoire.

—«*Se non è vero, è bene trovato*»,[5] comme disent les Italiens.

—Le nettoyage des monuments, le ravalement des immeubles ont reçu l'approbation presque unanime des Parisiens. Les chauffeurs de 25 taxi eux-mêmes, à qui il est difficile de plaire, sont fiers de montrer aux visiteurs ce qui a été fait et parlent avec enthousiasme des progrès futurs. Mais lorsqu'on a parlé de supprimer les Halles, l'opposition a été forte. Proposer de démolir les Halles, c'était, pour bon nombre de Parisiens, presque la même chose que proposer d'abattre la tour Eiffel. 30

—Les bâtiments des Halles que j'ai vus n'ont pourtant rien de très remarquable. De vastes pavillons en fer, purement utilitaires.

---

[3] sales oiseaux — oiseaux sales: Si le mot «sale» suit le nom, il veut dire simplement «malpropre», physiquement; s'il précède, il veut dire plutôt «désagréable» ou même «dégoûtant». *Cf.* J'ai les mains sales; je vais me les laver. C'est une sale affaire; je ne sais que faire.

[4] amateurs de pigeons: qui aiment les pigeons

[5] «*Se non è vero è bene trovato*»: Si cela n'est pas vrai, c'est tout de même bien imaginé.

—D'accord. Mais si les Halles n'offraient pas d'intérêt esthétique, elles avaient une espèce de valeur sentimentale. Tout d'abord, elles étaient là depuis bientôt huit siècles, les Halles primitives ayant été construites par Philippe Auguste, roi de France, vers la fin du XIIe

5 siècle. C'était au temps où la Seine était le moyen le plus sûr et le plus rapide d'approvisionner Paris en produits périssables. Le commerce de la viande, du poisson, des légumes et des fruits s'est donc développé dans le voisinage de l'île de la Cité, dans la partie centrale et la plus populeuse de la ville. J'ai eu l'occasion d'observer ce qu'était la circula-

10 tion à proximité des Halles. Les rues voisines étaient encombrées de camions, de camionnettes, de voitures de toute espèce. Des remparts de caisses, des amoncellements de légumes bordaient les trottoirs. C'était le spectacle le plus animé et le plus divertissant du monde. Et les êtres étaient encore plus divertissants que les choses. On voyait là les «forts

15 des Halles» transportant des quartiers de bœuf sur leurs épaules, les vendeuses des Halles, au verbe haut et à la réplique prompte, puis, vers la fin de la matinée, les nettoyeurs vêtus d'une blouse[6] selon l'ancien usage des ouvriers français, qui avec leurs balais de branchage rassemblaient tous les détritus, lavaient la chaussée et poussaient à l'égoût

20 ce qui restait. Tout cela a disparu, sans compter la soupe à l'oignon.

---

[6] blouse (f): *workman's smock*

AUX HALLES

—La soupe à l'oignon?

—Il y a — faudrait-il dire il y avait? — dans le voisinage des Halles des petits restaurants fort connus des Parisiens. Ils restaient ouverts toute la nuit, puisque leur clientèle était nocturne et que c'était vers les trois ou quatre heures du matin que l'activité du marché battait son 5 plein. Ces restaurants étaient fréquentés par les commerçants des Halles, les chauffeurs des camions, les porteurs, auxquels se joignaient des Parisiens noctambules, venus là déguster[7] une soupe à l'oignon. La soupe à l'oignon est, paraît-il, excellente pour vous remettre en train après une trop joyeuse nuit . . . Que vont-ils tous devenir? En remplace- 10 ment des Halles, une vaste installation, connue sous le nom officiel de «Marché d'intérêt national», a été établie à Rungis, à quelques kilomètres au sud de Paris.

—Je l'ai vu. À mon arrivée à Orly, peu après avoir quitté l'aéroport, le chauffeur de mon taxi m'a montré, non sans satisfaction, le nouveau 15 marché parisien. Les bâtiments s'étalent sur un grand espace, avec de longs quais où arrivent les trains. Tout a l'air mécanisé, efficient.

—Je n'en doute pas. Les Halles étaient insuffisantes pour les besoins d'une population de peut-être dix millions d'êtres humains, et elles étaient horriblement mal situées, en plein cœur de Paris. Après tout, 20 une ville est comme un organisme vivant, dont les cellules se renouvellent sans cesse. Des bâtiments vénérables sont nécessairement condamnés à disparaître.

—Est-ce que rien ne rappellera les vieilles Halles?

—À ceux qui regretteraient leurs petits restaurants et leur soupe à 25 l'oignon, on a promis qu'ils les retrouveraient à Rungis. Mais j'ai mes doutes. Des habitudes interrompues ou altérées ont bien de la peine à survivre. On aura beau[8] créer toute sorte de lieux de divertissement à Rungis, y ménager de petits restaurants et faire de la soupe à l'oignon leur spécialité. Les traditions sont difficilement transférables. Imaginez 30 que je vous dise, à trois heures du matin: «Si nous allions manger une soupe à l'oignon au Marché d'intérêt national?»

---

[7] déguster: savourer, apprécier. On déguste des plats délicats, des vins fins, du bon café: on mange des plats ordinaires, on boit du vin ordinaire ou du café ordinaire.

[8] On aura beau . . .: *They can (do whatever) as long as they please, but it will do no good.* En anglais nous avons des expressions qui ont un peu le même sens: *He can talk his head off; Whatever he may do; Try as he will* . . . Cela veut dire: Quoi qu'on fasse, cela n'attirera pas les gens à Rungis.

LE MARCHÉ DE RUNGIS

LA RÉNOVATION DU VIEUX PARIS

PLAN DU ROND-POINT DE LA DÉFENSE

25 | Plan d'urbanisme

LE PALAIS DU CENTRE NATIONAL DES INDUSTRIES ET TECHNIQUES

On parle beaucoup ces jours-ci du Rond-Point de la Défense,[1] dit Jack à Bill un soir qu'il trouve ce nom en lisant le journal. Qu'est-ce que c'est que ça?

—Il s'agit sans doute du plan d'aménagement et d'organisation de
5 Paris, répond Bill. Le Rond-Point de la Défense est hors de Paris proprement dit. Il se trouve à l'extrémité d'une ligne droite de sept kilomètres de long qui part de la place de la Concorde, remonte l'avenue des Champs-Élysées, traverse l'Étoile et se prolonge au-delà du pont de Neuilly.

10 —Mais qu'est-ce que c'est que ce Rond-Point de la Défense?

—Il y a là un monument qui commémore la Défense de Paris au cours du siège de 1870. Il s'agit maintenant de l'aménagement d'un nouveau quartier d'affaires, de commerce et d'habitation autour du Rond-Point actuel. L'idée est de bâtir une espèce de ville suspendue.

15 —J'ai entendu parler des jardins suspendus de Babylone, jamais d'une ville suspendue.

—Le plan est ingénieux et tire habilement parti de[2] la configuration du terrain. La circulation et le parking sont au sous-sol. Au-dessus, il y a une vaste plate-forme ornée de jardins, d'arbres, de massifs et
20 réservée aux piétons. Bienheureux piétons! Plus d'autos[3] pour les écraser ni de bruit pour les assourdir! C'est cette plate-forme qui donne accès aux différents immeubles.

—Quelle sorte d'immeubles?

—Toute sorte. Ceux réservés au commerce et aux affaires sont
25 voisins de l'axe central. Ceux destinés à l'habitation sont sur la périphérie. Il y a aussi des bâtiments pour les représentations théâtrales, les congrès,[4] les réunions culturelles et sportives, bref, une ville complète.

(Questions, Exercices et notes, p. 228)
[1] Rond-Point de la Défense: carrefour circulaire au centre duquel est un monument aux défenseurs de Paris pendant la guerre de 1870–71. Il est situé à sept kilomètres à l'ouest de la place de la Concorde.
[2] tirer parti de: utiliser
[3] Plus d'autos . . .: Il n'y a plus d'autos . . .
[4] congrès: réunion de personnes qui délibèrent sur des intérêts communs ou des études communes

—Ces villes nouvelles sont souvent d'une monotonie désespérante. Rien n'est plus triste que ces longues séries de cubes, où l'homme semble perdre son individualité pour devenir un numéro dans l'administration municipale.

—Vous connaissez les Français. Ils ne sont pas disposés à renoncer à leur individualité et ils ont l'habitude de dire ce qu'ils pensent. On a eu soin de mettre de la variété dans l'aspect et dans la hauteur des édifices, bas pour le commerce, plus élevés pour l'habitation. Certains ont une trentaine d'étages.

—Je croyais que les Parisiens n'étaient pas en faveur de bâtiments si élevés.

—Il ne s'agit pas du centre de la ville. Dieu merci, il n'est pas question de bâtir des gratte-ciel dans l'île de la Cité, à côté de Notre-Dame! Mais on est en train d'en construire dans divers endroits. Nous parlions tout à l'heure du Rond-Point de la Défense. Un autre plan d'aménagement en voie d'accomplissement est le projet Maine-Montparnasse, dans le voisinage de l'ancienne gare Montparnasse, qu'on a démolie.

—N'y a-t-il pas de l'opposition à ces projets?

—Pour construire dans une ville comme Paris, il faut évidemment détruire, et il y a des gens qui regrettent la disparition de lieux, les Halles par exemple, auxquels tant de souvenirs étaient attachés. Mais même ces gens-là se rendent compte qu'une modernisation est nécessaire. Ils sentent aussi, sans toujours l'avouer, que l'architecture contemporaine, ou si vous préférez, moderne, est fort impressionnante. C'est en somme le premier grand style architectural depuis l'architecture classique.[5]

—Je croyais pourtant qu'on avait beaucoup construit à Paris au siècle dernier.

—Vous pensez à Haussmann, évidemment. Haussmann a accompli une grande œuvre, mais à laquelle l'architecture était assez étrangère. Bien plus qu'aux bâtiments, il s'intéressait aux parcs, aux larges avenues. Remarquez d'ailleurs qu'on lui a reproché, parfois non sans raison, d'avoir mutilé le vieux Paris, d'avoir détruit plus de 27.000 maisons et bâtiments sans aucune considération de leur intérêt historique ou

---

[5] classique: Le mot «classique» s'applique ici à l'architecture des dix-septième et dix-huitième siècles.

artistique, d'avoir massacré l'île de la Cité en particulier. Imaginez pourtant ce que serait la circulation parisienne sans Haussmann. L'idée seule fait frémir . . . On parle maintenant de démolir 80.000 maisons qui sont considérées comme taudis.

5 —Taudis? Que veut dire ce mot «taudis»?

—Ce que nous appelons *slums* en Amérique.

—Mais il y a taudis et taudis. Sous prétexte qu'elle n'a ni salle de bains ni chauffage central, ni même eau courante, allez-vous démolir une maison où a habité Victor Hugo, ou une autre dont la façade est

10 ornée de belles sculptures datant de la Renaissance?

—Ne craignez rien. Les Français se rendent parfaitement compte de la difficulté. Le fait reste que trop de maisons parisiennes ont été construites au XIXe siècle, à une époque où l'on recherchait souvent le bon marché dans la construction, et que pour diverses raisons, ces

15 maisons n'ont pas toujours été très bien entretenues. Enfin, l'agglomération parisienne compte maintenant plus de huit millions d'habitants.

MAINE-MONTPARNASSE

IMMEUBLE MODERNE À MARSEILLE

CHAPITRE 25

—Croyez-vous que détruire 80.000 maisons soit un moyen de résoudre la fameuse crise du logement?

—Oui, en partie. Pourquoi pas? si ces maisons sont remplacées par d'autres qui peuvent abriter plus de familles? Paris, surpeuplé, a besoin
5 d'air et d'espace. On fait de grands efforts pour les lui donner.

—Quoi, par exemple?

—On encourage les industries parisiennes à émigrer en province[6] en leur accordant toute sorte d'avantages, au point de vue du transfert de leur établissement, des impôts, etc. Le terrain laissé ainsi vacant est
10 utilisé pour rendre le quartier plus agréable. On en fait un petit parc, on y plante quelques arbres . . . En outre, il est maintenant interdit de construire des usines nouvelles dans la capitale. Au point de vue de l'industrie comme de la population, il y a un certain manque d'équilibre entre Paris et la province. La France n'a que 25 villes de plus de 100.000
15 habitants. Les petites villes sont trop nombreuses, et toute la partie centrale du pays n'a aucun véritable centre urbain. De plus en plus, on essaie de décentraliser les gens et les établissements industriels.

—Ce qui me frappe souvent, c'est l'analogie qui existe entre les problèmes actuels en France et aux États-Unis.

20 —Que voulez-vous![7] Ces problèmes sont communs aux pays industrialisés. Bon gré mal gré, nous vivons dans un monde en pleine croissance et en pleine transformation.

---

[6] en province: toute la France, en dehors de Paris
[7] Que voulez-vous!: Ne vous étonnez pas. Remarquez qu'il ne s'agit pas ici de la question: «Que voulez-vous?»

PLAN D'URBANISME

26 | **Plaisirs et distractions**[1]

Les cafés de Paris sont toujours pour moi un objet d'étonnement, dit Bill à Jack, un soir qu'ils descendent le boulevard Saint-Michel. Aux États-Unis, nos bars ont souvent l'air de se cacher, comme s'ils avaient honte d'exister. À l'intérieur, les gens parlent à voix basse, dans une
5 demi-obscurité. Ici, au contraire, les cafés sont brillamment illuminés. Pendant la belle saison, les gens s'installent[2] volontiers à la terrasse, où ils voient tout le monde et où tout le monde peut les voir.

—Le café occupe dans la vie des Français une place qu'il n'occupe pas dans la nôtre, répond Jack. La plupart de ceux qui vont au café y
10 vont moins pour prendre quelque chose que pour causer, s'ils sont en groupe, pour lire ou pour regarder passer les autres, s'ils sont seuls. On a dit avec humour[3] que, le dimanche, la moitié de la France regarde l'autre moitié.

—Est-ce que ces gens-là n'ont rien de mieux à faire?

15 —Je parle du dimanche. En semaine, les Français travaillent tout autant que nous. Mais, après la fermeture du magasin ou du bureau, ils vont volontiers passer une heure au café, avant de rentrer chez eux. Ils y trouvent une distraction, une détente.[4]

—L'habitude peut devenir dangereuse, dit Bill.

20 —Pas plus, au fond, que celle des cocktails pris à la maison. Dans un cas comme dans l'autre, c'est une question de modération. D'ailleurs, la coutume d'aller causer au café est vieille de plusieurs siècles. Connaissez-vous le café Procope,[5] par exemple?

—Non.

(Questions, Exercices et notes, p. 230)
[1] distractions (f): ce qui amuse, distrait
[2] s'installer: Ce mot suggère qu'on a l'intention de rester assis quelque temps, tandis que s'asseoir veut dire simplement: *to sit down*.
[3] humour (m): mot emprunté de l'anglais. Raillerie dissimulée sous un air sérieux. Ne pas confondre avec le mot «humeur» (f) qui n'a pas du tout le même sens. On dit: Un tel est de bonne humeur, de mauvaise humeur; mais ces expressions n'ont aucun rapport avec l'humour.
[4] détente (f): distraction, repos (*relaxation*)
[5] le café Procope: sur la rive gauche. Compte parmi ses anciens clients bon nombre de personnages célèbres: Voltaire, Diderot, Robespierre, Musset, George Sand, etc. Il date du dix-huitième siècle.

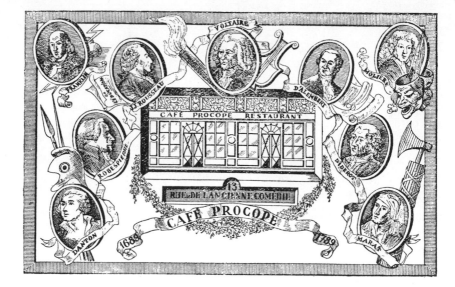

—Déjà au dix-huitième siècle, ce café était célèbre comme lieu de rendez-vous des gens de lettres. Et vous savez quelle place les cafés ont occupé, et occupent encore, dans le développement des mouvements littéraires et artistiques, depuis l'impressionnisme jusqu'à l'existentialisme. ⁵

—Vous parlez seulement de quelques cafés fréquentés par les littérateurs et par les artistes. Cela n'explique pas pourquoi tant de gens, qui ne sont ni l'un ni l'autre, ont l'habitude d'aller passer une heure ou deux au café.

—C'est que le café est en réalité un aspect de la vie sociale française, ₁₀ explique Jack. On y parle de tout, d'affaires, de politique, de sport, selon les intérêts de chacun. On y est au premier rang pour observer le spectacle tantôt tragique tantôt comique de la vie d'une grande ville.

—Ce genre de distraction paraîtrait étrange à la plupart de nos compatriotes. ₁₅

—Plaisirs et distractions sont sans doute, plus qu'on ne le pense, une affaire du milieu où l'on vit. Un Américain qui, aux États-Unis, considérerait qu'il perd son temps s'il passait une heure assis à la terrasse d'un café, est charmé de pouvoir le faire lorsqu'il est ici. Vous me direz que rien n'est plus naturel, puisqu'il est en vacances. Mais il ₂₀ y a autre chose. À Paris, il se trouve dans un monde nouveau, qui lui offre des plaisirs différents de ses plaisirs habituels, qui le libère de ses soucis et aussi des contraintes de sa vie quotidienne.

—C'est peut-être en effet une des raisons pour lesquelles les étrangers se plaisent tant à Paris, continue Bill. Mais ne trouvez-vous pas que quelques-uns d'entre eux ont tendance à abuser de l'espèce de libération dont vous parlez?

5 —J'avoue que quelquefois je ne suis pas trop fier de la conduite de certains de mes compatriotes, répond Jack. Ils sont une infime minorité, mais ils réussissent à créer une mauvaise impression. Les Français attachent une importance peut-être exagérée à ce qu'ils appellent la tenue.[6] Néanmoins, il faut respecter les usages du pays où l'on est.
10 Certaines habitudes nous paraissent étranges seulement parce que nous n'y sommes pas habitués. Qu'est-ce que vous pensez des chiens dans les restaurants, par exemple?

—On ne voit guère ça à Paris.

—Pas ordinairement. Mais je suis allé récemment en province pendant
15 les vacances. Dans pas mal d'hôtels où je suis descendu — et je parle de bons hôtels, de ceux que recommande le Guide Michelin — il y avait des gens très bien, sans doute des touristes, qui dînaient avec leur chien sous la table.

—C'étaient des gens en vacances, eux aussi. Ils avaient emmené leur
20 chien avec eux. Il n'y a pas de mal à cela.

---

[6] la tenue: manière de se comporter, se vêtir

—Évidemment. Ces chiens étaient d'ailleurs très bien élevés. Ils restaient couchés sous la table, sans bouger, sauf lorsque d'autres convives arrivaient avec leur chien. Il y avait alors un bref tumulte, vite apaisé par les maîtres respectifs.

—Vous n'avez pas l'air d'apprécier les chiens.

—Mais si, je les apprécie. Ce sont des amis fidèles, ce qui n'empêche pas qu'ils peuvent être encombrants. Vous savez que dans certaines villes de province, la rue principale n'est pas toujours très large et que le trottoir peut être très étroit. Vous savez aussi que les chiens veulent toujours aller où ils ne sont pas. Ainsi, on a devant soi une charmante jeune femme qui tient en laisse un petit toutou tout aussi charmant qu'elle. Les deux ensemble constituent une barrière presque infranchissable.

—Vous oubliez que les Anglais sont encore plus fous de leurs chiens que les Français . . . Le fait est que nous ne comprenons pas toujours les mœurs étrangères, et que les étrangers, eux non plus, ne nous comprennent pas toujours. Ils ont tendance à nous reprocher notre matérialisme, notre recherche des plaisirs faciles, depuis ceux de l'automobile jusqu'à ceux des jeux de football et de baseball. Mais au fond, je doute fort qu'ils soient moins matérialistes que nous. Personnellement, je refuse de considérer certains goûts et certaines habitudes comme supérieurs ou inférieurs à d'autres. Si nous glorifions peut-être trop tel joueur[7] de football ou de baseball, je vous ferai remarquer que certains athlètes étaient des héros de l'ancienne Grèce. D'ailleurs, les Français s'intéressent aux sports autant que nous.

—Il est vrai qu'ils ont leur Tour de France, leurs propres footballeurs, leurs skieurs, leurs héros sportifs . . . Je vais vous avouer quelque chose qui va peut-être vous surprendre.

—Quoi?

—Tout en admirant l'individualisme des Français, je n'ai jamais assisté à un match de football sans admirer aussi notre esprit d'équipe, notre génie d'organisation.

—Je suis d'accord, dit Jack. Mais pour le moment, j'aimerais beaucoup m'installer à la terrasse de ce café, là-bas. Ne voulez-vous pas prendre quelque chose?

---

[7] tel joueur: un certain joueur (*such and such a* . . .)

PLAISIRS ET DISTRACTIONS

27 | **Dans la cuisine**

Deux cent cinquante grammes[1] de fraises bien mûres, 3 œufs, ½ litre
de sirop de sucre, ¼ de litre de crème . . .

—Qu'est-ce que tu fais là, maman? demande Jacqueline à sa mère,
qui lit à haute voix une recette dans un livre de cuisine.

5 —Une mousse aux fruits . . . C'est aujourd'hui le jour de congé de la
cuisinière, continue Mme Brégand en s'adressant à Bill. Je prépare le
dîner en son absence. Quand elle est ici, j'ose à peine entrer dans ma
cuisine, car elle ne tolère personne auprès d'elle. J'adore pourtant
faire la cuisine, au moins une fois par semaine.

10 —Maman est une excellente cuisinière, à qui manquent seulement les
occasions d'exercer son talent.

—Jacqueline, dit Mme Brégand, au lieu de te moquer de ta mère,
apporte-moi les œufs et les champignons.

—Qu'est-ce que tu vas nous faire?

15 —Une omelette aux champignons.

—Une omelette aux champignons? demande Bill. Je voudrais bien
savoir en faire une. Est-ce que c'est très compliqué?

—Rien de plus simple, répond Mme Brégand. Vous verrez tout à
l'heure comment vous y prendre.[2] Mais, comme il est toujours bon de
20 joindre la théorie à la pratique, lisez la recette dans ce livre de cuisine.

Bill prend le livre de cuisine, cherche au chapitre «Œufs» et trouve
la recette suivante:

Il faut des œufs et du beurre très frais. Pour quatre personnes,
prenez six ou sept œufs, cassez-les dans une terrine . . .

25 —Je suis heureux de constater[3] la véracité du proverbe: «On ne

---

(Questions, Exercices et notes, p. 232)

[1] . . . cinquante grammes: Quelques mesures: Un kilogramme est 1000 grammes ou 2 livres
(*2.2 American pounds*). 250 grammes sont donc la moitié d'une livre. Un demi-litre est à
peu près *1 pint* en Amérique.

[2] comment vous y prendre: *how to go about it*

[3] constater: apprendre, remarquer

peut pas faire une omelette sans casser d'œufs,»[4] commente Bill, qui continue:

> . . . salez, poivrez et battez bien avec une fourchette. Ajoutez les champignons préalablement sautés au beurre (voir p. 545). Placez ensuite dans une poêle épaisse un morceau de beurre gros comme une noix, faites-le bien chauffer, puis versez dedans vos œufs[5] avec les champignons. Laissez prendre[6] un moment sur le feu, puis soulevez la partie prise[7] avec une fourchette pour faire glisser les œufs qui ne sont pas encore pris. Le feu ne doit pas être trop vif.

5

10

—Évidemment, le style n'est pas très élégant, remarque Jacqueline. Mais enfin, c'est compréhensible . . .

Bill continue:

> Lorsque l'omelette est à point,[8] repliez-la avec une fourchette, de sorte[9] qu'il n'y ait plus que la moitié de la poêle d'occupée. Laissez une minute sur le feu. Placez l'omelette sur un plat chauffé et servez immédiatement.

15

—Êtes-vous en train d'apprendre à faire la cuisine, Bill? demande M. Brégand, qui arrive à ce moment.

—Vous savez qu'aux États-Unis les hommes se considèrent volontiers comme d'excellents cuisiniers, répond Bill. Griller un bifteck en plein air est en général leur spécialité. Quand il s'agit de faire cuire un bifteck, mon père se croit Vatel,[10] ni plus ni moins.

20

—Ne dites pas de mal de votre père, Bill, ni de vos biftecks américains, dit M. Brégand. Lorsque j'étais aux États-Unis, j'ai remarqué l'excellente qualité de votre viande. Par contre, j'ai eu du mal à accepter certaines de vos habitudes gastronomiques.[11]

25

---

[4] «On ne fait pas d'omelette sans casser d'œufs.»: On n'arrive pas à un bon résultat sans sacrifices. En anglais, on dit: *You can't get something for nothing*, ou *You can't get anything done without stepping on someone's toes*.

[5] versez dedans vos œufs: versez vos œufs dans la poêle (Prononcez: [pwal].)

[6] laissez prendre: laissez cuire

[7] la partie prise: la partie qui est cuite

[8] à point: *just right, cooked to a turn*

[9] de sorte que . . .: *so that only half the pan will then be occupied*

[10] Vatel: maître d'hôtel du Grand Condé. Il s'est suicidé quand les provisions commandées ne sont pas arrivées à temps pour le grand dîner offert par Condé à Louis XIV.

[11] vos habitudes gastronomiques: *your eating habits*

—Lesquelles, par exemple? demande Bill en riant.

—Par exemple, on vous sert tout un quartier de laitue très dure qu'il faut manger sans y mettre le couteau, ce qui n'est pas très commode. Ou bien, on vous donne des fruits et des légumes incrustés dans une
5 sorte de gelée sucrée, le tout recouvert — incroyablement — de sauce mayonnaise.[12]

—Mais la mayonnaise n'est-elle pas française d'origine?

—Assurément, mais elle s'accorde mal avec le goût du sucre. Et puis, il y a mayonnaise et mayonnaise. La vraie mayonnaise doit être
10 préparée immédiatement avant d'être servie, et ne pas sortir toute faite d'un bocal . . . L'histoire de cette illustre sauce est assez curieuse. C'est presque une page de l'histoire de France.

—Une page de l'histoire de France? demande Bill.

—Pendant la guerre de Sept Ans,[13] explique M. Brégand, le maréchal
15 de Richelieu est allé avec une flotte française, assiéger la ville de Port-Mahon,[14] dans les Baléares. Les assiégeants, dit-on, souffraient de la faim presque autant que les assiégés. La viande en particulier était si mauvaise que le maréchal a demandé à son cuisinier d'inventer une sauce qui la rendît mangeable.[15] Le résultat fut cette sauce qu'on appela
20 d'abord «mahonnaise» et qui, par corruption, est devenue la «mayonnaise.» Voilà l'histoire.

—Père, dit Jacqueline, tu as toujours une quantité d'information inutile. Avec[16] tout cela, je parie que tu ne pourrais pas préparer une sauce mayonnaise.

25 —Ma foi non, avoue M. Brégand.

---

[12] sauce mayonnaise: Les Français mettent de la sauce mayonnaise sur du poisson froid ou de la viande froide: poulet, bœuf, écrevisses, saumon, homard, etc. Ils n'en mettent pas sur les fruits.
[13] la guerre de Sept Ans: 1756–63
[14] Port-Mahon: le port principal et le chef-lieu de Minorque (une des îles Baléares), dans la Mer Méditerranée
[15] qui la rendît mangeable: *that would make it edible.* «Rendît» est l'imparfait du subjonctif.
[16] avec: malgré. *Cf.* Avec tout son argent, il n'est pas heureux. Avec tout son talent, il n'a jamais fait un bon livre.

DANS LA CUISINE

28 | Son et Lumière[1]

CHENONCEAUX

Bill et Raymond ont décidé de profiter de quelques jours de congé pour faire une excursion dans la région de la Loire.[2] C'est là qu'au temps de la Renaissance, rois et grands personnages se sont fait construire ces magnifiques résidences qui sont maintenant une des attrac-
5 tions de cette charmante région. Les châteaux sont si nombreux qu'il est facile d'en visiter plusieurs en une seule journée. Après avoir visité Chenonceaux pendant la matinée et Blois au cours de l'après-midi, Raymond propose à Bill d'aller passer la soirée à Chambord.

—Le château n'est guère qu'à une vingtaine de kilomètres d'ici,
10 explique-t-il. Au lieu de voir Chambord le jour, comme les autres châteaux, voyons-le la nuit.

—À la leur d'une lanterne? demande Bill.

—Pas du tout. À la lumière de projecteurs, qui éclairent tout l'édifice et son voisinage immédiat. C'est à Chambord qu'on a inauguré les
15 fameux spectacles Son et Lumière, qui se sont répandus non seulement en France, mais dans beaucoup d'autres pays, en Angleterre, en Espagne, en Grèce — à l'Acropole — et même aux États-Unis.

—J'en ai entendu parler, en effet. Je crois avoir entendu dire qu'il y en a un à Independence Hall, à Philadelphie, mais je ne l'ai jamais vu.
20 On dit que l'initiative en est due au petit-fils d'un célèbre prestidigitateur français du XIXe siècle, Robert-Houdin. Il était à Chambord au cours d'une nuit d'orage. Au milieu des éclairs et des éclats du tonnerre, le château lui a paru plus animé, plus vivant que pendant la journée.

—Il faut avouer qu'un orage est Son et Lumière par excellence, ou
25 plutôt Lumière et Son, puisque l'éclair précède le tonnerre.

—La plupart des châteaux laissent une impression de solitude et

---

(Questions, Exercices et notes, p. 234)

[1] Son et Lumière: Remarquez qu'on omet souvent l'article défini dans les titres, les énumérations et surtout devant deux noms associés ensemble comme «Son et Lumière». Dans ce chapitre, il y a plusieurs groupes semblables de noms employés sans l'article: rois et grands personnages, musique et chant, haut-parleurs et projecteurs, voix et musique.

[2] la région de la Loire: célèbre par les magnifiques châteaux construits au cours des quinzième et seizième siècles. Chenonceaux, Chambord et Blois sont les mieux connus de ces châteaux.

REPRÉSENTATION DE MOLIÈRE AU XVIIᵉ SIÈCLE

d'abandon. Disons, si vous voulez, qu'ils représentent une société qui n'est plus. C'est elle que Son et Lumière essaie de faire revivre.

—Mais plusieurs de ces châteaux sont toujours habités, n'est-ce pas?

—Oui, quelques-uns. Mais pensez un peu au coût de leur entretien. Imaginez par exemple qu'il soit nécessaire de refaire une immense toiture ⁵ ou de réparer des murs endommagés par le temps. Et puis, il faut de nombreux domestiques, maintenant presque introuvables, des jardiniers, des gardes, etc. Chenonceaux a été habité jusqu'à une date récente: il ne l'est plus . . . Savez-vous par exemple combien de pièces il y a dans le château de Chambord? ₁₀

—Je n'en ai aucune idée.

—Près de quatre cent cinquante.

—C'est François Iᵉʳ³ qui a fait construire Chambord, n'est-ce pas?

—Oui, ce fut une de ses fantaisies coûteuses.

—Qu'est-ce qu'il faisait de toutes ces pièces? ₁₅

—Il venait parfois à Chambord chasser dans les environs. Il arrivait accompagné de centaines de personnes, hommes et femmes. Il fallait bien loger tous ces gens-là.

---

³ François Iᵉʳ (1497–1547): un des plus brillants parmi les rois de France. Il aimait les beaux chevaux, les belles femmes, les bons peintres, les beaux bâtiments. Il a invité Léonard de Vinci et Benvenuto Cellini à passer quelque temps en France et il a fait faire son portrait par Le Titien.

—Et quand le roi n'était pas là?

—Le château n'était pas habité, sauf par les gens chargés de l'entretien. Plus tard, Louis XIV[4] y est venu quelquefois, avec sa cour bien entendu. On montre encore aux visiteurs l'endroit où Molière et sa
5 troupe ont joué pour la première fois *Le Bourgeois gentilhomme*. Noblement assis sur le Grand Escalier, le Grand Roi a assisté à la représentation.

—Il ne se doutait[5] guère que la gloire du comédien nommé Molière égalerait un jour la sienne.

10 —On raconte qu'un jour Louis XIV demanda à Boileau qui, selon lui, était le plus grand écrivain de son époque. «Sire, c'est Molière,» répondit Boileau. «Je ne l'aurais pas cru,» déclara le Grand Roi surpris.

Bill et Raymond arrivent à Chambord à la tombée de la nuit. Ils se rendent au château vers neuf heures. Soudain la façade, inondée de
15 lumière et dominée par une forêt de tours, de cheminées, de hautes lucarnes magnifiquement décorées, paraît au milieu de la nuit. Puis

---

4 Louis XIV: Il goûtait pourtant la littérature et les autres arts. Il estimait beaucoup Boileau, Molière et Racine et il les a protégés tous les trois.
5 se douter: soupçonner (*suspect*)

CHAMBORD

une voix évoque le souvenir des grandes chasses royales, lorsque, de la terrasse du château, les dames de la cour suivaient des yeux la poursuite du cerf dans les prés et dans les bois du voisinage. On entend au loin le son des cors de chasse et les aboiements des chiens. Musique et chants d'autrefois accompagnent monologues et dialogues. Des fais- 5 ceaux lumineux éclairent successivement les diverses parties du château selon les événements rappelés par le narrateur. Peu à peu le charme opère. On oublie haut-parleurs et projecteurs, et pendant quelque temps le château retrouve une espèce de vie imaginaire.

—Il est étrange de voir combien Son et Lumière réussit à évoquer le 10 passé par des moyens sonores et lumineux, sans qu'aucun effort soit fait pour représenter les êtres et les événements d'autrefois, observe Bill.

—On choisit des monuments assez riches en souvenirs historiques, en épisodes gracieux ou dramatiques pour captiver l'attention. La tâche est d'ailleurs facilitée par les associations de toute sorte qui existent 15 déjà dans l'esprit des spectateurs.

—Il est tout naturel que l'idée de Son et Lumière soit venue au petit-fils de Robert-Houdin, car cette évocation du passé ressemble un peu à la magie, même si cette magie n'est qu'une illusion créée par des projecteurs, des magnétophones et des haut-parleurs . . . 20

Au bout d'une demi-heure ou de trois quarts d'heure, voix et musique s'arrêtent, les lumières s'éteignent et le vieux château retombe dans l'obscurité de la nuit, d'où le tireront les premières lueurs du jour.

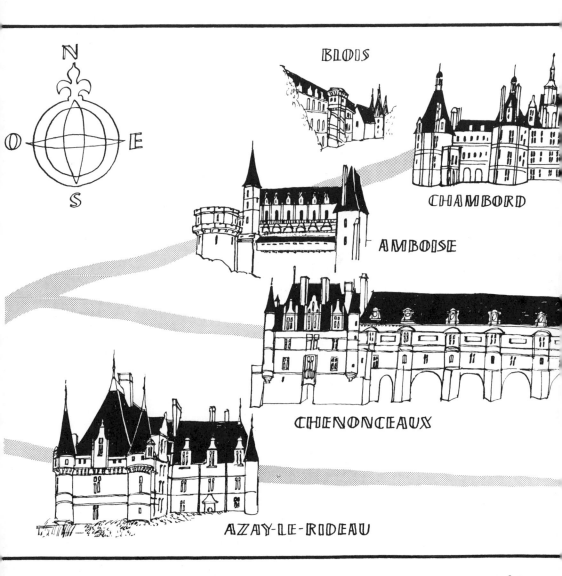

BLOIS

CHAMBORD

AMBOISE

CHENONCEAUX

AZAY-LE-RIDEAU

29 | Conversation sur l'économie

LE PORT DE MARSEILLE

Voilà des cultivateurs[1] qui paraissent très mécontents, dit un jour Bill à M. Brégand. Voyez cette photo. En signe de protestation, ils viennent de décharger des camions d'artichauts au milieu de la rue.

—C'est un résultat de la surproduction, répond M. Brégand. Notre
5 agriculture s'est tant développée au cours des dernières années qu'elle a maintenant des surplus parfois considérables. Malgré les efforts du gouvernement pour contrôler les prix, des cultivateurs, surtout ceux qui sont spécialisés dans une certaine culture,[2] ont de la peine à joindre les deux bouts.

10 —Pourquoi cette surproduction soudaine? Je croyais que l'agriculture française était à peu près adaptée aux besoins du pays.

—C'est comme chez vous aux États-Unis. On a voulu augmenter la production et on a trop bien réussi. Les techniques agricoles se sont développées, l'agriculture s'est motorisée. Quand il s'agit de produits
15 industriels, la prospérité qui accompagne d'ordinaire l'accroissement de la production augmente indéfiniment la consommation. Il y a toujours des gens prêts à acheter une auto ou un réfrigérateur. Mais on ne peut pas manger indéfiniment des artichauts.

—Est-ce que d'autres pays d'Europe ont des difficultés semblables?
20 —Plus ou moins. Tous s'efforcent[3] de protéger leur agriculture contre la concurrence[4] étrangère, et cela se comprend: même si la France n'est plus du tout, comme on le dit encore, un pays surtout agricole — les cultivateurs ne sont plus que 17 pour cent de ceux qui travaillent — la prospérité du pays est inséparable de la prospérité des campagnes.
25 L'importation des produits agricoles est une cause de difficultés, même à l'intérieur du Marché Commun. Comment établir un prix uniforme pour le blé, par exemple, alors que le coût de la production varie d'un pays à l'autre?

(Questions, Exercices et notes, p. 236)
[1] cultivateur: celui qui cultive la terre. On dit aussi «agriculteur». En parlant des culti-vateurs, n'employez pas le mot «paysan», qui a maintenant un sens péjoratif.
[2] une certaine culture: une seule culture (*single crop*), telle que le blé, les betteraves, etc.
[3] s'efforcer: faire de grands efforts
[4] concurrence: rivalité (*competition*)

—Est-ce que cette observation ne s'applique pas tout aussi bien aux produits industriels?

—Pas exactement. Il y a plus d'uniformité dans le coût des produits industriels, puisque les six pays du Marché Commun travaillent dans des conditions semblables au point de vue des matières premières et de 5 la main-d'œuvre.[5] D'autre part,[6] chaque pays peut se spécialiser dans les industries qui lui conviennent le mieux. Une des raisons du succès du Marché Commun est qu'il assure, autant qu'il est possible de le faire, l'égalité économique entre ses membres.

—Comment cela? 10

—Le comité de direction empêche la formation de cartels et l'emploi de mesures contraires au jeu de la libre concurrence. Les tarifs douaniers uniformes entre les pays du Marché Commun ont déjà été beaucoup diminués et doivent éventuellement disparaître. Enfin les matières premières et la main-d'œuvre ont été en quelque sorte internationalisées. 15

—Si je vous comprends bien, chaque pays a renoncé volontairement à des droits qui lui appartiennent traditionnellement.

—Oui, mais les avantages de l'accord ont plus que compensé les inconvénients. Surtout, on a eu la sagesse de procéder graduellement.

---

[5] la main-d'œuvre: ensemble des ouvriers (*labor, labor supply*)
[6] d'autre part: s'oppose souvent à «d'une part» (*on the other hand*)

—Le Marché Commun, je crois, a son origine dans un accord relatif au fer et au charbon . . .

    —L'idée est venue de la géographie. On s'est rendu compte[7] qu'une partie considérable des ressources de l'Europe occidentale sont con-
5 centrées sur un territoire très limité, mais qui est partagé entre cinq nations, la France, l'Allemagne, la Belgique, le Luxembourg et les Pays-Bas. Ces cinq nations, plus l'Italie, ont donc conclu un accord. Désormais,[8] une usine d'automobiles à Milan pouvait acheter le fer de la Lorraine ou le charbon de la Ruhr au même prix qu'une usine
10 qui fabriquait des locomotives au Creusot[9] ou à Düsseldorf. Les résultats de cet accord ont été si satisfaisants que, cinq ans plus tard, l'accord a été étendu pour couvrir d'autres aspects de la vie économique.

—On dit que le Marché Commun a amené la prospérité actuelle de l'Europe occidentale.

15 —Il y a certainement contribué, mais en réalité les causes de cette prospérité sont complexes. En France, par exemple, les habitudes ont changé. Les gens sont plus disposés à dépenser leur argent qu'ils ne l'étaient autrefois pour jouir des conforts et des plaisirs de la vie. L'automobile n'est plus un luxe. Tandis que les générations précédentes avaient
20 horreur des[10] dettes, les Français commencent à acheter à crédit.

—Sans la vente à crédit, les affaires iraient sans doute très mal aux États-Unis.

—Peut-être. Cependant, pas mal de Français craignent que cette habitude nouvelle ne mène tout droit à une inflation excessive. En
25 attendant, les affaires marchent. Le Marché Commun groupe 165 millions de gens qui ont de plus en plus les moyens de se procurer ce qu'ils désirent.

—C'est pourquoi les États-Unis cherchent à développer leurs relations commerciales avec l'Europe . . .

30 —À l'heure actuelle, la France achète aux États-Unis plus qu'elle ne leur vend. D'autre part, des entreprises américaines — Westinghouse,

---

[7] se rendre compte: remarquer, constater
[8] désormais: à partir de ce moment-là; à partir du moment actuel (*thereafter, hereafter*)
[9] Le Creusot: dans le Département de Seine-et-Loire, un des centres métallurgiques français. Remarquez que l'article «Le» fait partie du nom. *Cf.* Le Havre, Le Mans, La Haye (*The Hague*), Les Eyzies, La Nouvelle-Orléans.
[10] avoir horreur de: avoir un sentiment d'aversion.

I. B. M., et bien d'autres — ont construit des usines en France, ce que quelques Français ne considèrent pas sans inquiétude.

—Je ne vois pas pourquoi. Après tout, cela est à l'avantage de la France, en augmentant sa production industrielle, en donnant du travail à ses habitants. 5

—Certains craignent pourtant une pénétration trop grande. Le même problème se pose quelque peu à propos des relations d'affaires en général entre votre pays et les pays du Marché Commun. Sauf la Belgique, les Pays-Bas et le Luxembourg, dont la population est moindre, mais qui sont étroitement liés aux trois autres par la géographie, 10 les pays du Marché Commun sont des puissances du même ordre, au point de vue de leur population par exemple, qui est dans le voisinage de 50 millions d'habitants. Or, les États-Unis en ont à eux seuls 200 millions. Certains craignent que l'équilibre des intérêts économiques qui a fait le succès du Marché Commun ne soit rompu . . . Ne connaissez- 15 vous pas l'histoire du Grec et de sa lyre?

—Non.

—Un ancien Grec, dit-on, possédait une lyre admirable. Une corde se brisa. Au lieu d'en remettre une comme les autres, il y mit une corde d'argent; et sa lyre, avec sa corde d'argent, perdit son harmonie. 20

—Croyez-vous donc qu'un conflit d'intérêts soit inévitable?

—Pas du tout. Ce que je vous dis n'est que l'expression d'une opinion qui n'est pas nécessairement la mienne. Je suis convaincu au contraire qu'il est possible d'arriver à un accord satisfaisant pour les intérêts de tous. 25

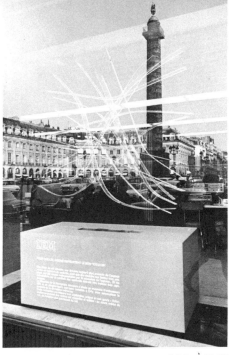

I.B.M. À PARIS

30 Notre-Dame[1] de Paris

Cette vieille cathédrale qui se reflète si paisiblement dans la Seine a huit cents ans, dit Bill à Jack, un jour qu'ils font une de leurs promenades habituelles. Pensez-y un peu: on était en train de la construire à l'époque où le roi Jean sans Terre accordait à ses sujets la Grande Charte[2] . . .
5 Cela fait penser à la brièveté de la vie humaine, n'est-ce pas?

—Les siècles semblent avoir passé sur elle sans l'affecter le moins du monde, répond Jack. Au moins, elle porte bien son âge,[3] comme on dit.

—Ne vous y[4] trompez pas, explique Bill. Bien que très solidement construites, les cathédrales ont toujours besoin d'être entretenues, répa-
10 rées. Elles représentent un admirable équilibre de forces que, fatale-ment,[5] le temps détruit peu à peu.

—En effet, regardez cet échafaudage à gauche. On est en train de réparer une des tours.

—Les hommes ont été quelquefois plus destructeurs encore que le
15 temps, continue Bill. La vieille cathédrale a traversé bien des périodes critiques au cours de sa longue histoire.

—Lesquelles, par exemple?

—Vous voyez, sur la façade, cette longue rangée de statues qu'on appelle la galerie des Rois?
20 —Oui. Mais je dois avouer que j'ai souvent passé par ici sans la remarquer.

—Eh bien, la Révolution française a brisé toutes ces statues. C'étaient, il est vrai, des rois de Juda et d'Israël, mais c'étaient des rois tout de même et la Révolution détestait les rois . . .
25 —Vous voulez dire que les statues actuelles sont modernes.

—Oui, elles ont été refaites au dix-neuvième siècle, comme beaucoup d'autres.

(Questions, Exercices et notes, p. 238)
[1] Notre-Dame: un des plus beaux monuments de l'architecture gothique. Commencé en 1163, le travail de construction a duré à peu près quatre-vingts ans.
[2] la Grande Charte: Magna Carta, la charte par laquelle Jean sans Terre (*John Lackland*) a accordé à ses sujets liberté politique et liberté individuelle.
[3] Elle porte bien son âge: Elle a l'air d'être vigoureuse malgré son âge avancé.
[4] y: par cela, c'est-à-dire «par le fait que la cathédrale semble être jeune»
[5] fatalement: inévitablement

—Mais dites-moi Bill, comment les gens du Moyen Âge ont-ils pu bâtir un édifice aussi imposant, avec les moyens limités dont ils disposaient?[6]

—Ils avaient quelques machines, des leviers et des poulies. Surtout, ils avaient l'enthousiasme, la patience, et ils travaillaient sous la direction 5 de maîtres très habiles dans leur art.

—Ces maîtres devaient être[7] en effet de merveilleux architectes.

—Mais non, dit Bill, il n'y avait même pas d'architecte, au sens moderne du mot. Pendant quelques années, un maître expérimenté était plus ou moins chargé de la direction du travail, puis un autre lui succé- 10 dait. Ainsi chaque époque, presque chaque homme a apporté sa contribution originale à l'œuvre commune.

—Je ne vois pas comment, dans ces conditions, une cathédrale comme Notre-Dame peut présenter une telle uniformité d'inspiration.

—C'est que tous les maîtres travaillaient suivant certains principes 15 de structure, suivant des procédés éprouvés et consacrés par l'usage. Contrairement à ce qu'on croit souvent, rien n'était laissé à la fantaisie dans la construction d'une cathédrale. Le symbolisme des cathédrales avait ses règles précises, dont les détails étaient fixés par l'Église. De sorte que chaque détail était à sa place dans l'ensemble. 20

Tout en parlant, Jack et Bill sont arrivés devant le portail central de Notre-Dame.

—Regardez par exemple cette scène du Jugement dernier,[8] continue Bill. C'est une scène que l'on retrouve dans toutes les grandes cathédrales gothiques. Au bas, vous avez la Résurrection. Voyez-vous les morts 25 qui sortent de leur tombe? Vous avez au-dessus la scène du Jugement, avec, au centre, un ange qui pèse les âmes dans sa balance. À la droite de l'ange sont placés les élus qui lèvent les yeux au ciel, tandis qu'à sa gauche d'horribles démons entraînent les damnés en enfer.

—La scène est curieuse, en effet, dit Jack. 30

—Le plus curieux, c'est que, parmi les damnés, continue Bill, il y a

---

[6] disposer de: avoir l'usage de

[7] devaient être: étaient sans doute (*must have been*)

[8] la scène du Jugement dernier: Au bas et à gauche de la scène du Jugement, l'archange Gabriel sonne de sa trompette pour réveiller les morts qui sortent de leur tombe. En regardant de près cette image, on peut distinguer les différentes scènes représentées. Remarquez que la plupart des gens, qui ne savaient pas lire, savaient mieux que nous reconnaître les scènes de l'histoire sainte représentées en pierre, en verre ou en peinture.

souvent un roi, un évêque, un moine, un seigneur et un marchand. Les constructeurs de cathédrales semblent avoir été parfois de bons ironistes. Mais leur principale préoccupation était d'instruire.

—D'instruire qui? demande Jack.

5 —Tout le monde, les grands comme les petits. N'oubliez pas que la plupart de ces gens ne savaient pas lire. La sculpture des cathédrales leur mettait sous les yeux les grands personnages et les grandes scènes de l'Ancien et du Nouveau Testament, ainsi que de la vie des saints qu'ils honoraient d'une dévotion particulière.

10 —Comment ces gens qui ne savaient pas lire pouvaient-ils comprendre quelque chose au symbolisme très compliqué des cathédrales?

—Les prédicateurs, dans leurs sermons, expliquaient ce symbolisme aux fidèles. Il y avait même des guides qui leur montraient les scènes les plus importantes . . . Mais voulez-vous voir l'intérieur de Notre-

15 Dame? Je ne crois pas qu'il y ait de service en ce moment.

Après la brillante lumière du dehors, Jack a d'abord l'impression d'entrer dans la nuit. Peu à peu, ses yeux s'habituent à la demi-obscurité. Près de l'autel et dans des chapelles brûlent quelques cierges. La cathédrale est presque déserte. Çà et là, dans l'immensité de la nef, il aperçoit

20 des formes indistinctes, des gens qui prient. Une vague odeur de cire et d'encens flotte dans l'air légèrement humide. Jack et Bill marchent sans parler, lentement et avec précaution, car leurs pas résonnent sur les vieilles dalles de pierre. Un geste de Bill attire l'attention de Jack sur la partie supérieure de la cathédrale. Ils admirent tous les deux la

25 hauteur de la voûte, la solidité des piliers, la belle lumière colorée des vitraux et des roses. Puis, après avoir fait le tour de la nef, les deux amis, toujours silencieux, ressortent dans la lumière du soleil.

PORTAIL CENTRAL DE NOTRE-DAME

31 | Voyage à Rouen[1]

Si vous n'avez rien de mieux à faire ce week-end, dit un soir M. Brégand à Bill, voulez-vous venir à Rouen avec moi? Je dois y aller pour une réunion qui n'a pas une très grande importance, mais à laquelle je dois assister, disons une heure à peu près. Le pays le long de la Seine est
5 agréable, et Rouen est une vieille ville fort intéressante, à environ deux heures de Paris par le train . . . Si je vous propose d'y aller par le train, c'est que je reconnais qu'il est plus pratique que l'auto pour un tel voyage. Aucun problème d'embouteillage, ni de recherche d'un parking souvent introuvable.
10 —Très volontiers, répond Bill, et je vous remercie de votre aimable invitation. Est-ce qui je peux vous demander à quelle heure vous avez l'intention de partir?
—Il y a des trains pour Rouen toute la journée. Il vaut mieux, je crois, partir de bonne heure de façon à arriver à Rouen dans la matinée.
15 Je vais vous donner un coup de fil ce soir, pour fixer l'heure de notre départ et faire avec vous les arrangements nécessaires. Vous savez peut être que le train part de la gare Saint-Lazare.
—Hélas, non. J'avoue que je ne sais même pas où se trouve la gare Saint-Lazare.
20 —Vous êtes bien de votre génération, de celle pour laquelle le train est une espèce de survivance du passé. C'est pourtant à Saint-Lazare que sont arrivés des générations de touristes, d'étudiants et d'hommes d'affaires américains. Laissez-moi vous apprendre, si cela vous in-térese, que Saint-Lazare se trouve derrière l'Opéra. Peu importe
25 d'ailleurs. Je vais venir vous chercher en taxi et nous irons à la gare ensemble.
Le vendredi suivant, vers sept heures du matin, les deux voyageurs arrivent à la gare Saint-Lazare.
—Dépêchons-nous, dit M. Brégand. Le train doit partir dans quel-

---

(Questions, Exercices et notes, p. 240)
1 Rouen: La ville de Rouen, située sur la Seine, est l'ancienne capitale de la Normandie. Bien qu'assez éloignée de la mer, c'est un des principaux ports maritimes de la France et un centre industriel important.

ques minutes, et nos trains sont d'une ponctualité remarquable. Si par hasard vous êtes en retard de seulement trente secondes, vous pouvez abandonner tout espoir en franchissant la porte d'entrée: le train n'est plus là . . . D'ailleurs, et cela est plus agréable, vous arrivez à votre destination avec la même exactitude. C'est là le charme des trains 5 français.

M. Brégand et Bill montent dans un wagon de première classe, suivent le couloir quelques mètres, entrent dans un compartiment et s'asseoient de chaque côté de la fenêtre.

—On est plus tranquille en première classe, surtout les jours d'afflu- 10 ence, explique M. Brégand; mais franchement, la première classe manque de vie. Il est plus amusant de voyager en seconde, même si c'est un peu moins confortable. On fait connaissance, on cause. Un compartiment de première classe est d'ordinaire peuplé, quand il l'est, de gens dignes, décorés, qui ne disent pas un mot et qui voyagent aux 15 frais de l'État. C'est sans doute pourquoi ils sont si dignes et décorés . . .

Le train démarre si doucement que Bill ne se rend pas compte qu'il est déjà en route pour Rouen.

—Ce départ est vraiment un chef-d'œuvre, dit-il. En Amérique, nos trains ne démarrent pas si doucement. 20

—Regardez ces lettres S.N.C.F. plus ou moins brodées sur le dossier de la banquette. Elles veulent dire: Société nationale des chemins de fer français, et c'est là, en partie du moins, l'explication du nouvel état de choses. Longtemps le service des chemins de fer a été déplorable. Du matériel périmé, des grèves fréquentes, des trains avec une demi- 25 heure ou une heure de retard. La vérité est que les entreprises privées avaient toutes les peines du monde à joindre les deux bouts, qu'elles manquaient de capitaux pour moderniser leur équipement. L'État a fini par intervenir et en 1938, il a nationalisé les chemins de fer.

—En quoi consiste donc une nationalisation? 30

—Cela dépend de l'entreprise. Banques, compagnies d'assurances, houillères, même nos usines Renault sont maintenant nationalisées. La direction est alors aux mains d'un conseil d'administration dont les membres sont nommés par l'État et qui représentent le gouvernement, le public — les usagers comme on dit — et aussi le personnel employé 35 dans l'entreprise.

—On dit aussi que le gouvernement n'est pas toujours le meilleur des entrepreneurs. Est-ce que ces nationalisations ont donné les bons résultats qu'on attendait d'elles?

—Comme je viens de vous le dire, le service des chemins de fer s'est beaucoup amélioré: un matériel moderne, plusieurs grandes lignes
5 électrifiées, des horaires exacts, des trains confortables, rapides — sur certaines lignes ils atteignent une vitesse de 160 kilomètres[2] à l'heure. Je parle bien entendu des trains de voyageurs, non des trains de marchandises. Tout cela a coûté et coûte encore assez cher. En principe, les entreprises nationalisées doivent financièrement se suffire à elles-mêmes,
10 être, comme vous dites, *self-supporting*. En fait, l'État les subventionne plus ou moins directement. C'est le contribuable qui paie. Mais après tout pourquoi pas, puisqu'il s'agit d'un service public? Et c'est un bon service, à coût modéré pour les usagers, le prix des billets de chemins de fer étant très raisonnable. Malgré le grand nombre des automobilistes,
15 les Français voyagent encore beaucoup par le train.

—Quel a été l'effet des nationalisations sur les rapports entre ouvriers et patrons, ou, pour employer une terminologie plus moderne, entre le personnel et la direction?

—C'est bien là ce qu'il y a d'assez déconcertant. Le personnel n'est
20 pas plus satisfait qu'il ne l'était autrefois. L'État doit exercer un contrôle étroit sur les salaires et traitements, au point que certains préfèrent travailler pour des entreprises privées. Comme vous le savez sans doute, les employés de la Régie nationale des usines Renault, à laquelle j'ai l'honneur d'appartenir, sont parmi les plus mécontents, et d'ordinaire
25 parmi les premiers à se mettre en grève . . .

Le train roule toujours. Tantôt il s'éloigne, tantôt il se rapproche de la Seine dont il suit le cours de Paris jusqu'à Rouen. Le fleuve coule lentement, allant s'élargissant, au milieu d'une campagne paisible et verdoyante. On arrive sur les confins de la Normandie, sans que le
30 paysage change beaucoup.

---

[2] une vitesse de 160 km: *Le Capitole*, un des trains entre Paris et Toulouse, dépasse même cette vitesse. Parmi les trains de luxe, citons aussi le *Train bleu*, qui va de Paris à Nice.

VOYAGE À ROUEN

—Nous approchons des Andelys, dit M. Brégand. Il y a là, sur une falaise au bord de la Seine, les ruines d'un formidable château bâti par le roi d'Angleterre Richard Cœur-de-Lion[3] à la fin du XIIe siècle pour défendre la Normandie contre les entreprises du roi de France. Cela n'a d'ailleurs pas empêché Philippe Auguste de s'en emparer après un 5 long siège.

Trois quarts d'heure plus tard, le train ralentit pour son arrivée en gare.

—Rouen a beaucoup souffert au cours de la deuxième guerre mondiale, explique M. Brégand. La Seine y est large et profonde, d'un accès 10 facile aux navires venant de la Manche. La ville a donc subi des bombardements et des dégâts considérables, surtout en 1940, au moment de l'invasion allemande, et en 1944, à la Libération. Les quais le long de la Seine étaient en ruines. Maintenant on ne remarque pas grand-chose. Tout a été reconstruit et le port est plus actif que jamais . . . 15 Mais le train est arrêté et il est temps de descendre. N'oubliez pas votre imperméable: il commence à pleuvoir. Rouen est proche de la mer, qui lui apporte souvent de la pluie. C'est même pourquoi toute la Normandie est si verte.

---

[3] Richard Cœur-de-Lion: À la suite de la conquête de l'Angleterre par Guillaume le Conquérant, duc de Normandie, et de l'arrivée sur le trône des Plantagenêt, decendants d'un comte d'Anjou, les rois d'Angleterre eurent en France des possessions considérables. Richard Cœur-de-Lion était un des fils de Henri II Plantagenêt.

À ROUEN

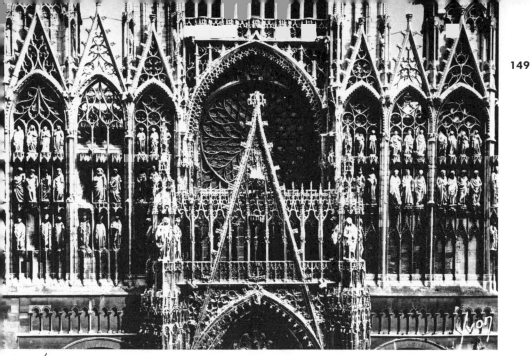

LA CATHÉDRALE DE ROUEN

32 | À Rouen

Mon rendez-vous est à deux heures de l'après-midi, dit M. Brégand
à Bill lorsqu'ils sortent de la gare. Nous avons le temps de voir un peu
le centre de la ville avant le déjeuner. Malgré les destructions de la
dernière guerre, il y a là de vieilles rues, des maisons anciennes, et
5 comme vous le savez, d'admirables monuments. Rouen est toujours une
de nos villes-musées.

—Je reconnais cette façade, dit Bill en passant devant la cathédrale.
J'ai vu au musée du Jeu de Paume plusieurs tableaux de la fameuse
série de Claude Monet[1] représentant la cathédrale de Rouen à différentes
10 heures du jour et sous des conditions atmosphériques différentes, tantôt
presque obscure tantôt en pleine lumière. Cette façade est une dentelle
de pierre. Elle se prête admirablement aux effets lumineux et on comprend sans peine comment elle a pu tenter le grand impressionniste.

(Questions, Exercices et notes, p. 242)
[1] Claude Monet (1840–1926): le principal représentant de l'impressionnisme en peinture.
  Il a laissé d'autres séries représentant les mêmes objets (nénuphars, meules, etc.) mais
  sous un éclairage différent.

—Voilà une des plus vieilles rues de la ville et en même temps une des plus commerçantes, explique M. Brégand alors qu'ils s'engagent dans une rue assez étroite et bordée de petits magasins en général fort élégants, qui ne sont d'ailleurs pas encore ouverts. C'est la rue de la Grosse Horloge, que vous allez voir, joliment peinte et ornée, au-dessus 5 de l'arche d'une vieille maison qui traverse la rue. On l'appelle aussi le Gros Horloge, car cette horloge date du XVIᵉ siècle, d'une époque où le genre des noms n'était pas toujours le même qu'à la nôtre . . . Voyez maintenant l'inscription sur une plaque de marbre au coin de cette rue. Elle dit que Robert Cavelier de la Salle, l'explorateur du Mississippi, 10 est né en cet endroit en 1643. Les Normands, comme les Bretons, ont toujours été de grands navigateurs.

Ils arrivent à la place du Vieux Marché et vont jusqu'à une dalle de marbre entourée d'une clôture de fer. Elle marque l'endroit où, il y a plus de cinq cents ans, s'est dressé le bûcher de Jeanne d'Arc 15

. . . la bonne Lorraine[2]
Qu'Anglais brûlèrent à Rouen.

—C'est peut-être une des raisons pourquoi Rouen a été et est encore une des villes de France les plus visitées par les Britanniques, explique M. Brégand. 20

Bill regarde les vieilles maisons, très restaurées, qui entourent la place, la statue de Jeanne d'Arc sous une des arcades d'une «maison à piliers», comme on disait autrefois. C'est une Jeanne d'Arc purement imaginaire, puisque les traits de l'héroïne sont inconnus. Mais tous les morts ne sont-ils pas imaginaires? 25

La place du Vieux Marché est à ce moment très animée, car le marché dont elle porte le nom existe encore. Chaque jour, marchands et marchandes viennent s'installer à l'intérieur de ses bâtiments, et les hôteliers, les restaurateurs, les bonnes, les ménagères arrivent faire les provisions de la journée. Des femmes sortent des rues voisines, portant leurs sacs 30 à provisions.

—Depuis la disparition des Halles, il faut aller dans les villes de province pour trouver ce spectacle si divertissant d'un marché en plein

---

[2] . . . la bonne Lorraine: Vers de la ballade de François Villon, *Des Dames du temps jadis,* dont le refrain «Mais où sont les neiges d'antan?» (*Where are the snows of yesteryear*) est universellement admiré. On sait que Villon est né en 1431, l'année de la mort de Jeanne d'Arc, mais la date de sa mort est inconnue.

air, dit M. Brégand. De plus en plus, les Parisiens prennent l'habitude d'aller au supermarché. Ma femme pense que c'est là une habitude déplorable, que le self-service est sans intérêt, que tous ces produits alimentaires empaquetés, surgelés, sont, sinon de qualité douteuse, du
5 moins indifférents, que le poisson notamment, ainsi traité, perd toute qualité de poisson, etc., etc.

—Il est vrai qu'il ne ressemble guère à celui-ci, répond Bill qui s'arrête devant un étalage de poisson de mer. Je n'ai jamais vu une telle variété de poissons, des gros et des petits, de toutes les couleurs et de
10 toutes les formes. Et ces crustacés, et ces coquillages . . .

—Étant proche de la Manche[3] et même de la mer du Nord, Rouen est évidement un lieu privilégié pour les fruits de mer.

—Fruits de mer est un bien drôle de nom . . .

—C'est le nom qu'on donne aux crustacés, aux coquillages et à
15 d'autres produits de la pêche en mer. Vous trouverez cela sur la carte de beaucoup de restaurants, ici et ailleurs. Un de ces jours, essayez nos moules et nos crevettes: vous m'en direz des nouvelles.

Bill est moins favorablement impressionné par les boucheries du marché. Les morceaux de viande à l'étalage sont certes appétissants,

---

[3] La Manche: mer entre la France et l'Angleterre, au sud du Pas-de-Calais, (La mer du Nord commence au nord du Pas-de-Calais.)

MARCHÉ DE POISSON

À ROUEN

mais tous ces quartiers de chair animale suspendus à des crocs au fond de la boutique sont trop contraires à ses habitudes.

—Comment se fait-il que la viande de veau soit si populaire en France, alors que chez nous le bœuf est de consommation beaucoup plus courante? demande-t-il à M. Brégand. 5

—C'est sans doute qu'autrefois les cultivateurs et éleveurs n'avaient pas de quoi nourrir leur bétail[4] pendant les mois d'hiver. Ils se débarrassaient de leurs jeunes bêtes. La question de l'alimentation du bétail ne se pose guère, maintenant que la production agricole a beaucoup augmenté. À l'heure actuelle, il est peut-être même plus profitable de 10 garder plus longtemps les animaux, comme en Amérique. La consommation de la viande de bœuf augmente, mais l'habitude de manger du veau est bien établie. Les habitudes sont lentes à changer, vous savez, surtout peut-être les habitudes gastronomiques.

Dans un autre coin du marché, ils voient déposés sur le sol des 15 bouquets de fleurs multicolores, des paniers de légumes de toute sorte, avec la vendeuse assise à côté. Tous ces produits sont d'une fraîcheur extrême.

—N'oubliez pas que la vendeuse cueille ses fleurs juste avant de les apporter au marché, explique M. Brégand, et qu'elle choisit les plus 20 belles. De même pour sa salade, ses haricots ou ses fraises. Les ménagères, surtout celles qui viennent au marché, sont d'ordinaire très exigeantes et pleines de discernement. Elles ne se contentent pas de n'importe quoi. Elles regardent, retournent, soupèsent, examinent. Je le sais par ma femme. Si j'étais marchande, je ne voudrais pas une telle 25 cliente.

—Est-ce que nous avons le temps d'aller jusqu'au Palais de Justice avant le déjeuner? demande Bill.

—Je crois que oui, répond M. Brégand. Ce n'est pas loin d'ici. Nous pouvons tout au moins y jeter un coup d'œil. 30

Ils arrivent au Palais de Justice. C'est un vaste et beau monument de la première Renaissance française, orné de toutes les splendeurs du gothique finissant. Les toits sont bordés de lucarnes magnifiquement décorées. Des ouvriers sont en train de refaire ou de réparer plusieurs d'entre elles, et les murs de l'édifice portent encore la trace de nombreux 35 éclats de bombes aériennes.

---

[4] bétail: les gros animaux de ferme (bœufs, vaches, veaux, moutons, porcs, etc.)

—À l'intérieur, les beaux plafonds ont été détruits par le feu, explique M. Brégand, mais ils ont été refaits depuis. Voulez-vous entrer? Nous aurons le temps, en nous dépêchant.

Ils entrent, suivent des couloirs à peu près déserts et arrivent à une
5 salle dont la porte, laissée entrouverte, permet de voir un auditoire assez nombreux.

—Que font tous ces gens-là, demande Bill. Est-ce qu'ils assistent à une conférence?

—Regardez le mot au-dessus de la porte «Correctionnelle». Ces gens
10 assistent, non à une conférence, mais à une audience du tribunal correctionnel qui juge quelque malfaiteur.

Discrètement, les deux visiteurs vont s'asseoir à l'extrémité du banc le plus voisin de la porte. Au fond de la salle, les trois juges vêtus d'une robe noire, l'accusé entre deux gendarmes. Âgé d'une vingtaine d'an-
15 nées, il n'a pas l'air d'être un très bon sujet. Il est vrai que les circonstances présentes ne lui sont guère favorables. Il est accusé de coups et blessures graves, et son avocat plaide éloquemment sa cause: une enfance négligée, des parents qui ne l'ont pas bien élevé, puis de mauvaises fréquentations . . .
20 Comme le temps presse, les deux visiteurs sortent sans attendre le verdict.

—Il est presque midi, dit M. Brégand. Allons au restaurant. Vous savez qu'en France tous les magasins sont fermés de midi à quatorze heures. La seule chose à faire pendant ces deux heures, c'est de déjeuner.
25 Déjeuner à la hâte est mauvais pour la santé. Et après tout, déjeuner est une des petites joies de l'existence.

PEINTURE PAR LANCRET

33 | Touristes et vacanciers

CANNES

Comme l'automne approche et que je suis prévoyant, explique Bill à Jacqueline, je me suis mis hier à la recherche d'un pull-over.[1] Je suis allé d'un magasin à l'autre. L'un disait: «Fermé jusqu'au 3 septembre». l'autre: «Réouverture le 3 septembre». C'était partout la même chose,
5 Pourquoi cette date du 3 septembre?

—Parce que le 3 septembre est cette année un lundi. C'est le jour où quantité de commerçants parisiens retournent à leur travail, après un nombre variable de semaines de vacances.

—Je commence à comprendre. Le commerçant qui, avant de partir,
10 met sur sa porte: «Fermé jusqu'au 3 septembre», c'est l'optimiste qui pense avec joie à ses vacances prochaines. L'autre est le pessimiste, celui qui pense avec tristesse au jour où il faudra qu'il rouvre son magasin.

—C'est une explication possible . . .

—Mais pourquoi donc vont-ils en vacances tous en même temps?
15 —Pas tous. Le fait est pourtant que juillet et août sont les mois préférés des vacanciers parisiens. Il peut faire alors très chaud à Paris, surtout au mois d'août. N'oubliez pas d'ailleurs qu'à côté des estivants il y a aussi les hivernants, généralement des skieurs.

—Estivants, hivernants, vacanciers . . . Que veulent dire tous ces
20 mots étranges?

—Très simple. Les vacanciers sont les gens qui vont en vacances. Les estivants sont les vacanciers de l'été, les hivernants ceux de l'hiver. Journalistes et speakers à la radio ou à la télévision popularisent ces termes nouveaux qui passent bientôt dans l'usage courant, d'autant
25 plus facilement qu'ils répondent à des besoins nouveaux, qu'ils tra-duisent des habitudes nouvelles.

—De quand datent ces habitudes nouvelles?

—On pourrait presque dire qu'elles remontent à une loi de 1936, laquelle a rendu obligatoire un congé annuel payé pour tous les tra-
30 vailleurs. La guerre a évidemment empêché l'application de cette loi.

(Questions, Exercices et notes, p. 244)
[1] pull-over (m): variété du chandail traditionnel. (Prononcez: [pylɔvɛʀ].)

C'est donc surtout au cours des dix dernières années que pour les Français en général et pour les Parisiens en particulier, les vacances d'été sont devenues une habitude universelle et une institution quasi-sacrée. Croyez-moi si vous voulez, mais depuis l'établissement des congés annuels payés, les relations, traditionnellement tendues entre 5 ouvriers et patrons, se sont quelque peu relâchées.

—J'étais récemment en Bretagne avec d'autres, avec beaucoup d'autres touristes, et je ne parle pas des étrangers, qui étaient comme perdus dans la foule des vacanciers français. Vous n'avez pas idée de la foule et de l'encombrement des voitures, à Saint-Malo² par exemple. 10

—Oh si, j'en ai une idée très claire, acquise par expérience.

—Le lendemain, j'ai essayé sans y réussir d'atteindre l'extrémité de la presqu'île de Quiberon.³ À quelques kilomètres de là, j'ai rejoint une file interminable de voitures. D'autres sont arrivées immédiatement derrière moi. Au bout d'une demi-heure, je n'avais pas avancé de cin- 15 quante mètres. J'ai fini par demander à un gendarme qui observait à un carrefour⁴ la circulation, ou plutôt l'absence de circulation, si c'était comme ça jusqu'à Quiberon. Sur l'ordre du gouvernement, paraît-il, les gendarmes français sont fort polis et fort obligeants. «Je le crains bien, monsieur», m'a-t-il répondu très poliment; et très obli- 20 geamment il m'a aidé à faire demi-tour sur place. C'est ainsi que je n'ai jamais vu et que peut-être je ne verrai jamais la presqu'île de Quiberon.

—C'était presque la même chose à Nice⁵ l'année dernière au mois d'août. Vous savez qu'au siècle dernier, Nice était très fréquenté par l'aristocratie européenne, notamment anglaise et russe. On voyait 25 arriver là en grand équipage les grands-ducs de Russie, accompagnés d'une centaine au moins de serviteurs, tandis que les loyaux sujets de Victoria, reine de Grande-Bretagne et impératrice des Indes, ont laissé leur nom à la célèbre avenue en bordure de la mer, la Promenade des Anglais. «Que les temps sont changés», disait Racine. Les grands-ducs 30 de Russie sont devenus ce qu'ils pouvaient, généralement peu de chose.

---

² Saint-Malo: ancien port de pêche sur la côte septentrionale de la Bretagne, dans le voisinage du mont Saint-Michel. La vieille ville, complètement détruite pendant la deuxième guerre mondiale, a été reconstruite avec un très grand soin et n'a pas perdu son charme d'autrefois.
³ Quiberon: presqu'île dans l'Océan Atlantique sur la côte méridionale de la Bretagne
⁴ carrefour (m): croisement de routes
⁵ Nice: ville et station balnéaire sur la côte méditerranéenne

Quant aux Anglais, ce sont maintenant des touristes à prix réduit, très réduit, en raison des restrictions imposées par les difficultés économiques et financières de la Grande-Bretagne. Les congés payés n'ont évidemment pas pris la place de l'ancienne clientèle. Je me souviens
5 que le gérant d'un des bons hôtels se plaignait à moi de la disparition de la clientèle britannique, voyant approcher le jour où il faudrait fermer les portes.

—Mais comment tant de Français peuvent-ils s'offrir plusieurs semaines de vacances, dans un pays où les prix sont relativement assez
10 élevés?

—Les prix sont-ils vraiment plus élevés en France que dans d'autres pays européens, en Italie par exemple? Cela dépend d'ailleurs de l'endroit où vous allez, de l'hôtel où vous descendez, du restaurant où vous dînez. On est surpris de voir combien est nombreuse la clientèle fran-
15 çaise, en particulier dans les restaurants de premier ordre. Trop souvent, hélas, la prospérité financière d'une famille française se mesure par l'espace occupé par le père de famille: il mange copieusement, et cela

se voit . . . Mais pour en revenir au coût des vacances, il est facile de passer des vacances agréables à très bon marché. Sans parler des hôtels à prix très abordables et de la popularité grandissante de la caravane,[6] qui résout le problème du logement, vous savez sans doute que le camping jouit en Europe d'une très grande vogue.   5

—Malheureusement chez nous, les endroits réservés au camping sont souvent assez déshérités par la nature, excepté bien entendu dans les parcs nationaux et lieux semblables. On a parfois l'impression que des intérêts privés se soucient peu de voir le camping prendre en Amérique une extension trop grande.   10

---

[6] caravane (f): *trailer*

LE GAVE DE PAU

—Pas en France. Les campeurs dressent leurs tentes multicolores dans des sites d'ordinaire fort attrayants, au bord d'un lac ou d'une rivière, dans une jolie vallée au pied d'une montagne. «Détendez-vous, allez à la pêche,» recommande un petit écriteau qu'on voit de temps à autre
5 à l'arrière d'une voiture. Il y a ainsi des vacances pour toutes les bourses. Ce sont d'ailleurs souvent des entreprises familiales.

—Que voulez-vous dire par là?

—Voici comment les choses se passent. La veille du grand jour, on abaisse joyeusement le rideau de fer[7] du magasin si l'on est commerçant,
10 on fait le plein d'essence. Le lendemain matin, on empile les bagages dans le coffre et sur le toit de la voiture. Maman, les gosses, le chien, peut-être grand-père, grand-mère ou tante Marie, tout le monde s'entasse dans la voiture familiale; papa s'installe au volant — et puis en route pour la Bretagne ou pour la Côte d'Azur.

15 —Pourquoi emmener les grands-parents ou tante Marie, comme vous dites?

—Parce qu'on les aime, parce que, selon le proverbe, «plus on est de fous, plus on rit», et aussi peut-être un peu pour partager les frais du voyage . . .

20 —Vous me parliez tout à l'heure des endroits réservés au camping. Les campeurs français observent-ils les règles concernant la propreté des lieux qu'ils fréquentent?

—À la lettre. C'est surprenant. Les campeurs français sont très disciplinés à cet égard. D'autres Français le sont malheureusement
25 moins. Vous connaissez le gave[8] de Pau?

—Non.

—C'est un charmant cours d'eau qui prend naissance au cirque de Gavarnie, dans les Pyrénées. Or, passé Lourdes, j'ai vu ses bords encombrés, sur une longueur de plusieurs kilomètres, de caisses en
30 bois, paraissant avoir contenu des fruits, et qui de toute évidence avaient été abandonnées au fil de l'eau.

—De toute évidence aussi, les habitudes, surtout les mauvaises, sont universelles. Nous disons en Amérique: *Don't be a litterbug* . . .

---

7 rideau de fer (m): rideau métallique pour protéger la devanture d'un magasin pendant les heures de fermeture. Cette forme de protection est en train de disparaître.
8 gave (m): rivière torrentielle des Pyrénées

ROCAMADOUR

34 | **Dans les Causses**

Si vous avez l'occasion de le faire, dit M. Brégand s'adressant à Bill, ne manquez pas de visiter les Causses. Cette région est peu connue des étrangers, mais elle est pour moi passionnante, peut-être parce que ses curiosités naturelles sont si différentes de celles auxquelles nous sommes
5 habitués. Elles sont moins à la surface qu'à l'intérieur du sol.

—Qu'appelez-vous exactement les Causses?

—Le Massif Central se termine vers l'ouest par des plateaux souvent arides, qui forment par exemple les régions du Quercy et du Périgord. Peu résistants, ces plateaux calcaires ont été profondément érodés par
10 les eaux. Elles y ont creusé des causses, c'est-à-dire des vallées surplombées parfois de rochers abrupts, comme à Rocamadour.[1] Ou bien l'eau, s'infiltrant à l'intérieur du sol, a créé une multitude de rivières souterraines, de cavernes, de gouffres. Voici quelques vues du célèbre gouffre de Padirac. Elles vous donneront une idée de cet étrange pays.

15 —Padirac paraît être un lieu bien connu des touristes. J'aperçois le pavillon nécessaire à leur confort, des panneaux[2] destinés à diriger leurs pas, l'indispensable parking, des autocars en bordure de la route . . .

—Que voulez-vous? Peu après la découverte de sa rivière souterraine, Padirac est devenu une grande attraction touristique. On ne pouvait pas
20 raisonnablement demander aux visiteurs de descendre par une corde jusqu'au fond du gouffre, ni de suivre le cours de la rivière, avec à la main une bougie ou une lampe à pétrole. Il a bien fallu construire des escaliers, installer des ascenseurs, éclairer à l'électricité l'intérieur de l'immense caverne, ménager même un restaurant au fond du gouffre.
25 N'oubliez pas qu'après une descente verticale de cent mètres, on suit à pied le bord d'une rivière aux eaux rapides, parfois torrentielles, avant d'atteindre ce qu'on appelle la rivière plane, longue d'environ six cents

---

(Questions, Exercices et notes, p. 246)

[1] Rocamadour: bourg construit en partie au flanc d'une falaise. Sanctuaire et lieu de pèlerinage très fréquenté autrefois, Rocamadour est un grand centre touristique de la région du Quercy.

[2] panneau (m): plaque de bois ou de métal portant une inscription. On parle de panneau-indicateur, pour la circulation routière, de panneau-réclame, pour la publicité commerciale.

DANS LES CAUSSES

mètres. On visite celle-ci en barque, puisque ses eaux devenues tranquilles occupent tout l'espace entre les parois de la caverne. L'exploration du gouffre et de la rivière souterraine demande environ deux heures. Vous comprenez que dans ses conditions il faut la rendre aussi facile que possible. On doit reconnaître d'ailleurs que l'aménagement 5 de Padirac a été fait avec une discrétien louable. L'aspect, disons touristique du lieu, a été réduit au minimum.

—Vous parlez du gouffre de Padirac et aussi d'une rivière souterraine. Si je vous comprends bien, c'est seulement après avoir atteint le fond du gouffre qu'on arrive à la rivière. 10

—Exactement. Le gouffre est une ouverture béante, à la surface du sol et à ciel ouvert, d'une trentaine de mètres de diamètre et d'une profondeur d'environ soixante-quinze. Il est dû à l'effondrement en cet endroit de la voûte d'une galerie souterraine. La rivière n'a été découverte qu'à la fin du siècle dernier. Le gouffre, lui, était connu depuis les 15 temps les plus lointains, et bien entendu il inspirait une terreur profonde. Il ne pouvait être l'œuvre que du diable.

—Pourquoi ne racontes-tu pas ta légende à Bill?, dit Raymond à son père. Elle est assez divertissante.

—Eh bien, la voici, poursuit M. Brégand. La ville de Tours avait au 20 IIIe siècle de notre ère un saint évêque nommé Martin, autrefois si populaire que beaucoup de localités françaises s'appellent encore Saint-Martin. Un jour, monté sur sa mule et à la recherche d'âmes à sauver, il se trouva en présence du diable, lui à la recherche d'âmes à perdre, à l'endroit même où est maintenant le fameux gouffre. Saint Martin avait 25 quelques âmes dans son giron, mais le diable en avait bien davantage dans son sac. «Si tu réussis à franchir l'obstacle que je vais t'indiquer, je te donnerai toutes les âmes que j'ai dans mon sac; si tu échoues, tu me donneras les tiennes», proposa le diable. Saint Martin, inspiré par Dieu, accepta sans hésiter. 30

—Ce diable était bien imprudent, remarque Bill. Ne savait-il pas que, pariant avec un saint, il était sûr de perdre son pari?

—J'admets que ce diable n'était sans doute pas trop malin, répond M. Brégand. En tout cas, croyant gagner son pari, il a frappé le sol du pied et ouvert le gouffre tel que nous le connaissons. «Maintenant 35 saute,» dit-il à saint Martin. Saint Martin, monté sur sa mule, franchit sans peine l'obstacle, et le diable furieux disparut dans le gouffre, évidemment la route la plus directe pour retourner à l'enfer . . .

Voici maintenant une vue d'un des endroits les plus impressionnants de la rivière souterraine, l'immense Grand Dôme, de près de cent mètres de hauteur, avec ses stalagmites et son curieux lac suspendu — un peu à la façon des jardins suspendus de Babylone — à presque trente mètres au-dessus de la rivière. On trouve çà et là d'étranges barrages naturels qui tracent une ligne sinueuse au milieu de bassins aux eaux peu profondes et parfaitement calmes. Ils sont restés longtemps inexpliqués. On a pourtant fini par découvrir le secret de leur existence. Lorsqu'une goutte d'eau tombe dans une eau tranquille, elle crée une série de cercles concentriques qui vont s'élargissant. En présence d'un obstacle, ces cercles changent de forme, cessent d'être concentriques. C'est selon ces lignes nouvelles qu'au cours des âges s'est déposé le carbonate de chaux en solution dans l'eau qui traverse le sol. Rien ne suggère mieux, je crois, l'immensité du temps que cette accumulation produite par une goutte d'eau qui tombe.

LA DORDOGNE

—Une goutte d'eau, dit-on, finit par percer un rocher.

—C'est vrai, mais vous parlez ici d'un monde qui nous est familier. Le milieu où nous vivons est plein de merveilles auxquelles nous ne prêtons guère d'attention, parce que nous y sommes habitués. Il faut un spectacle naturel extraordinaire pour nous faire vraiment saisir cette immensité du temps dont je viens de parler.

—La vue de notre Grand Canyon par exemple?

—C'est tout à fait mon idée, répond M. Brégand . . . Mais, pour revenir à notre Padirac, nous voici maintenant au Lac de la Pluie, avec sa magnifique décoration de stalactites. On l'appelle ainsi parce que de la voûte tombe une pluie constante, due aux infiltrations causées par une dépression à la surface du sol. Le visiteur est toujours très impressionné: la pluie est un phénomène auquel il est parfaitement habitué sous le ciel qui lui est familier, mais qu'il ne s'attend nullement à trouver à trois cents pieds sous terre.

—Je vais vous poser la question que posent certainement à peu près tous les visiteurs: la vie existe-t-elle dans ces eaux souterraines?

—Les conditions d'existence sont ici presque impossibles. L'eau est froide, très alcaline, même si elle paraît fort transparente quand elle est peu profonde, et d'un beau bleu intense lorsqu'elle approche de sa plus grande profondeur, six mètres environ. Elle abrite pourtant une vie rudimentaire, d'infimes escargots, des crustacés minuscules, sans yeux et sans couleurs, comme le sont les petits êtres qui passent leur existence dans l'obscurité. La vie s'accroche partout où elle peut subsister.

—Une dernière question, tout aussi habituelle, j'en suis sûr, que la précédente: d'où vient cette rivière souterraine, et où va-t-elle?

—On ne sait pas d'où elle vient, l'orifice supérieur étant trop étroit pour qu'on puisse l'explorer. Mais on sait maintenant où elle va. On l'a suivie sur une partie considérable de son cours, même si l'exploration devenait de plus en plus difficile. Enfin, il y a une vingtaine d'années, on a déposé dans la rivière souterraine une quantité assez massive de matière colorante. Deux mois plus tard, la coloration a fait son apparition en bordure de la Dordogne,[3] à plus de dix kilomètres de Padirac. D'ailleurs, il est sans doute impossible d'explorer toute la

---

[3] la Dordogne: rivière du Massif Central, qui se jette dans la Gironde; nom donné à l'estuaire de la Garonne, au nord de la ville de Bordeaux

CAVE DE ROQUEFORT

rivière souterraine, puisque l'eau occupe complètement la dernière
partie de son parcours.

—Vous me donnez envie d'aller faire un voyage dans les Causses . . .

—Allez-y, vous n'y perdrez rien. Si le Périgord est le pays des truffes,
5 les Causses, elles, sont le pays du roquefort, nommé d'après la petite
ville de Roquefort. C'est une espèce de fromage souterrain, lui aussi.
Il est fait avec le lait des brebis des Causses et conservé pendant trois
mois dans les grottes de Roquefort. On raconte qu'un jour un berger a
oublié son fromage à l'intérieur d'une grotte et que le retrouvant long-
10 temps après tout couvert de moisissures, il l'a trouvé d'un goût fort
agréable. En somme, de quelque côté que vous tourniez les yeux, vous
ne voyez dans les Causses que gouffres, que grottes et que cavernes . . .

DANS LES CAUSSES

Sept Fables de La Fontaine

Jean de La Fontaine (1621–1695) was one of the greatest and best-loved French poets. Although most of the stories contained in his fables are as old as the hills, the fables themselves are full of originality, charm and wit. In order to appreciate fully their subtlety and variety, it is necessary to read them many times and with the greatest possible attention.

La Cigale et la Fourmi

La Cigale, ayant chanté
  Tout l'été,
Se trouva fort dépourvue
Quand la bise fut venue:
Pas un seul petit morceau
De mouche ou de vermisseau.
Elle alla crier famine
Chez la Fourmi sa voisine,
La priant de lui prêter
Quelque grain pour subsister
Jusqu'à la saison nouvelle.
«Je vous paierai, lui dit-elle,
Avant l'août, foi d'animal,
Intérêt et principal.»
La Fourmi n'est pas prêteuse:
C'est là son moindre défaut.
«Que faisiez-vous au temps chaud?
Dit-elle à cette emprunteuse.
—Nuit et jour à tout venant
Je chantais, ne vous déplaise.
—Vous chantiez? j'en suis fort aise:
En bien! dansez maintenant.»

[*The Cicada and the Ant*. TRANSLATION: The cicada, having sung all summer long, found that it was short of provisions when the North wind blew: not a single tiny bit of insect or earthworm. It went to the ant, its neighbor, to say it had no food and to ask for a loan — just a little something to keep it alive until the new season. "On my faith as an animal, I will pay you back," it said, "before the next harvest, both interest and principal." The ant is no lender. Lending is the least of its faults. "What were you doing in the warm weather?" said the ant to the would-be borrower? "Night and day, I sang for everyone who came along, if you please." "You *sang?* I am very glad to hear that: Now you can *dance!*"]

La grenouille
qui se veut faire
aussi grosse que le bœuf

Une Grenouille vit un Bœuf
Qui lui sembla de belle taille.
Elle, qui n'était pas grosse en tout comme un œuf,
Envieuse, s'étend, et s'enfle, et se travaille,
    Pour égaler l'animal en grosseur,
    Disant: «Regardez bien, ma sœur;
Est-ce assez? dites-moi; n'y suis-je point encore?
—Nenni. — M'y voici donc? — Point du tout. — M'y voilà?
—Vous n'en approchez point.» La chétive pécore
    S'enfla si bien qu'elle creva.

Le monde est plein de gens qui ne sont pas plus sages:
Tout bourgeois veut bâtir comme les grands seigneurs,
    Tout petit prince a des ambassadeurs,
    Tout marquis veut avoir des pages.

[*The Frog who wants to make herself as large as an ox.* TRANSLATION: A frog saw an ox which seemed to her of admirable size. So she, who was not all told as large as an egg, envious, spreads herself, inflates herself, and struggles to equal the animal in size. She says: "Look sharply, sister; is this enough? Tell me; am I not there yet?" "Nay, nay." "Now am I?" "Absolutely not." "Am I *now?*" "You are nowhere near it." The insignificant little animal blew herself up until she burst.

The world is full of people who are no wiser: every man in town wants to build a house that looks like those of great lords; every princeling has personal ambassadors, every marquis thinks he should have page boys.]

Le Corbeau et le Renard

Maître Corbeau, sur un arbre perché,
Tenait en son bec un fromage.
Maître Renard, par l'odeur alléché,
Lui tint à peu près ce langage:
«Hé! bonjour, Monsieur du Corbeau.
Que vous êtes joli! que vous me semblez beau!
Sans mentir, si votre ramage
Se rapporte à votre plumage,
Vous êtes le phénix des hôtes de ces bois.»
À ces mots le Corbeau ne se sent pas de joie;
Et pour montrer sa belle voix,
Il ouvre un large bec, laisse tomber sa proie.
Le Renard s'en saisit, et dit: «Mon bon Monsieur
Apprenez que tout flatteur
Vit aux dépens de celui qui l'écoute:
Cette leçon vaut bien un fromage, sans doute.»
Le Corbeau, honteux et confus,
Jura, mais un peu tard, qu'on ne l'y prendrait plus.

[*The Crow and the Fox.* TRANSLATION: Master Crow, perched in a tree, held a small cheese (*un fromage*) in his beak. Master Fox, attracted by the odor, addressed him somewhat as follows: "Hello! good morning My Lord de Crow. How pretty you are! how handsome you look to me! Truly sir (without lying), if your voice is on a par with your feathers, you are the Phoenix of the residents of these woods." At these words the Crow is beside himself with joy; and to show his beautiful voice, he opens his beak wide, lets his prize fall. The Fox seizes it and says: "My good sir, learn that every flatterer lives at the expense of the person who listens to him; this lesson is no doubt well worth a small cheese." The Crow, ashamed and embarrassed, swore (but a little late) that no one would catch him by flattery again.]

Le Loup et le Chien

Un loup n'avait que les os et la peau,
    Tant les chiens faisaient bonne garde.
Ce Loup rencontre un Dogue aussi puissant que beau,
Gras, poli, qui s'était fourvoyé par mégarde.
    L'attaquer, le mettre en quartiers,
    Sire Loup l'eût fait volontiers;
    Mais il fallait livrer bataille,
    Et le mâtin était de taille
    À se défendre hardiment.
    Le loup donc l'aborde humblement,
Entre en propos, et lui fait compliment
    Sur son embonpoint, qu'il admire.
    «Il ne tiendra qu'à vous, beau sire,
D'être aussi gras que moi, lui répartit le Chien.
    Quittez les bois, vous ferez bien:
    Vos pareils y sont misérables,
    Cancres, hères, et pauvres diables,
Dont la condition est de mourir de faim.
Car quoi? rien d'assuré; point de franche lippée:
    Tout à la pointe de l'épée.
Suivez-moi: vous aurez un bien meilleur destin.»
    Le Loup reprit: «Que me faudra-t-il faire?
    —Presque rien, dit le Chien: donner la chasse aux gens
    Portant bâtons, et mendiants;
Flatter ceux du logis, à son maître complaire;

Moyennant quoi votre salaire
Sera force reliefs de toutes façons,
    Os de poulets, os de pigeons,
    Sans parler de mainte caresse.»
Le Loup déjà se forge une félicité
    Qui le fait pleurer de tendresse.
Chemin faisant, il vit le col du Chien pelé.
«Qu'est-ce là? lui dit-il. —Rien. —Quoi? rien? —Peu de chose.
—Mais encor? —Le collier dont je suis attaché
De ce que vous voyez est peut-être la cause.
—Attaché? dit le Loup; vous ne courez donc pas
    Où vous voulez? —Pas toujours; mais qu'importe?
—Il importe si bien, que de tous vos repas
    Je ne veux en aucune sorte,
Et ne voudrais pas même à ce prix un trésor.»
Cela dit, maître Loup s'enfuit, et court encor.

[*The Wolf and the Dog.* TRANSLATION: The dogs kept such good guard (over the sheep) that a certain wolf had nothing but skin and bones. This Wolf meets a fat, sleek Mastiff, as powerful as he is handsome, which had strayed from his path by carelessness. To attack him and tear him to pieces, Sir Wolf would have gladly done it; but he would have had to fight it out, and the mastiff was built in such a way that he could defend himself boldly. So the Wolf comes up to him humbly, begins to talk, compliments him on his well-fed look — which he finds admirable. "You can if you wish, fair sir, answered the Dog, be as fat as I am. Leave the woods behind. That will be a good thing for you: the likes of you, there, are pitiful bums, outcasts, and poor devils whose fate is to die of hunger. For really! nothing you can count on, no good free meals. You have to fight for everything you get. Follow me: you shall have a better fate." The Wolf answered: "What will I have to do?" "Almost nothing,"said the Dog: "Give chase to people carrying sticks and to beggars; fawn upon the members of the household, please one's master. In return for which your pay will be many left-overs of all sorts: chicken bones, pigeon bones, to say nothing of many friendly pats." The Wolf is already imagining a state of happiness which makes him weep with delight. But as they were walking along, he saw the neck of the Dog where the hair had been rubbed off. "What's that?" he said to him. "Nothing." "What do you mean 'nothing'?" "Nothing much." "But still, what is it?" "The collar by which I am tied is perhaps the cause of what you see." "Tied?" said the Wolf: "then you don't run wherever you please?" "Not always; but what difference does it make?" "It makes so much difference that I will have none of your meals whatever, and would not even want a treasure at that price." Having said that, Master Wolf flees, and is still running (whenever he pleases).]

Le Loup et l'Agneau

La raison du plus fort est toujours la meilleure:
Nous l'allons montrer tout à l'heure.

Un Agneau se désaltérait
Dans le courant d'une onde pure.
Un Loup survient à jeun, qui cherchait aventure,
Et que la faim en ces lieux attirait.

«Qui te rend si hardi de troubler mon breuvage?
  Dit cet animal plein de rage.
Tu seras châtié de ta témérité.
—Sire, répond l'Agneau, que Votre Majesté
  Ne se mette pas en colère;
  Mais plutôt qu'elle considère
  Que je me vas désaltérant
   Dans le courant,
  Plus de vingt pas au-dessous d'Elle,
Et que par conséquent, en aucune façon,
  Je ne puis troubler sa boisson.
—Tu la troubles, reprit cette bête cruelle;
Et je sais que de moi tu médis l'an passé.
—Comment l'aurais-je fait si je n'étais pas né?
  Reprit l'Agneau; je tette encor ma mère.
  —Si ce n'est toi, c'est donc ton frère.
  —Je n'en ai point. —C'est donc quelqu'un des tiens
  Car vous ne m'épargnez guère,
  Vous, vos bergers, et vos chiens.
On me l'a dit: il faut que je me venge.»
  Là-dessus, au fond des forêts
  Le Loup l'emporte, et puis le mange,
  Sans autre forme de procès.

[*The Wolf and the Lamb.* TRANSLATION: The argument of the stronger (person) is always the one that wins: we shall demonstrate it at once. A Lamb was drinking in the current of a pure stream. A hungry Wolf comes along on the prowl, attracted there by hunger. "What makes you so bold as to muddy my drink?" said that animal, full of fury. "You shall be punished for your temerity." "My Lord," replies the Lamb, "may your Majesty not get angry; but consider, rather, that I am drinking in the stream more than twenty paces down-stream from your Majesty; and that, consequently, I cannot in any way be disturbing your Majesty's drink." "You *are* muddying it," said that cruel beast; "and I know that you slandered me last year." "How should I have done it if I was not born?" continued the Lamb; "I am still a sucking lamb." "If it wasn't you, it was your brother, then." "I haven't any." "Well, it was one of your people, for you do not exactly spare me — you, your shepherds, and your dogs. I have been told so! I must get vengeance." Thereupon, the Wolf carries him off to the depths of the forest and then eats him without any other sort of trial.]

La Mort et le Bûcheron

Un pauvre bûcheron, tout couvert de ramée,
Sous le faix du fagot, aussi bien que des ans
Gémissant et courbé, marchait à pas pesants,
Et tâchait de gagner sa chaumine enfumée.
Enfin, n'en pouvant plus d'effort et de douleur,
Il met bas son fagot, il songe à son malheur.
Quel plaisir a-t-il eu depuis qu'il est au monde?
En est-il un plus pauvre en la machine ronde?
Point de pain quelquefois, et jamais de repos.
Sa femme, ses enfants, les soldats, les impôts,
    Le créancier et la corvée,
Lui font d'un malheureux la peinture achevée.
Il appelle la mort; elle vient sans tarder,
    Lui demande ce qu'il faut faire.
    «C'est, dit-il, afin de m'aider
À recharger ce bois; tu ne tarderas guère.»

    Le trépas vient tout guérir;
    Mais ne bougeons d'où nous sommes.
    Plutôt souffrir que mourir,
    C'est la devise des hommes.

[*Death and the Wood-cutter*. TRANSLATION: A poor wood-cutter, entirely covered with branches, bent over and groaning under the weight of the faggot as well as (under the weight) of years, was walking with heavy steps and trying to reach his smoky little thatched cottage. Finally, completely exhausted by labor and grief, he puts down his faggot and thinks over his wretchedness. "What pleasure has he had since he has been in the world? Is there anyone more poverty-stricken in all the round earth? No bread sometimes, and never any rest. His wife, his children, the soldiers, taxes, the creditor, and unpaid work on the roads make of him a perfect picture of unhappiness." He calls Death. It comes without delay, and asks him what he wants done (Lit.: what it is necessary to do). He answers: "It is to help me get this wood back on my shoulders; it will take only a moment (Lit.: you will not delay much)."

Death comes to cure everything; but let us not stir from where we are. The guiding principle of man is: "It is better to suffer than to die."]

La Laitière et le Pot au lait

Perrette, sur sa tête ayant un pot au lait
Bien posé sur un coussinet,
Prétendait arriver sans encombre à la ville.
Légère et court vêtue, elle allait à grands pas,
Ayant mis ce jour-là, pour être plus agile,
Cotillon simple et souliers plats.

Notre laitière ainsi troussée
   Comptait déjà dans sa pensée
Tout le prix de son lait, en employait l'argent,
Achetait un cent d'œufs, faisait triple couvée;
La chose allait à bien par son soin diligent.
   «Il m'est, disait-elle, facile
D'élever des poulets autour de ma maison:
   Le renard sera bien habile
S'il ne m'en laisse assez pour avoir un cochon.
Le porc à s'engraisser coûtera peu de son:
Il était, quand je l'eus, de grosseur raisonnable;
J'aurai, le revendant, de l'argent bel et bon.
Et qui m'empêchera de mettre en notre étable,
Vu le prix dont il est, une vache et son veau,
Que je verrai sauter au milieu du troupeau?»
Perrette, là-dessus, saute aussi, transportée.
Le lait tombe: adieu veau, vache, cochon, couvée.
La dame de ces biens, quittant d'un œil marri
   Sa fortune ainsi répandue,
   Va s'excuser à son mari,
   En grand danger d'être battue.

[*The Milkmaid and the Milk jug*. TRANSLATION: Perrette, with a milk jug carefully placed on a little cushion on her head, was expecting to arrive in town without any trouble. Dressed lightly and with a short skirt, she was walking with long strides, for, in order to be more agile, she had put on a simple garment and flat shoes. Our milkmaid, thus turned out, was already counting, mentally, all the money she was to get for her milk, was spending it, was buying a hundred eggs, was having three broods; and everything was going just fine thanks to her diligent care. "It is easy for me to raise chickens around my house," she said. "The fox will be very skilful if he does not leave me enough to buy a pig. It will take only a little bran to fatten the pig. When I got him, he was medium sized; but when I sell him — after fattening him up — I shall get real money for him. And what will prevent me from putting in our stable — when you think how much money I'll get for him — a cow and indeed her calf, which I shall see leaping around among the flock?" Thereupon Perrette, carried away by her dream, also jumps . . . The milk falls; goodbye calf, cow, pig, chickens. The lady who owned all this property, leaving behind, with a sad eye, her fortune which had been spread out on the ground, goes to make her excuses to her husband — in great danger of being beaten (for her carelessness).]

1 | Arrivée à l'aéroport d'Orly

QUESTIONS

1 À quel aéroport l'avion se pose-t-il? **2** Comment se pose-t-il sur le sol? **3** Quelle espèce d'avion est-ce? **4** Est-ce qu'il roule longtemps avant de s'arrêter? **5** Où s'arrête-t-il? **6** Où Bill a-t-il passé la nuit? **7** Pourquoi est-il heureux d'arriver? (Parce que passer la nuit . . .) **8** Les passagers sont-ils fatigués de leur voyage? **9** Qu'est-ce que Bill remarque à l'intérieur de l'aérogare? **10** La visite des bagages est-elle rapide? **11** Pourquoi la visite des bagages est-elle rapide? **12** Pourquoi le chauffeur de taxi parle-t-il anglais à Bill? **13** Pourquoi Bill a-t-il la ferme intention de parler français en France? **14** Quelle adresse Bill donne-t-il au chauffeur de taxi? **15** Pourquoi Bill dit-il: «J'ai seulement ces deux valises»? **16** Où le chauffeur place-t-il les valises? **17** Bill est-il heureux d'être en France? **18** À quelle distance l'aéroport d'Orly est-il de la partie centrale de Paris? **19** Qu'est-ce que le chauffeur montre à Bill le long de l'autoroute? **20** Qu'est-ce que le nouveau marché remplace? **21** Le chauffeur regrette-t-il les Halles centrales? **22** Pourquoi Bill est-il peu à peu rassuré? **23** Que regarde-t-il avec curiosité? **24** Qu'est-ce que le chauffeur de taxi montre à Bill? **25** Pourquoi Bill n'est-il pas très impressionné par les nouveaux buildings? **26** Quel fleuve le taxi traverse-t-il? **27** Quel monument Bill reconnaît-il? **28** Où le taxi s'arrête-t-il quelques minutes plus tard? **29** Combien d'argent Bill donne-t-il au chauffeur de taxi? **30** Que dit le chauffeur de taxi en arrivant 120, avenue Victor Hugo?

Répétez les phrases suivantes en substituant les mots indiqués:

rouler

Il roule quelques minutes.

un quart d'heure / trois minutes / longtemps / très longtemps

s'arrêter: *to stop*

Il s'arrête devant l'aérogare.

près de / loin de / en face de / à côté de

d'altitude

Il a passé la nuit à 10.000 mètres d'altitude au-dessus de l'Atlantique.

11.000 / 12.000 / 9.000 / 8.000

la visite des bagages: *customs inspection*

La visite des bagages est rapide.

lente (*slow*) / longue / ennuyeuse (*boring*) / normale

avec facilité

Il parle français avec assez de facilité.

beaucoup de / une grande / une assez grande

bien

Il parle bien français.

assez bien / très bien / couramment / assez couramment

placer

Il place les valises dans le coffre du taxi.

met / pose / dépose / arrange

à—en

Quelle joie d'être enfin en France!

à Paris / en Italie / à Rome / en Grèce / à Athènes

à peu près: *approximately*

L'aéroport est à à peu près 15 kilomètres de Paris.

environ / plus de / moins de / un peu moins de

2 | Chez Mme Lange

QUESTIONS

1 Qui est Mme Arnauld?   **2** Quel âge a-t-elle?   **3** Comment marche-t-elle?
4 De quelle couleur sont ses cheveux?   **5** Porte-t-elle une robe rouge?   **6** À
quel étage est son appartement?   **7** Chez qui Bill a-t-il une chambre?
8 Est-ce que Mme Lange attend Bill?   **9** À quel étage est l'appartement de
Mme Lange?   **10** Est-ce que Bill est content d'être enfin à Paris?   **11** Qui va
monter les bagages de Bill?   **12** Quand M. Arnauld va-t-il monter les bagages
de Bill?   **13** Est-ce que l'ascenseur part rapidement?   **14** À quel étage Bill
sort-il de l'ascenseur?   **15** Qui ouvre la porte?   **16** Comment Mme Lange
reçoit-elle Bill?   **17** Comment s'appelle le fils de Mme Lange?   **18** Où est-il
actuellement?   **19** Est-ce que Bill sort sur le balcon?   **20** Qu'est-ce qu'il
admire?   **21** Quelle est la profession de M. Lange?   **22** Où M. Arnauld
place-t-il les bagages?   **23** Que fait Bill quand Mme Lange et M. Arnauld
le quittent?   **24** Quelle espèce de meubles y a-t-il dans la chambre?   **25** Quel
meuble y a-t-il à côté du lit?   **26** Quelle espèce de lampe y a-t-il sur la table
de nuit?   **27** Comment Bill trouve-t-il le lit?   **28** Que font les enfants qu'il
voit de son balcon?   **29** Que font les concierges qu'il voit de son balcon?
30 Qu'est-ce qu'il décide de faire avant d'aller dîner?

âge

> Ma sœur a <u>vingt</u> ans.
>> Mon frère . . . 22 / Ma mère . . . 45 / Mon grand-père . . . 68
>
> <u>Mme Arnauld</u> est d'un certain âge.
>> Ma grand-mère / Mon oncle / Ma tante Léonie / M. Arnauld

avoir les cheveux gris

> Mme Arnauld a les cheveux <u>gris</u>.
>> grisonnants (*turning gray*) / bruns / blancs / blonds

surveiller

> <u>L'oiseau</u> surveille <u>la rue</u>.
>> Le chat . . . l'oiseau / Mme Arnauld . . . le chat / Mme Arnauld . . . l'entrée de l'immeuble / Mme Arnauld . . . M. Arnauld

partir: *to leave, to start*

> <u>L'ascenseur</u> part lentement.
>> Le train / L'avion / Le paquebot / L'autobus

actuellement: *now, at present*

> Mon père est actuellement en <u>Amérique</u>.
>> aux États-Unis / à Chicago / en Europe / à Marseille

professeur

> Remarquez qu'on n'emploie pas l'article défini après **être** avec le nom d'une profession.
>
> Mon oncle est <u>professeur</u>.
>> médecin / avocat / ingénieur / architecte

meubles d'une chambre à coucher

> Il place les bagages à côté <u>du lit</u>.
>> de la commode / de la garde-robe / de la table de nuit / de la table

ranger ses affaires: *to put one's things away*

> Bill décide <u>de ranger ses affaires</u>.
>> d'ouvrir ses valises / de mettre ses vêtements dans la garde-robe / de mettre son linge dans les tiroirs de la commode / de mettre ses livres sur la table

Ceci fait

> Ceci fait, <u>il ferme ses valises</u>.
>> il sort sur son balcon / il s'étend sur son lit / il va faire une promenade / il cherche un restaurant

3 | **Un vieil ami**

QUESTIONS

1 À quelle heure sonne-t-on à la porte de l'appartement? **2** Qui va ouvrir?
3 Quelle est la nationalité du grand jeune homme? **4** Qu'est-ce qu'il porte?
5 Sait-il que Bill Burgess est ici? **6** Qu'est-ce qu'il demande à Mme Lange?
7 Est-ce que Bill est toujours dans sa chambre? **8** Qu'est-ce qu'il est sans
doute en train de faire? **9** Que dit-il en tendant la main à Jack? **10** De quoi
Jack s'excuse-t-il? **11** Pourquoi Jack arrive-t-il si tard? **12** Qu'est-ce que
Jack dit quand il voit la chambre de Bill? **13** Qu'est-ce que Bill lui montre?
14 Les deux amis parlent-ils de leurs amis communs? **15** Jack connaît-il la
ville? **16** À quelle école étudie-t-il? **17** Est-ce que c'est sa première année
à Paris? **18** Où Jack propose-t-il d'aller dîner? **19** Pourquoi propose-t-il
d'aller dans un petit restaurant? **20** Est-ce que le restaurant est près d'ici?
21 Comment Jack propose-t-il d'aller à ce restaurant? **22** Est-ce qu'on dîne
d'habitude à six heures à Paris? **23** Est-ce que Jack conduit avec audace?
24 Quand Jack aime-t-il dîner dehors? **25** Bill est-il au courant de la terminologie gastronomique? **26** Quelle espèce de vin Jack commande-t-il
d'abord? **27** Comment Bill trouve-t-il le dîner? **28** Que dit-il à Jack en
finissant son café? **29** Pourquoi Bill préfère-t-il rentrer de bonne heure?
30 Pourquoi a-t-il besoin d'une bonne nuit de sommeil?

au moment où: *when, just as*

    Au moment où Bill <u>va quitter sa chambre</u> . . . .

        arrive à Orly / entre dans l'ascenseur / sonne à la porte de l'appartement / commence à ranger ses affaires

en enlevant son béret: *taking off his béret, or as he took off his béret.*

    Remarquez que la terminaison **-ant** a d'ordinaire le sens de la terminaison anglaise: *-ing.* Ex.: En arrivant à Orly, . . .; En descendant de l'avion, . . .; En montant dans l'ascenseur, . . .; En rangeant ses affaires, . . .; En finissant son café, etc.

en train de

    Il est en train <u>de ranger ses affaires</u>.

        d'examiner sa chambre / de regarder les gens dans la rue / d'admirer ses beaux meubles anciens / de mettre son linge dans l'armoire

avoir de la chance: *to be lucky*

    Vous avez de la chance <u>d'être si bien logé</u>.

        d'avoir une si belle chambre / d'avoir de si beaux meubles / d'avoir une chambre avec balcon / d'être à Paris

4 | Sur les Grands Boulevards

QUESTIONS

1 Où Bill et Jack se promènent-ils?   **2** Quel temps fait-il ce soir-là?   **3** Y a-t-il beaucoup de gens sur le boulevard des Italiens?   **4** Pourquoi sont-ils venus faire une promenade à dix heures du soir?   **5** Pourquoi Bill est-il surpris? **6** Est-ce qu'on entend parler beaucoup de langues?   **7** Quelles nationalités est-il facile de reconnaître?   **8** En quel mois sommes-nous?   (Nous sommes au mois d'août.)   **9** Quel est le mois le plus chaud de l'année?   **10** Où les Parisiens passent-ils leurs vacances?   **11** En quelle saison Paris appartient-il aux touristes?   **12** Que dit Bill en regardant un groupe de jeunes filles qui passent?   **13** Est-ce que les modes féminines françaises sont très différentes des modes américaines?   **14** Quelles couleurs beaucoup de femmes âgées portent-elles?   **15** Qu'est-ce que certaines gens pensent d'une femme âgée vêtue de rose?   **16** Pourquoi certaines jeunes femmes portent-elles du noir? **17** Qu'est-ce qu'on voit sur le trottoir à côté de gens à l'apparence prospère? **18** Où les clochards vont-ils peut-être passer la nuit?   **19** Y a-t-il beaucoup de monde à la terrasse des cafés?   **20** Quand l'animation dans les rues commence-t-elle à diminuer?   **21** Où beaucoup de touristes vont-ils s'amuser vers minuit?   **22** Qu'est-ce qu'on voit dans les rues à une heure du matin? **23** Pourquoi la vie recommence-t-elle vers sept heures du matin?   **24** Par qui l'Opéra a-t-il été construit?   **25** Quand a-t-il été construit?   **26** Est-ce que tout le monde le trouve beau?   **27** Y a-t-il des représentations à l'Opéra en ce moment?   **28** Pourquoi n'y a-t-il pas de représentations au mois d'août? **29** Quand les représentations recommencent-elles?   **30** Bill et Jack vont-ils s'amuser à Montmartre ce soir-là?

des gens venus: des gens qui sont venus.

    Il y a <u>beaucoup de gens</u> venus faire une promenade . . .

        bien des gens / pas mal de gens / une foule de gens / toute sorte de gens

entendre parler: *to hear . . . spoken*

    On entend parler allemand.

        japonais / turc / arabe / toutes les langues

encore: *still*

    Il y a encore <u>des Français</u> ici.

        des Parisiens / des gens d'un certain âge / quelques Français / quelques Françaises

bon nombre de femmes: beaucoup de femmes.

    <u>Bon nombre de</u> jeunes femmes portent du noir.

        Un certain nombre de / Quantité de / Quelques / Certaines

certaines gens

    Remarquez qu'il y a plusieurs façons différentes de dire *people, some people,* etc. en français: des gens; certains; certaines gens; certaines personnes; les uns, . . . les autres; les uns, . . . d'autres; du monde; etc.

    <u>Certaines gens</u> pensent qu'une femme âgée vêtue de rose est un anachronisme.

        Certaines personnes / D'autres / Des gens / Des jeunes gens

désert (adj.): *deserted*

    Les boulevards sont presque déserts <u>à une heure du matin</u>.

        après minuit / passé minuit / avant la fin de la nuit / le matin de bonne heure

5 | Dans le métro

QUESTIONS

1 À quel théâtre Bill et Jack sont-ils allés? **2** À quelle heure sortent-ils du théâtre? **3** Comment Jack propose-t-il de rentrer? **4** Où est la station du métro de l'Odéon? **5** Où Jack prend-il des billets? **6** Que dit Jack à Bill au moment où ils arrivent sur le quai? **7** Pourquoi lui dit-il: «Dépêchons-nous»? **8** Où Bill va-t-il changer de ligne? **9** Est-ce que le Châtelet est le prochain arrêt? **10** Bill sait-il comment changer de ligne? **11** Pourquoi pas? (Parce qu'il vient d'arriver à Paris.) **12** Qu'est-ce que Jack montre à Bill au Châtelet? **13** Y a-t-il beaucoup de lignes du métro à Paris? **14** Est-ce que les portes de Paris existent toujours? **15** Quelle direction Jack dit-il à Bill de prendre? **16** Quelle est le numéro de cette ligne? **17** Quelle indication y a-t-il à l'entrée de la galerie? **18** Bill connaît-il le chemin en arrivant à l'Étoile? **19** Quelle est la plus ancienne ligne du métro parisien? **20** Pourquoi les trains de cette ligne roulent-ils sans bruit? **21** Qu'est-ce que Jack recommande à Bill de regarder à la station du Louvre? **22** Comment les murs des autres stations du métro sont-ils décorés? **23** Qu'est-ce que Bill veut se procurer? **24** Où peut-il se procurer une carte du métro? **25** Quand va-t-il étudier une carte du métro? **26** Est-ce que le métro marche toute la nuit? **27** Nommez un prisonnier célèbre qui a passé quelque temps dans la prison de Vincennes. **28** Qu'est-ce que c'est que le château de Vincennes? **29** Est-ce que les couloirs de la correspondance sont longs? **30** Est-ce que Bill a pris la mauvaise direction?

prochain(e): *next*

    On dit: le prochain arrêt, la prochaine réunion (*meeting*), la prochaine fois;
    MAIS on dit: la semaine prochaine, l'année prochaine, jeudi prochain.

changer de

    Bill va changer <u>de ligne</u>.

        de train / d'avion / de chambre / d'appartement

je viens de: *I have just*

    Bill vient <u>d'arriver à Paris</u>.

        d'aller au théâtre / de visiter le Quartier latin / de changer de ligne / de dîner
        dans un bon petit restaurant

pneumatiques (m): *rubber tires*

    <u>Ces trains</u> roulent sur des pneumatiques.

        Les autos / Les motocyclettes / Les bicyclettes / Les camions (trucks)

se procurer: *to procure, to get*

    On peut se procurer <u>une petite carte du métro</u>.

        un guide de Paris / une liste des bons restaurants / un plan de Paris / des
        journaux français

bien sûr: *of course*

    <u>Bien sûr;</u> on en trouve chez tous les libraires.

        Certainement / Naturellement / Évidemment / Sûrement / Sans aucun doute

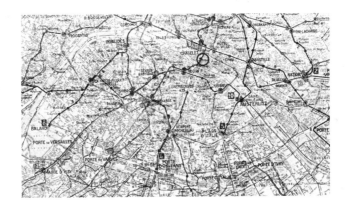

6 | Une rencontre

QUESTIONS

1 En quelle saison sommes-nous maintenant? **2** Quel temps fait-il? **3** Est-ce que les journées sont encore chaudes? **4** Dans quel quartier de Paris Bill se promène-t-il souvent? **5** Qu'est-ce que c'est que le Quartier latin? **6** Y a-t-il beaucoup de libraires dans les rues voisines de l'Université? **7** Pourquoi les gens qui passent s'arrêtent-ils devant les librairies? **8** Comment beaucoup de livres nouveaux sont-ils couverts? **9** Quelle indication les livres récents portent-ils souvent? **10** Quel livre Bill regarde-t-il? **11** Qu'est-ce qu'il entend tout à coup? **12** Pourquoi se retourne-t-il? **13** Comment s'appelle la jeune Américaine? **14** Qu'est-ce qu'Ann Tilden fait à Paris? **15** Bill étudie-t-il à la Sorbonne? **16** Où a-t-il fait la connaissance d'Ann Tilden? **17** Où habitent les parents d'Ann Tilden? **18** Dans quelle université américaine est-elle étudiante? **19** Que dit-elle pour exprimer sa surprise? (*deux réponses*) **20** Est-ce que ces rencontres inattendues sont rares à Paris? **21** Pourquoi les touristes se rencontrent-ils souvent à Paris? **22** Où est-on sûr de rencontrer un jour ou l'autre une personne de connaissance? **23** Dans quel jardin Ann et Bill entrent-ils ensemble? **24** Y a-t-il beaucoup de monde dans le Jardin du Luxembourg? **25** De quoi les voitures d'enfant sont-elles surmontées? **26** Pourquoi le Luxembourg est-il populaire parmi les étudiants? **27** Que dit Ann en parlant de leurs années d'école à Philadelphie? **28** Qu'est-ce que Bill va faire au mois de juillet prochain? **29** Comment s'appelle la famille qui a presque adopté Ann? **30** Que fait Raymond Brégand actuellement?

depuis quelque temps

Depuis quelque temps, les journées sont plus fraîches.

il fait beau / il pleut souvent / Bill est à Paris / Bill se promène souvent dans le Quartier latin

libraire

Remarquez que la terminaison **-rie** indique souvent un magasin ou une boutique: le libraire—la librairie; le boulanger—la boulangerie; l'épicier—l'épicerie, le lait—le laitier,—la laiterie.

entendre (avec un infinitif)

Il entend une voix féminine l'appeler par son nom.

chanter dans la rue / lui dire bonjour / lui demander quelque chose / crier: «Au secours»! (*Help*)

depuis

Qù'-est ce que vous faites depuis votre départ de Californie?

votre arrivée à Paris / le mois d'octobre / l'année dernière / la rentrée des classes

Quelle chance!

Quelle chance de nous rencontrer à Paris!

dans ce petit restaurant / au café de la Paix / sur la tour Eiffel / dans le Jardin du Luxembourg

par hasard: *by chance*

Nous nous trouvons par hasard ici.

dans cette librairie / chez ce libraire / chez ce pâtissier / dans cette pâtisserie

permettre: *to make something possible*

Ce pivot permet à la mère d'orienter le parasol.

de protéger son bébé / de mettre son bébé à l'abri des rayons du soleil / de mettre son bébé à l'abri de la pluie / de mettre son bébé à l'abri du vent

tant de: *so many*

Il y a tant de choses à faire ici.

beaucoup de / quantité de / un tas de / mille

à—dans

Remarquez qu'en anglais nous disons: *He is* IN *school,* IN *college,* IN *Chicago.* MAIS: *He is* AT *home,* AT *the university,* AT *the hotel.* En français on dit: Il est à l'école, au lycée, au collège, à l'université, à la maison, au salon, à l'hôtel, à l'hôpital, à l'intérieur, etc. Le mot **dans** est employé surtout dans le sens de **à l'intérieur de**: Il est dans l'autobus, dans l'avion, dans sa chambre, dans son lit, etc.

7 | Une invitation

QUESTIONS

1 Quel jour est-ce aujourd'hui? **2** Où Bill et Ann sont-ils invités à passer la journée? **3** Où habitent les Brégand? **4** Où se trouve Neuilly? **5** À quelle heure Ann vient-elle chercher Bill? **6** Pourquoi Ann vient-elle chercher Bill? **7** Comment Ann et Bill vont-ils chez les Brégand? **8** Ann est-elle à l'heure? **9** Est-ce que l'exactitude est une vertu féminine? **10** Quand le taxi les dépose-t-il devant l'habitation des Brégand? **11** Est-ce que c'est une belle maison? **12** Où est située la maison? **13** Qui sonne à la porte de la grille? **14** Est-ce que Bill ouvre la porte de la grille? **15** Qui vient à la rencontre des visiteurs? **16** Quel âge a M. Brégand? **17** Comment Ann lui présente-t-elle son ami? **18** Que répond M. Brégand? **19** Où sont la femme et la fille de M. Brégand? **20** Pourquoi Raymond n'est-il pas à la maison? **21** Est-ce que M. Brégand connaît Philadelphie? **22** Quand y est-il allé? **23** Connaît-il d'autres villes américaines? **24** Quelle région des Etats-Unis désire-t-il visiter? **25** Y a-t-il toujours des Peaux-Rouges et des cow-boys? **26** Sont-ils tout à fait ce qu'ils étaient autrefois? **27** Connaissez-vous le Grand Canyon? **28** Qu'est-ce qu'on dit au sujet du Grand Canyon? **29** Comment Raymond a-t-il reçu une permission de minuit? **30** Où les quatre jeunes gens décident-ils d'aller ensemble?

EXERCICES ET NOTES

venir chercher: *to come for, to come to get*
>Ann vient chercher <u>Bill</u>.
>>son ami / ses amis / ses parents / ses bagages

avoir le choix—(ne pas avoir le choix)
> Je n'ai pas le choix.
>
> le temps / l'habitude / l'occasion / le droit (*the right*)
>
> Remarquez qu'avec le partitif, on dit: **pas de**:
> Je n'ai pas d'auto.
>
> de monnaie / de bicyclette / de timbres / d'argent

habitation
> Le taxi les dépose devant l'habitation des Brégand.
>
> la maison / la villa / le château / la maison de campagne

venir à leur rencontre: *to come to meet them*
> Il vient à leur rencontre.
>
> à ma rencontre / à sa rencontre / à notre rencontre / à votre rencontre

une cinquantaine d'années: *about fifty years*
> C'est un homme d'une cinquantaine d'années.
>
> trentaine / quarantaine / soixantaine

malheureusement
> Remarquez la position de cet adverbe dans la phrase ci-dessous:
> Mon fils n'est malheureusement pas libre aujourd'hui.
>
> ce matin / cet après-midi / ce soir / demain

se souvenir de: *to remember*
> Je me souviens surtout des usines.
>
> des machines / de mes amis américains / de l'hospitalité de mes amis /
> des grandes villes industrielles

désirer: avoir envie de
> Depuis son enfance, il désire voir le Far-West.
>
> a envie de / a l'intention de / veut / voudrait
>
> Il a envie de voir des Peaux-Rouges.
>
> des cow-boys / les montagnes Rocheuses / les chutes du Niagara / le Mississippi

les présentations faites: *after the introductions were made*
> les vacances terminées—après les vacances; mes parents partis—après le
> départ de mes parents; le dîner fini—après le dîner

décider de
> Les quatre jeunes gens décident d'aller au cinéma.
>
> d'aller à un concert / d'aller à une discothèque / de faire une partie de
> bridge / d'aller dans un dancing

EXERCICES ET NOTES

8 | De la pluie et du beau temps

QUESTIONS

1 Où nos amis ont-ils passé la soirée ensemble? **2** Quel temps fait-il quand ils sortent du cinéma? **3** Quelle sorte de pluie est-ce? **4** Y a-t-il beaucoup de parapluies ouverts? **5** Depuis combien de jours pleut-il? **6** À quel climat le climat de Paris ressemble-t-il en cette saison? **7** Est-ce qu'il fait toujours beau en Californie? **8** En quel mois de l'année sommes-nous? **9** Comment s'appelle la fête du commencement de novembre? **10** Quel temps fait-il après la Toussaint? **11** Est-ce que Paris est près de la mer? **12** Quel est le climat de la France? **13** Qu'est-ce que c'est qu'un climat tempéré? **14** Pourquoi est-il prudent d'avoir un imperméable et un parapluie à Paris en hiver? **15** Combien de fois neige-t-il à Paris pendant l'hiver? **16** Est-ce que d'habitude la neige dure longtemps? **17** Est-ce qu'Ann aime les sports d'hiver? **18** Où Jacqueline va-t-elle tous les ans faire du ski? **19** Est-ce que les sports d'hiver sont populaires en France? **20** Qu'est-ce que Bill a eu l'occasion de voir à la télévision? **21** Qu'est-ce qui l'a beaucoup impressionné? **22** Qu'est-ce qu'il faut éviter en faisant le slalom? **23** Que dit Bill pour changer un peu le sujet de la conversation? **24** Où Bill peut-il aller en hiver quand il a froid? **25** De quelle couleur est la Méditerranée? **26** Quelles sont les quatre saisons de l'année? **27** Est-ce que le printemps est une saison agréable? **28** Quand les premiers signes du printemps apparaissent-ils? **29** Est-ce que les maisons sont aussi bien chauffées en France qu'en Amérique? **30** Est-ce qu'Ann et Bill ont l'air d'être en bonne santé?

De la pluie et du beau temps: *About the weather.*

avoir l'air de: *to seem*

> En cette saison, le climat de Paris a l'air <u>de ressembler au climat de Californie.</u>
>> d'être peu agréable / d'être désagréable / d'être fort désagréable / d'être affreux (*awful*)

à partir de: *after, beginning with*

> À partir <u>de la Toussaint, . . .</u>
>> de Noël / du premier janvier / du début d'avril / du mois de mai

en ce qui concerne: *as for*

> En ce qui concerne <u>l'humidité, . . .</u>
>> le climat de Paris / les sports d'hiver / le printemps à Paris / le slalom

avoir l'occasion de: *to have a chance, to happen to*

> J'ai eu l'occasion <u>de voir les derniers Jeux Olympiques.</u>
>> de voir ce film / de passer quelques jours à Chamonix / d'être à Paris au printemps / de visiter Notre-Dame de Paris

il faut: *you need, it takes, you have to have*

> Il faut une grande habileté pour <u>virer si vite et si gracieusement.</u>
>> jouer si bien au tennis / conduire à Paris / faire de belles statues / faire une bonne omelette

dès: *as early as*

> Dès <u>le mois de mars, . . .</u>
>> le début d'avril / la fin de février / la fin d'avril / la Toussaint

9 | Les marchands des quatre saisons

QUESTIONS

1 Y a-t-il beaucoup de vendeurs dans les rues de Paris? **2** Où vendent-ils leurs produits? **3** Comment appelle-t-on ces vendeurs? **4** Où achètent-ils d'habitude leurs produits? **5** Est-ce qu'ils achètent en gros ou au détail? **6** Vendent-ils au détail ou en gros? **7** Sont-ils aussi nombreux en hiver qu'en été? **8** Sont-ils aussi nombreux aujourd'hui qu'autrefois? **9** Qu'est-ce qu'ils vendent au printemps, en été et en automne? **10** Que vendent-ils en hiver? **11** Les vendeurs ambulants existent-ils depuis longtemps? **12** Est-ce que les vendeurs ambulants de Gaule parlaient français? **13** Est-ce que la concurrence des magasins est grande? **14** Où bon nombre de ménagères font-elles leurs provisions? **15** Pourquoi préfèrent-elles aller au super-marché? **16** Quelle est la population de l'agglomération parisienne? **17** À Paris, quels sont souvent les centres de la vie d'un quartier? **18** Est-ce que la clientèle des marchands ambulants change beaucoup? **19** Comment les ménagères peuvent-elles passer toute une matinée? **20** Est-ce qu'elle peuvent rester deux heures à l'intérieur d'un supermarché? **21** Comment dit-on *Mr. Smith* et *Mrs. Jones* en français? **22** Qu'est-ce que Mme Durand veut acheter? **23** Pourquoi M. Dupont lui laisse-t-il ses carottes à un franc cinquante? **24** Qu'est-ce que la vieille marchande offre à Bill? **25** Pourquoi Jacqueline dit-elle à Bill de ne pas acheter de fleurs? **26** Qu'est-ce que vend l'Arménien? **27** Quelle fleur vend-on dans les rues de Paris le premier mai? **28** Pourquoi beaucoup de gens mettent-ils ce jour-là un petit bouquet de muguet à leur boutonnière ou sur leur corsage? **29** Quelles fleurs vend-on en hiver dans les rues de Paris? **30** Où se trouve le Marché aux Fleurs? **31** Est-ce que l'amour des fleurs est propre aux Parisiens? **32** Qu'est-ce qu'on voit souvent au bord des fenêtres dans les villes de province?

Ce qui . . . c'est

Ce qui m'étonne, c'est le nombre des marchands . . .

le nombre des vendeurs de la rue / le nombre de leurs petites voitures (*push carts*) / le commerce le long des trottoirs / le commerce autour de petites voitures

chargé de: *loaded with*

Leurs petites voitures sont chargées de légumes.

de fruits / de fleurs / des légumes de la saison / des fruits de la saison / des fleurs de la saison

légumes et fruits

Au lieu de vendre des asperges, ils vendent des choux.

des cerises . . . des oranges / des fraises (*strawberries*) . . . des pommes / de la laitue (*lettuce*) . . . des épinards (*spinach*)

faire leurs provisions: *get their food supplies*

Bon nombre de ménagères vont faire leurs provisions au supermarché.

dans les petits magasins / chez les marchands des quatre saisons / autour de ces petites voitures / dans la rue

de plus en plus: *more and more*

Les gens sont de plus en plus pressés.

de plus en plus occupés / de plus en plus sensés / de moins en moins raisonnables / de moins en moins pressés

Rien de plus amusant: *Nothing is more fun.*

Rien de plus amusant que d'aller d'une voiture à l'autre.

que de rencontrer ses amis / que de causer / que d'échanger les dernières nouvelles du quartier / que de marchander

les bras pleins: *with your hands full* (lit. *arms*)

Vous rentrerez chez vous les bras pleins.

les poches vides / la bourse vide / les poches pleines / la bourse pleine

10 | Le Tour de France

QUESTIONS

1 Qu'est-ce qui explique la popularité des courses cyclistes?   **2** Quel événe-ment sportif peut-on comparer à notre *World Series*?   **3** Est-ce que les Français s'intéressent beaucoup au Tour de France?   **4** Quand cette course a-t-elle lieu?   **5** Quels coureurs participent au Tour de France?   **6** Quels pays sont représentés dans le Tour de France?   **7** Le parcours change-t-il d'une année à l'autre?   **8** Où d'ordinaire commence et finit la course? **9** Y a-t-il beaucoup de spectateurs le long de la route?   **10** Où ces spectateurs sont-ils particulièrement nombreux?   **11** Quelle proportion de la population a l'occasion de voir passer le Tour de France?   **12** Le Tour de France passe-t-il dans la région des Alpes?   **13** Quelles sont les étapes les plus intéressantes?   **14** Dans quelles étapes y a-t-il des montées interminables? **15** Combien d'étapes y a-t-il en tout?   **16** Dans quelles régions les étapes sont-elles les plus longues?   **17** Quelle est parfois la vitesse moyenne des coureurs?   **18** Dans quelles régions les étapes sont-elles les plus pénibles? **19** Tous les coureurs finissent-ils la course?   **20** Est-ce que tous les coureurs portent un maillot jaune?   **21** Quel coureur a le privilège de porter le maillot jaune?   **22** Le gagnant serre-t-il le bouquet de fleurs contre son sein comme une chanteuse d'Opéra?   **23** Où le gagnant porte-t-il son bouquet de fleurs? **24** Y a-t-il beaucoup de prix offerts aux coureurs?   **25** Par qui ces prix sont-ils offerts?   **26** Est-ce que le Tour de France est l'occasion de beaucoup de réclame?   **27** De quels produits les autos célèbrent-elles l'excellence? **28** Est-ce que ces autos font beaucoup de bruit et de poussière?   **29** Est-ce que le Tour de France est surtout une entreprise de publicité? (Non, c'est . . .) **30** Quelle est à peu près la distance du Tour de France?

entendre parler de: *to hear of*
    J'ai entendu parler du Tour de France.
        de la tour Eiffel / des courses de bicyclettes / des courses d'automobiles / des courses de chevaux / de la course du Mans

en jeu: *at stake*
    L'honneur national est en jeu.
        Notre réputation / Une grosse somme d'argent / L'avenir des coureurs / Dans les courses d'automobiles leur vie même

venir attendre: *to come to wait for*
    Les gens de la campagne viennent attendre le passage des coureurs.
        Les villageois / Les paysans / Les fermiers / Des millions de Français

trois quarts: (3/4)
    Les trois quarts de la population . . .
        Les deux tiers (2/3) / Un tiers (1/3) / La moitié (1/2) / Un quart (1/4)

il s'agit de: *it is a question of, a matter of*
    Il s'agit d'une course de vitesse.
        d'une longue étape / d'une étape de 250 kilomètres / de montées interminables / de descentes vertigineuses

changer de mains
    Le maillot jaune change de mains plusieurs fois.
        L'argent / Un vieux violon / Un beau meuble ancien / Un vieux livre

le gagnant: le coureur qui gagne la course
    Le gagnant reçoit toute sorte d'honneurs.
        des milliers de francs / une petite fortune / les profits de la publicité / un magnifique bouquet de fleurs

perdu: *lost, overwhelmed*
    Les coureurs sont presque perdus au milieu des autos.
        des motocyclettes / des voitures de publicité / des voitures de la presse / de la poussière (*dust*)

11 | L'industrie automobile

QUESTIONS

1 Où sont Bill et M. Brégand? **2** Y a-t-il d'autres usines Renault? **3** Où sont les autres usines Renault? **4** Dans quelles parties du monde les automobiles Renault sont-elles exportées? **5** Est-ce que les pays de l'Europe occidentale ont toutes les facilités dont nous disposons aux États-Unis? **6** Est-ce que la France a des autoroutes? **7** De quoi le public se plaint-il? **8** Les routes sont-elles bien entretenues? **9** Pourquoi les routes dans les régions accidentées sont-elles parfois dangereuses? **10** Qu'est-ce qu'une région accidentée? **11** Pourquoi les routes contournent-elles les accidents de terrain? **12** Est-ce que les villes d'Europe sont construites pour l'automobile? **13** Où M. Brégand était-il l'autre jour? **14** Où était situé son hôtel? **15** Où était le parking? **16** Qu'est-ce qu'une porte-cochère? **17** L'auto de M. Brégand est-elle entrée dans le parking? **18** Qu'est-ce qu'il y avait à la porte quelques minutes plus tard? **19** Que faisait le chauffeur? **20** Quand M. Brégand a-t-il revu la limousine? **21** Où était-elle endommagée? **22** Quelle est pour l'Europe la voiture idéale? **23** Qu'est-ce que Bill a vu d'amusant le long des routes de France? **24** Une voiture de 4 CV peut-elle aller très vite? **25** Les voitures légères tiennent-elles bien la route? **26** Est-ce que M. Brégand voudrait aller avec sa famille de Chicago à Los Angeles dans une petite Renault? **27** Quand le Salon de l'Automobile a-t-il lieu? **28** Quand le Salon a-t-il eu lieu pour la première fois? **29** Est-ce que toutes les autos étaient admises au premier Salon de l'Automobile?

routes
> Une bonne partie de nos routes <u>n'ont pas été faites pour l'automobile.</u>
>> ne sont pas assez larges / ont trop de virages / sont bien entretenues / ont une signalisation excellente

termes se rapportant à l'automobile
> a) Le chauffeur <u>avançait</u>, <u>reculait</u>, <u>zigzaguait</u>.
>> tournait à droite et à gauche / faisait de gros efforts / allait en avant / allait en arrière

> b) Elle était endommagée <u>près du phare de gauche.</u>
>> près du phare de droite / sur le coffre / près du coffre / près de la roue avant / près de la roue arrière

> c) La voiture idéale pour les Européens est une voiture <u>rapide.</u>
>> à bon marché / qui consomme peu d'essence / légère / très manœuvrable / qui tient bien la route

tenir la route: *to stay on the road*
> Ces petites autos tiennent bien la route <u>sauf quand il pleut.</u>
>> sauf quand il neige / sauf quand il fait du vent / sauf quand il y a de la glace

le pays de
> Elle est devenue le pays <u>de l'automobile.</u>
>> de la bonne cuisine / de la haute couture (*fashions*) / des industries de luxe / des vacances payées

un des pays les plus . . .
> La France est un des pays les plus <u>motorisés</u> d'Europe.
>> modernes / intéressants / connus / pittoresques

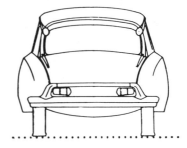

12 | Noël en France

QUESTIONS

1 Quel jour a lieu la conversation entre Jacqueline et Bill? **2** Quel temps fait-il ce jour-là? **3** À quel théâtre sont-ils allés? **4** Où ont-ils cherché refuge? **5** Pourquoi des enfants sont-ils venus sous les arcades de la rue de Rivoli? **6** En quelle saison les jours sont-ils les plus courts? **7** Sur quoi Jacqueline et Bill jettent-ils un coup d'œil? **8** Quelle est la date de Noël? **9** Quelles sont les couleurs traditionnelles de Noël? **10** Quelle est la plus grande fête de l'année aux États-Unis? **11** Pourquoi Bill pense-t-il à sa famille? **12** Qu'est-ce que Jacqueline lui montre dans la devanture d'un magasin? **13** Les Peaux-Rouges sont-ils populaires en Europe? **14** Pourquoi sont-ils populaires? **15** Pourquoi Jacqueline et Bill entrent-ils dans le Grand Magasin du Louvre? **16** Pourquoi Jacqueline aime-t-elle parcourir le rayon des jouets? **17** Y a-t-il du monde dans ce magasin? **18** Quels jouets y trouvent-ils? **19** Qu'est-ce que le Père Noël porte sur le dos? **20** Comment voyage-t-il? **21** Où les petits Français laissent-ils leurs souliers la veille de Noël? **22** Qu'est-ce qu'ils mettent souvent à côté de leurs souliers? **23** Est-ce que l'âne du Père Noël mange toujours la carotte? **24** Qu'est-ce que c'est qu'une crèche? **25** Est-ce qu'on met une bûche de Noël dans la cheminée à Paris? **26** Qu'est-ce qu'on a l'habitude à Paris de servir comme dessert le jour de Noël? **27** Quel jour de l'année les enfants reçoivent-ils leurs plus beaux cadeaux? **28** Quand le réveillon a-t-il lieu? **29** Où Jacqueline invite-t-elle Bill à faire le réveillon? **30** Quel est le menu traditionnel de la famille?

EXERCICES ET NOTES

jeter un coup d'œil: *to glance at*

Tout en marchant ils jettent un coup d'œil <u>sur les étalages.</u>

sur les devantures / sur les taxis / sur la décoration de Noël / sur la neige qui tombe

on pourrait se croire à: *you could think you were*
>On pourrait se croire <u>aux États-Unis</u>.
>>à la Nouvelle-Orléans / à la campagne / en Norvège (*in Norway*) / au pôle
nord

le premier Noël que . . .
>Remarquez qu'on dit en anglais: *This is the first time I have spent* . . . mais
qu'on dit en français: «que je passe» (au présent).
>C'est le premier Noël que je passe <u>loin de mes parents</u>.
>>loin de mon pays / loin de ma famille / ici / en Europe

plaire à
>Les Peaux-Rouges ont tout pour plaire <u>aux enfants de tous les temps</u>.
>>aux jeunes Français / aux jeunes gens / aux jeunes / aux amateurs de la
télévision

le rayon: *department—in a department store*
>J'adore parcourir le rayon <u>des jouets</u>.
>>de l'argenterie / des arts décoratifs / de la bijouterie / des meubles / des
produits alimentaires

le Père Noël français
>Le Père Noël français <u>est jovial</u>.
>>est vêtu de rouge / porte une longue barbe blanche / porte un panier sur
le dos / voyage monté sur un âne

une crèche
>Une crèche représente <u>une étable ouverte à tous les vents</u>.
>>l'Enfant Jésus couché sur la paille / un groupe composé de Marie, de Joseph
et des bergers avec leurs moutons / un bœuf et un âne / les Rois mages montés
sur leurs chameaux / des anges suspendus à des fils (prononcez: [fil])

le chauffage central
>Il n'y avait pas de chauffage central <u>dans les cavernes</u>.
>>à l'époque de la Nativité / à l'époque romaine / au Moyen Âge / dans les
cathédrales gothiques / dans les châteaux de la Renaissance

quelques disciplines
>Un de mes professeurs <u>d'anthropologie</u> a parlé de tout ça.
>>de géologie / de géographie / de philosophie / de sociologie

rien que d'y penser: *just thinking about it*
>Rien que d'y penser, je commence <u>à avoir faim</u>.
>>à avoir soif / à avoir envie de faire le réveillon / à penser à Noël chez nous /
à penser à ma grand-mère

13 | Circulation parisienne

QUESTIONS

1 Où Bill et ses hôtes sont-ils assis? **2** Sur quel problème d'actualité la conversation tombe-t-elle? **3** Comment dit-on *of one thing and another* en français? **4** Est-ce que les Américains croient que la circulation dans les rues de Paris est tranquille? **5** Est-ce qu'on croit que les chauffeurs de taxi sont toujours polis? **6** Connaissez-vous la musique de George Gershwin? **7** Comment a-t-il évoqué la circulation parisienne dans son poème symphonique? **8** Pourquoi Bill est-il surpris? **9** À qui le préfet de police a-t-il décidé de faire appel? **10** Qu'est-ce qu'il a déclaré? **11** Est-ce que ce préfet de police aimait les mesures coercitives? **12** Qu'est-ce qu'il a demandé aux Parisiens de faire? **13** Quel a été le résultat de sa demande? **14** Comment le préfet de police s'est-il révélé bon psychologue? **15** Est-ce qu'on a toujours l'habitude de klaxonner beaucoup dans les rues de Paris? **16** Pourquoi le problème de stationnement est-il plus difficile à résoudre? **17** Qu'est-ce qu'on a institué en France pour faciliter le stationnement? **18** Est-ce que le stationnement dans les «zones bleues» est gratuit? **19** Quel problème de circulation est le pire? **20** Quand Haussmann a-t-il fait aménager de belles places et de larges avenues? **21** Y avait-il des autos à Paris à ce moment-là? **22** Y a-t-il beaucoup de rues marquées «sens unique» dans le Paris actuel? **23** Quels véhicules trouvait-on dans les rues de Paris au dix-septième siècle? **24** Quand Louis XV était-il roi de France? **25** Qui était M. d'Argenson? **26** Qu'est-ce que c'était qu'un cabriolet? **27** Qu'est-ce que d'Argenson a interdit aux femmes? **28** À quel âge a-t-il fixé l'âge de raison pour les femmes? **29** Qu'est-ce que Jacqueline dit de M. d'Argenson. **30** Croyez-vous qu'il est permis à un frère de taquiner un peu sa sœur?

sujets d'actualité: *timely topics*
Finalement la conversation tombe sur un sujet toujours d'actualité: celui de la circulation.
de l'embouteillage / du stationnement / du bruit / de la pollution de l'air

à l'appui: *as proof*
On rapporte toute sorte d'incidents à l'appui.
d'histoires / de légendes / d'événements / d'exemples

faire appel: *to appeal*
Il a décidé un jour de faire appel à la population parisienne.
à la raison des Parisiens / au bon sens des Parisiens (prononcez: [sãs]) / au sens commun des Parisiens / aux habitants de la ville

avoir recours à: *to have recourse to*
Je n'aime pas avoir recours aux mesures coercitives.
à la force / aux amendes (*fines*) / aux contraventions (*tickets*) / aux arrestations / à l'aide des tribunaux (*courts*)

du jour au lendemain: *over night*
Du jour au lendemain le bruit a cessé.
Paris est devenu presque silencieux / le problème a été résolu / on a cessé de klaxonner / on a décidé de conduire avec plus de patience

être encombré de:
Au XVIIème siècle, les rues de Paris étaient déjà encombrées de voitures.
de chevaux / de carrosses / de chaises à porteurs (*Sedan chairs*) / de piétons

Exercise *build-up*
Au XVIIIème siècle beaucoup de femmes conduisaient.
conduisaient à toute vitesse / conduisaient à toute vitesse de petites voitures / conduisaient à toute vitesse de petites voitures à deux roues / conduisaient à toute vitesse de petites voitures à deux roues nommées cabriolets

termes de dénigrement
Ce sentiment de supériorité qu'ont les hommes me paraît parfaitement ridicule.
absurde / bête / idiot / dépourvu de bon sens / inadmissible (*completely unacceptable*)

14 | Américanismes et anglicismes

QUESTIONS

1 De quoi Bill s'étonne-t-il? **2** Où a-t-il trouvé des termes anglais? **3** Qu'est-ce que la pancarte annonçait? **4** Où a-t-il cherché le mot «standing»? **5** Ce mot était-il dans le dictionnaire français? **6** Que veut dire l'expression «de très haut standing»? **7** Pourquoi le constructeur a-t-il employé cette expression? **8** À quel public s'adresse-t-il? **9** Bill pense-t-il qu'il y a de l'affectation dans l'emploi de ces termes à l'américaine? **10** À quelle époque l'influence de l'Italie sur le français était-elle très forte? **11** Qu'est-ce que certains courtisans ont pris l'habitude de faire? **12** À qui voulaient-ils faire plaisir en employant des mots tels que *grandissime* et *bellissime*? **13** Est-ce que ce charabia était à la mode? **14** Est-ce que tout le monde approuvait cette façon de parler? **15** Avait-on raison de protester? **16** Y a-t-il maintenant des gens qui protestent contre l'invasion de mots anglais? **17** Qu'est-ce que ces mots représentent quelquefois? **18** Savez-vous un mot français pour *hot dog*? **19** Quelle espèce de bâtiment le mot «immeuble» suggère-t-il? **20** Que veut dire le mot «building»? **21** Pourquoi M. Lange approuve-t-il l'emploi du mot «building»? **22** Est-ce que les mots anglais sont toujours employés judicieusement par les Français? **23** Est-ce que ces mots sont toujours bien prononcés? **24** Quel est le mot fameux d'Alexandre Dumas à propos de l'anglais? **25** Que dit M. Lange à propos du français, de l'italien, et de l'espagnol? **26** Comment l'orateur prononçait-il toujours le nom de Shakespeare? **27** Est-ce que les Français empruntent des mots aux Anglais? **28** Comment dit-on *lift* en français? **29** Qu'est-ce que c'est qu'un liftier? **30** Comprenez-vous le mot «télé-speakerine»?

EXERCICES ET NOTES

assaisonné: *highly seasoned, laced with*
> Les journaux sont assaisonnés de termes américains.
>> Les revues / Les revues populaires / Les réclames / Les affiches (annonces placardées dans un lieu public)

Cela veut dire qu'il s'agit d'un bâtiment <u>confortable</u>.

moderne / up-to-date / à l'américaine (*American style*)

Remarquez que depuis la plus haute antiquité on a eu l'habitude d'emprunter (*to borrow, to take over*) des mots aux langues étrangères. Les Romains ont fait des emprunts au grec. Le français a fait des emprunts au grec, aux langues germaniques, à l'italien, à l'espagnol, à l'arabe, et, naturellement, à l'anglais. L'anglais, à son tour, a fait beaucoup d'emprunts au français et à d'autres langues. L'honneur national n'est pas en jeu si on emploie mal et prononce mal quelques mots étrangers. M. Lange, qui est professeur, sait tout cela; Mme Lange, qui est moins instruite à cet égard, est un peu choquée par l'invasion des américanismes.

mots nouveaux

Ces mots nouveaux représentent <u>des objets nouveaux</u>.

des habitudes nouvelles / des plats nouveaux / un nouveau genre de bâtiment / des idées plus up-to-date

Comment diable . . .: *How the devil, How in hell . . .*

Remarquez que les Français n'ont jamais hésité d'employer certains mots que les Anglo-Saxons, protestants et puritains, n'osaient pas prononcer . . . autrefois. En ce qui concerne le mot *hot dog*, puisque tout le monde le comprend, pourquoi proposer des absurdités telles que **chien chaud?**

le latin mal parlé

Après tout, <u>le français</u> n'est guère autre chose que le latin mal parlé.

l'italien / l'espagnol / le portugais / le roumain

Tout le monde sait que les langues romanes ont pour origine le latin vulgaire —c'est-à-dire le latin parlé, et mal parlé, par les soldats, marchands, fonctionnaires, etc. qui circulaient par tout l'Empire Romain.

lift—**liftier**

Remarquez que la terminaison **-ier** s'applique souvent à une personne: lait — laitier, cuisine — cuisinier, ferme — fermier, et également à un arbre fruitier: fruit — fruitier, poire — poirier, cerise — cerisier. Les mots empruntés à l'anglais sont souvent prononcés d'une manière étrange: **le smoking** (*tuxedo*), qui est normalement prononcé: [smokin], est souvent prononcé: [smokɛ̃ʒ] comme le mot **singe** (*monkey*). Le week-end est prononcé: [wikɛnd] ou [wikɛ̃d]. L'orthographe «ouiquinde» suggère assez bien la prononcia- [wikɛ̃d]. Mais si on observe que dans les pays anglo-saxons **un salon** est devenu *a saloon*, que **le champagne** est prononce: *sham pain*, on sera peut-être moins choqué par la prononciation bizarre souvent attribuée par les Français aux mots anglais.

EXERCICES ET NOTES

15 | Considérations sur l'éducation

QUESTIONS

1 Où sont Bill et Raymond? **2** À quel lycée les élèves vont-ils sans doute? **3** Que dit Raymond à propos de la date de la rentrée des classes? **4** Est-ce que tout le monde est satisfait de l'ordre de choses existant dans le monde scolaire? **5** Est-il difficile de décider exactement de ce qu'il convient de faire? **6** Par qui l'enseignement en France est-il dirigé? **7** Y a-t-il des écoles privées à côté des écoles publiques? **8** Quelle est la proportion des élèves qui vont à une école libre? **9** Comment l'État exerce-t-il un contrôle étroit sur les écoles libres? **10** Par qui les diplômes sont-ils accordés? **11** Qui a organisé l'enseignement public en France? **12** Quand Napoléon a-t-il organisé l'enseignement? **13** Comment l'enseignement public est-il divisé? **14** À quelle branche Napoléon s'intéressait-il? **15** Pourquoi ne s'intéressait-il pas à l'enseignement primaire? **16** À quelles professions l'enseignement secondaire préparait-il au temps de Napoléon? **17** Est-ce qu'à cette époque-là ces professions exigeaient une très forte spécialisation? **18** Quand les études de droit ou de médecine commençaient-elles? **19** De quel milieu social venaient la plupart des élèves? **20** Quelle étude était jugée indispensable pour la médecine? **21** Quel est le but des réformes récentes? **22** Est-ce que l'enseignement d'autrefois était trop rigide? **23** Qu'est-ce qu'un ministre de l'Instruction publique a déclaré un jour avec fierté? **24** Quelles mesures a-t-on prises pour remédier à cette rigidité excessive? **25** Quelles classes constituent le «cycle d'observation»? **26** Quel enseignement nouveau a été créé parallèlement à l'enseignement traditionnel? **27** Y a-t-il des gens qui pensent que la France a besoin de plus d'ingénieurs et de techniciens? **28** Quelle partie de l'examen traditionnel a-t-on presque supprimée? **29** Pourquoi a-t-on supprimé une partie de l'examen? **30** Quelle est la proportion des candidats qui sont reçus au baccalauréat?

la réforme de l'enseignement

> Il y a plus de trente ans que la question d'une réforme de l'enseignement est fort discutée.
>
>> Depuis plus de trente ans / Il y a presque quarante ans que / Il y a bientôt quarante ans que / Depuis presque quarante ans

le rôle de l'État

> N'oubliez pas qu'en France l'État fait passer les examens.
>
>> décerne les diplômes / exerce un contrôle étroit sur les programmes de l'enseignement / nomme les professeurs / fixe le budget

. . . des études que poursuivra l'élève

> Remarquez l'inversion du sujet et du verbe après **que** (*rel. pronoun object*):
> La nature des études que poursuivra l'élève, . . . (*which the pupil will pursue*)
>
>> du travail que fera l'élève / des conseils que donneront les experts / des recommandations que feront les membres du conseil / des aptitudes que révèle un élève

de nos jours: *nowadays*

> De nos jours, l'industrie et le commerce ont besoin d'un nombre énorme de spécialistes.
>
>> Aujourd'hui / À l'heure actuelle / En ce moment / Actuellement

16 | Eaux minérales

QUESTIONS

1 Est-ce que M. et Mme Lange ont été aimables pour Bill? **2** Comment décide-t-il de rendre leur politesse? **3** Où les invite-t-il à dîner? **4** Pourquoi M. et Mme Lange acceptent-ils avec plaisir? **5** Qu'est-ce qu'il y a dans le parking? **6** Y a-t-il un bar à l'intérieur? **7** Que font les garçons? **8** Comment sont-ils vêtus? **9** Est-ce qu'on est pressé dans les grands restaurants? **10** Avec qui dîne le jeune homme à la table voisine? **11** Que remarque Bill? **12** Qu'est-ce qu'on lui a recommandé avant son départ des États-Unis? **13** Contre quelles maladies l'a-t-on vacciné? **14** Est-il dangereux de boire de l'eau en France? **15** Est-ce que les gens à la table voisine boivent de l'eau ordinaire? **16** Est-ce que tous les gens qui boivent de l'eau minérale sont malades? **17** Pourquoi certains Français boivent-ils de l'eau minérale? **18** Est-ce que les eaux minérales ont toutes une saveur particulière? **19** Pour quelles maladies certaines eaux sont-elles recommandées? **20** À en juger par l'étiquette sur la bouteille de certaines eaux minérales, que pourrait-on penser de l'eau? **21** Bill croit-il qu'il est dangereux de traiter par l'eau de Vichy un désordre sérieux? **22** Est-ce que faire une cure consiste seulement à boire de l'eau d'une source? **23** Que peut-on faire dans les grandes stations thermales? **24** Est-ce que les gens qui font une cure peuvent aller au casino et passer la soirée dans les boîtes de nuit? **25** Que font les gens qui prennent leur cure très au sérieux? **26** Pourquoi peut-on recommander une ville d'eau pour le traitement d'une fracture? **27** Est-ce que les médecins croient qu'un bon moral contribue à une guérison rapide? **28** M. Lange croit-il que la vanité satisfaite peut être un facteur de guérison? **29** Qui peut-on trouver dans les stations thermales? **30** Qu'est-ce que Mme Lange demande à Bill en souriant?

rendre: *to give back, pay back*

> Bill décide de <u>rendre leur politesse</u>.
>
> > les inviter à dîner dans un grand restaurant / les inviter à un concert / leur envoyer une boîte de bonbons / leur apporter des fleurs

restaurants de luxe

> Dans les restaurants de luxe, <u>on n'est pas pressé</u>.
>
> > le service est assez lent / il n'y a pas de musique / il n'y a pas de bar / il n'y a pas de gens qui font la queue (*waiting line*)

bien mis(e)

> <u>Le jeune homme</u> est bien mis.
>
> > Le garçon de table / La clientèle / Tout le monde / Le monsieur décoré

entendre dire: *to hear, to hear it said that*

> J'ai toujours entendu dire que les Français ne boivent jamais <u>d'eau</u>.
>
> > de lait / de jus de fruits / de jus de tomate / de Coca-Cola

> Remarquez que malgré ce que Bill a entendu dire, les boissons non alcooliques sont de plus en plus populaires en France.

l'eau minérale

> Certaines eaux minérales ont la réputation d'être bonnes pour <u>l'estomac</u>. (Prononcez: [ɛstɔma])
>
> > le foie (*liver*) / le cœur / l'arthritisme / toutes les maladies / les fractures

à condition que . . . soit: *if . . . is*

> . . . à condition que la maladie <u>soit aussi douce que le remède</u>.
>
> > soit de peu d'importance / soit peu sérieuse / ne soit pas grave / ne soit pas un désordre sérieux

faire une cure: *to take a cure*

> Les gens qui vont faire une cure <u>boivent de l'eau d'une source</u>.
>
> > jouent au golf / nagent dans les piscines / font du canotage / perdent leur argent aux courses et dans les casinos / se reposent la plupart du temps

station thermale: *watering place, spa*

> Dans les stations thermales on trouve <u>l'élite de la société internationale</u>.
>
> > des hommes d'État / des étoiles de cinéma / des millionnaires américains / des rois en exil

en lieux de villégiature: *as summer resorts*

> Remarquez que «en villégiature» a d'ordinaire le sens de «à la campagne, à la mer, dans les montagnes,» etc.

17 | Sur le Pont-Neuf

QUESTIONS

1 Quel monument nos amis viennent-ils de visiter? **2** Quel est le plus vieux des ponts de Paris? **3** Par qui le Pont-Neuf était-il encombré autrefois? **4** Qu'est-ce que les acteurs jouaient autrefois sur le Pont-Neuf? **5** Pourquoi appelle-t-on ce vieux pont le Pont-Neuf? **6** Est-ce que le Pont-Neuf a l'air d'être très vieux aujourd'hui? **7** Qu'est-ce qu'il y a au milieu du pont? **8** Qui est-ce qui a raconté à Bill l'histoire de cette statue? **9** Où le cheval a-t-il été fait? **10** Pourquoi la Révolution a-t-elle fondu Henri IV et son cheval? **11** Quand la monarchie a-t-elle été restaurée? **12** Pourquoi le nouveau roi a-t-il fait fondre la statue de Napoléon? **13** Où se trouvait la statue de Napoléon? **14** Qu'est-ce que l'artiste est en train de dessiner sur le trottoir? **15** Est-ce que tous les passants s'arrêtent pour regarder l'artiste? **16** Sur quoi Jacqueline attire-t-elle l'attention de Bill? **17** Est-ce que la Seine est un fleuve imposant? **18** Qu'est-ce que les Parisiens ont su faire de la Seine? **19** De quoi la Seine est-elle un symbole pour les Parisiens? **20** Pourquoi les passants regardent-ils Bill? **21** Sur quoi nos amis jettent-ils un coup d'œil en arrivant à l'extrémité du pont? **22** Où se trouvent les boîtes des bouquinistes? **23** Quel est le prix du traité d'architecture qui intéresse Bill? **24** Qu'est-ce que Jacqueline lui propose? **25** Combien Bill finit-il par payer ce livre? **26** Est-ce que les pêcheurs attrapent beaucoup de poissons dans la Seine? **27** Que font-ils la plupart du temps? **28** Quelle espèce de chaises ont-ils? **29** Est-ce que les pêcheurs sont experts? **30** Alors, pourquoi n'attrapent-ils pas beaucoup de poissons?

Expressions de temps

Le pont était neuf <u>il y a près de quatre siècles</u>.

il y a à peu près quatre siècles / en 1610 / au début du dix-septième siècle /
il y a environ 400 ans

la statue primitive

La statue que vous voyez n'est malheureusement pas la statue <u>primitive</u>.

originale / qui date du dix-septième siècle / faite en Italie / fondue par les
Italiens

aussi

Aussi adorent-ils <u>leur fleuve</u>.

la Seine / les ponts de la Seine / les rives de la Seine / les bateaux-mouches
sur la Seine

lorsqu'ils arrivent . . .

— À quelle heure devez-vous être à la Sorbonne?   demande Bill <u>lorsqu'ils
arrivent</u> à l'extrémité du Pont-Neuf?

quand ils arrivent / en arrivant / à leur arrivée / quand ils sont arrivés

18 | À propos de truffes

QUESTIONS

1 De quoi Bill parle-t-il avec M. Lange? **2** Qu'est-ce que Bill sait des truffes? (*trois réponses*) **3** Pourquoi M. Lange dit-il: «On dit plutôt des porcs»? **4** Pourquoi le mot cochon est-il parfois considéré comme vulgaire? **5** Qu'est-ce que Bill veut savoir au sujet des truffes? **6** Savez-vous d'où elles viennent? **7** Qu'est-ce que c'est qu'une truffe? **8** Où trouve-t-on des truffes? **9** Comment les porcs les trouvent-ils? **10** Est-ce que tous les porcs peuvent les trouver? **11** Comment appelle-t-on les truies qui savent les trouver? **12** Quelle coïncidence amusante M. Lange mentionne-t-il? **13** Pourquoi les porcs en général possèdent-ils cette aptitude? **14** Sous quelle espèce d'arbre les truffes poussent-elles? **15** Bill sait-il ce que c'est que la symbiose? **16** Et vous? **17** Qui a découvert qu'il y a une association entre les truffes et les chênes? **18** Qu'est-ce qui se passe lorsqu'une truie trouve une truffe? **19** Qu'est-ce que le maître offre à la truie quand elle trouve une truffe? **20** Pourquoi le maître n'offre-t-il pas quelquefois une truffe à la truie? **21** Est-ce que les porcs sont affectés par cette frustration répétée? **22** Comment le maître se débarrasse-t-il d'une truie qui ne s'intéresse plus aux truffes? **23** Comment se sert-on de ces champignons coûteux? **24** La récolte des truffes diminue-t-elle actuellement? **25** Pourquoi les gourmets en souffrent-ils? **26** Pourquoi ne pas cultiver les truffes comme d'autres champignons? **27** Où a-t-on essayé de les cultiver? **28** Quel autre animal emploie-t-on pour les chercher? **29** Pourquoi faut-il dresser les chiens? **30** Quel avantage les chiens ont-ils sur les porcs?

cochon: porc

> Appliqué à l'homme, <u>ce n'est pas un compliment</u>.

>> ce n'est pas du tout un compliment / c'est loin d'être un compliment / c'est une insulte / c'est une grave insulte

. . . d'où elles viennent.

> Je voudrais savoir <u>d'où elles viennent</u>.

>> comment on les trouve / ce qu'on en fait / pourquoi elles sont si recherchées / pourquoi on ne les cultive pas

Exercice de prononciation . . . pour les amateurs (*eager beavers*):

> Une bonne truie truffière <u>a une aptitude particulière pour ce genre d'oc-cupation</u>.

>> est capable de sentir une truffe à une distance de dix mètres / aime beaucoup les truffes / les trouve de 15 à 30 centimètres sous la terre / les déterre rapidement

Un savant botaniste . . .

> Le savant botaniste allemand <u>a étudié la croissance des truffes</u>.

>> a découvert la symbiose / a essayé de faire pousser des truffes / n'a jamais réussi à les faire pousser / n'a pas réussi à introduire en Allemagne ce commerce très profitable

Son maître l'en écarte . . .

> Le chercheur de truffes <u>écarte la truie de la truffe</u>.

>> lui offre un gland à manger / se débarrasse d'elle / l'envoie chez le charcutier / la remplace par un chien

19 | Rues de Paris

QUESTIONS

1 Sur quel boulevard Bill et Raymond sont-ils? **2** Pourquoi Bill est-il déconcerté par certaines rues de Paris? **3** Quels sont trois des noms des Grands Boulevards? **4** Comment Raymond explique-t-il, en plaisantant, ces changements? **5** Quelle est la réputation des Français, selon Bill? **6** Y a-t-il beaucoup de rues qui changent de nom? **7** Qu'est-ce que c'est qu'un *Indispensable*? **8** Est-ce que ce guide est vraiment indispensable? **9** Qui est-ce qui consulte ce petit guide de temps en temps? **10** Dans quelle ville du Canada la rue principale change-t-elle trois ou quatre fois de nom? **11** Comment s'explique souvent le changement de nom d'une rue? **12** Quand la Bastille a-t-elle été détruite? **13** Quel est l'avantage du système de New York? **14** Ce système est-il employé pour toutes les rues de New York? **15** Connaissez-vous une rue de Paris au nom très pittoresque? **16** Quelle est l'origine de ce nom? **17** Y a-t-il beaucoup de rues qui portent le nom d'un saint ou d'une sainte? **18** Est-ce que tous ces saints sont venus à Paris? **19** De quoi le vieux Paris était-il couvert? **20** Pourquoi une rue s'appelle-t-elle rue Saint-Étienne? **21** Pourquoi saint Étienne était-il très honoré dans le monde chrétien? **22** Est-ce que la Révolution a supprimé les noms de rue qui portaient le nom d'un saint? **23** Alors, pourquoi les rues ont-ils leur ancien nom à l'heure actuelle? **24** Comment a-t-on choisi les noms des rues dans les nouveaux quartiers de la ville? **25** Quels Américains ont une rue à Paris? **26** Qui était Raspail? **27** Est-ce que Raspail est aussi bien connu aujourd'hui que son boulevard? **28** Quelle idée a Bill? **29** Où se trouve la rue des Mauvais Garcons? **30** Dans quelle ville se trouvait la rue des Corps Nus Sans Tête?

Il n'y a rien de plus . . . que
>Il n'y a rien de plus déconcertant que les rues de Paris.
>>qui vont dans tous les sens / qui changent de nom / encombrées de voitures et de piétons / aux noms bizarres

vous autres: vous
>Vous autres Français, vous avez la réputation d'avoir l'esprit clair.
>>d'avoir l'esprit logique / d'aimer la logique / d'être pratiques / d'aimer la clarté

>*Cf.* l'expression proverbiale: «Si ce n'est pas clair, ce n'est pas français.»

l'*Indispensable*
>Beaucoup de Parisiens ont dans leur poche un petit guide qui porte le nom bien choisi d'*Indispensable*.
>>Beaucoup d'entre eux / Même les agents de police / Même les chauffeurs de taxi / Bon nombre de visiteurs étrangers

de beaucoup: *greatly, much*
>Je préfère de beaucoup le système que nous employons à New York.
>>les noms de rue pittoresques / les noms de rue historiques / les noms de rue évocateurs / les autoroutes

en . . . la commodité: *its convenience*
>Vous en vantez justement la commodité.
>>la simplicité / la logique / l'avantage / la supériorité

ne . . . plus guère . . . que
>Remarquez qu'on combine souvent les expressions **ne . . . plus** (*no longer*), **ne . . . guère** (*scarcely*), et **ne . . . que** (*only*). Comparez les exemples suivants:
>>Il n'est pas connu.   Il n'est connu que par son boulevard.
>>Il n'est plus connu.   Il n'est plus connu que par son boulevard.
>>Il n'est guère connu.   Il n'est guère connu que par son boulevard.
>>Il n'est plus guère connu.   Il n'est plus guère connu que par son boulevard.

>On dirait en anglais: *He is scarcely known any longer except by his boulevard.*

20 | De la Terre à la lune

QUESTIONS

1 De quoi parle-t-on chez les Brégand?   **2** Pourquoi la conversation tombe-t-elle sur Jules Verne?   **3** À quel moment les Brégand étaient-ils à Amiens?   **4** Quelles merveilles de la science future Jules Verne a-t-il prédites? (*deux réponses*)   **5** Pourquoi Mme Brégand a-t-elle dit que le retour de la lune était presque «par accident»?   **6** Comment les voyageurs avaient-ils été lancés vers la lune?   **7** Qui étaient les passagers?   **8** Comment les astronautes de Jules Verne ont-ils pu survivre à une telle secousse?   **9** Pourquoi ces astronautes n'ont-ils pas pu descendre sur la surface de la lune?   **10** Pourquoi le voyage de ces astronautes a-t-il été très agréable?   **11** Quels vins ont-ils bus en route?   **12** D'où le projectile de Jules Verne est-il parti?   **13** Que dit M. Brégand à propos des absurdités du récit de Jules Verne?   **14** Est-ce que le récit de Jules Verne contient de la vérité?   **15** Qu'est-ce qu'il a prévu pour le ralentissement de son projectile?   **16** Qu'est-ce qu'il a décrit avec exactitude?   **17** Comment a-t-il montré l'effet de l'apesanteur?   **18** Est-ce que les astronautes de nos jours sont incapables de toucher du pied le fond de leur projectile?   **19** Comment Jules Verne a-t-il pu raconter le voyage à la lune avec un peu d'exactitude?   **20** Connaissaît-on bien la lune il y a cent ans?   **21** Qu'est-ce que les grands savants avaient observé et mesuré? (*trois réponses*)   **22** Comment Jules Verne a-t-il pu donner à ses lecteurs l'illusion de la réalité?   **23** Était-il bon narrateur?   **24** Quel art avait-il à un très haut degré?   **25** En pensant au gens qui ont prédit l'avenir, qu'est-ce qu'on oublie volontiers?   **26** Qu'est-ce qu'on se rappelle?   **27** Comment Jules Verne a-t-il caché l'insuffisance de sa technologie?   **28** Où le projectile de ses astronautes s'est-il posé en revenant à la terre?   **29** Que buvaient les astronautes au moment où on les a repêchés?   **30** Comment s'amusaient-ils?

prévoir: *to plan*

Rien n'était prévu pour le voyage de retour.

Presque rien / Rien du tout / À peu près rien / Pas grand-chose

ne . . . aucun

Ils n'avaient aucun moyen de revenir.

de diriger leur projectile / de communiquer avec la terre / de prendre des
photos / de se poser sur la surface de la lune

sain et sauf

Ils sont sortis de l'épreuve sains et saufs.

du projectile / de l'expérience / de l'appareil / de tout ça

tantôt . . . tantôt

Ils buvaient pendant leurs repas tantôt une bouteille de pommard, tantôt
une bouteille de chambertin.

tantôt une bouteille de champagne / tantôt une bouteille de chablis / tantôt
un bon vin de Bordeaux / tantôt du vin du Clos-Vougeot

n'avoir qu'à (avec infinitif): *to have only to . . .*

Il n'avait qu'à consulter les cartes existantes.

étudier les traités d'astronomie / consulter les ouvrages existants / observer
la lune au télescope / consulter l'encyclopédie

21 | Anniversaires

QUESTIONS

1 Quel centenaire a-t-on célébré récemment en France? **2** Pourquoi M. Brégand est-il allé à Amiens? **3** Quelle question Bill pose-t-il à propos des anniversaires? **4** Où Chateaubriand est-il né? **5** Quelle partie de sa vie a-t-il passée en Bretagne? **6** Est-il retourné souvent en Bretagne? **7** Pourquoi tant de villes bretonnes ont-elles célébré le cinquantenaire de la naissance de Chateaubriand? **8** Que veut dire le mot «disparu»? **9** En quoi consistent d'habitude les cérémonies d'anniversaire? **10** Où a-t-on exposé des livres, des gravures et des documents en l'honneur de Chateaubriand? **11** S'il s'agit d'un homme de science, qu'est-ce qu'on réunit d'habitude pour l'exposition? **12** Qu'est-ce qu'on a réuni pour la grande exposition Chopin? **13** Où cette exposition a-t-elle été faite? **14** Quel peintre a fait le célèbre portrait de Chopin? **15** Quelles collections remarquables la Bibliothèque Nationale possède-t-elle? **16** Comment célèbre-t-on un anniversaire d'intérêt purement local? **17** Quand le service des P. T. T. émet-il un timbre commémoratif? **18** En l'honneur de quels Français la principauté de Monaco a-t-elle émis une série de timbres? **19** Comprenez-vous pourquoi il y a beaucoup de bustes en France? **20** Est-ce que le service des P. T. T. émet beaucoup de timbres commémoratifs? **21** Comment Bill trouve-t-il les timbres français? **22** Que Jacqueline pense-t-elle de certaines statues qui ornent des places publiques en France? **23** Pourquoi les journaux commencent-ils quelquefois une campagne de presse contre quelque monument? **24** Pourquoi ces campagnes ne réussissent-elles pas d'habitude? **25** En l'honneur de qui sont souvent les monuments des petites villes en Amérique? **26** Qu'est-ce que Bill pense de ces monuments? **27** Y a-t-il autant de bustes et de statues en Amérique qu'en France? **28** Est-ce que notre service des postes émet souvent des timbres commémoratifs? **29** Qu'est-ce que des jeunes peintres ont placé un jour dans le Parc Monceau? **30** Pourquoi ont-ils placé cet écriteau?

... la naissance de Chateaubriand
> Remarquez qu'on peut célébrer soit la naissance ou la mort de quelqu'un,
> soit la publication d'un livre, soit la date d'une invention, etc.

en d'autres mots
> En d'autres mots, le choix entre la naissance et la mort dépend un peu des
> circonstances.
>> En d'autres termes / Vous voulez dire que / Ça veut dire que / C'est-à-dire que

la Bibliothèque Nationale
> La Bibliothèque Nationale possède une belle collection de manuscrits.
>> d'estampes / de médailles / de livres imprimés / de dessins

autorités compétentes: *the officials*

la maison où
> On pose une plaque sur la façade de la maison où il est né.
>> où il a passé son enfance / où il a vécu / où il a passé ses derniers jours

Certaines des statues ne sont pas des chefs-d'œuvre: veut dire que ce sont des
sculptures médiocres.   On dit aussi: Ce n'est pas du vin, c'est du vinaigre.

le Parc Monceau: On y voit des écriteaux qui disent: Il est interdit de marcher
sur la pelouse.   C'est à cela que pensaient les jeunes peintres.   Leur pancarte veut
dire: *Keep off the grass with your statues!* On dit aussi: Défense de marcher sur
la pelouse.   Défense d'afficher (*Post no bills*).   Défense de fumer (*No smoking*).
Défense de déposer des ordures (*No dumping*).   Défense de stationner (*No parking*).

22 | Un sport inusité

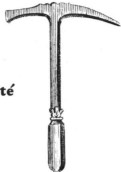

QUESTIONS

1 Qu'est-ce que Bill voit un jour sur la table de Raymond? **2** Bill sait-il ce que c'est que la spéléologie? **3** Où Bill a-t-il lu que ce sport est très populaire en France? **4** Ce sport est-il vraiment populaire en France? **5** Y a-t-il beaucoup de gens qui le pratiquent? **6** Est-ce que c'est un sport pour les amateurs? **7** Comment descend-on dans les cavernes? **8** Qui Raymond a-t-il accompagné dans ses explorations? **9** Y a-t-il beaucoup de cavernes en France? **10** Dans quelle région sont-elles particulièrement nombreuses? **11** Avez-vous entendu parler de l'homme de Cro-Magnon? **12** Où Bill a-t-il vu les os de l'homme de Cro-Magnon? **13** Où se trouve le Musée de l'Homme? **14** Quand vivait l'homme de Cro-Magnon? **15** Pourquoi la région du Périgord est-elle célèbre? **16** Quels dessins trouve-t-on dans les cavernes préhistoriques? **17** Est-il dangereux de visiter les grottes de l'homme de Cro-Magnon? **18** Quelle est la différence entre l'alpinisme et la spéléologie? **19** Quels outils emploie-t-on dans les deux sports? **20** De quoi les parents de Raymond ont-ils peur? **21** Les accidents sont-ils fréquents? **22** Quel est le principal danger des explorations souterraines? **23** Avez-vous déjà visité des cavernes? **24** Quelles formations trouve-t-on dans les cavernes? **25** Quelle faune y trouve-t-on? **26** Qu'est-ce qui, un jour, a frappé Raymond de terreur? **27** Quel conseil Bill donne-t-il à son ami? **28** Pourquoi lui donne-t-il ce conseil? **29** Bill accepte-t-il l'offre que lui fait Raymond d'explorer une caverne? **30** Qu'est-ce que Bill décide de faire au lieu d'accepter l'offre de son ami?

l'est aussi . . .

>Remarquez que dans cette phrase, le mot «l'» veut dire: célèbre. *Cf.* Il a fallu attendre la découverte de la photographie pour reproduire les mouvements des animaux aussi exactement qu'ils l'ont fait. . . . où le mot **l'** signifie: reproduire exactement les mouvements des animaux.

grâce à l'excellence de leur vue

>C'est peut-être grâce à l'excellence de leur vue que vos lointains ancêtres ont été <u>de si grands artistes</u>.

>>de si bons chasseurs / de si grands peintres / de si bons dessinateurs / de si bons graveurs

se casser le cou

>Ils disent que je vais me casser le cou <u>un jour ou l'autre</u>.

>>un de ces jours / éventuellement / bientôt / sous peu

rien que d'y penser: *just to think of it*

><u>Cela me fait peur</u> rien que d'y penser.

>>Je tremble de peur / Je meurs de peur / J'éprouve un petit sentiment d'inquiétude / J'ai une peur bleue

gêner: embarrasser (*to bother*)

>Je lui ai répondu que c'était là précisément ce qui <u>me gênait</u>.

>>m'embarrassait / me décourageait / me faisait peur / me faisait hésiter

23 | Le vieux Paris

QUESTIONS

1 De quoi parlent Ann et Bill? **2** Quelle est la partie de Paris la plus ancienne? **3** Quels endroits célèbres sont dans la partie centrale? **4** Qu'est-ce que c'est que l'île de la Cité? **5** Quel est l'ancien nom de Paris? **6** À quoi Bill compare-t-il la croissance de Paris? **7** Quel est le nom de la rue dont parle Bill? **8** Les fortifications existent-elles toujours? **9** Par quoi les anciennes fortifications ont-elles été remplacées? **10** Quand la Bastille a-t-elle été détruite? **11** Qu'est-ce qu'il y avait à côté de la Porte Saint-Denis au temps de Louis XIV? **12** Quand Louis XIV vivait-il? **13** Quand a-t-on aménagé la Place de la Concorde? **14** Pourquoi lui a-t-on donné ce nom? **15** Qui a fait bâtir l'Arc de Triomphe? **16** Pourquoi l'appelle-t-on l'Arc de Triomphe de l'Étoile? **17** Est-ce que l'obélisque dont parle Ann a été rapporté d'Égypte par Napoléon? **18** Pourquoi alors est-il à Paris? **19** Qui était Haussmann? **20** Quand la tour Eiffel a-t-elle été construite? **21** Est-ce qu'elle est très haute? **22** Pourquoi a-t-on été sur le point de la démolir? **23** Qu'est-ce qui l'a sauvée? **24** Quel palais a été construit en 1937? **25** Quelles sorte de salle de spectacles y a-t-il dans ce Palais? **26** À quelle occasion Ann est-elle allée au Palais de Chaillot? **27** Comment s'appelle le musée anthropologique du Palais de Chaillot? **28** Quelle espèce de bâtiment est l'École Militaire? **29** De quel style est le bâtiment de l'Unesco? **30** Qu'est-ce que Bill espère avoir l'occasion de faire un jour?

aménager : arranger avec ordre

> Le plus étrange, c'est que tout cela <u>a été aménagé à différentes époques</u>.

>> a été aménagé sans plan d'ensemble / est le résultat d'un travail qui a duré quatre cents ans / est le résultat d'un travail de construction et de démolition qui a duré 400 ans

. . . quelques monuments

> Il y a encore des ruines <u>romaines</u> à Paris.

>> de bains romains / d'arènes romaines / d'un théâtre romain

à mesure que : en même temps que (*as*)

> À mesure que la ville s'est développée, <u>on l'a entourée de murs</u>.

>> on l'a entourée de plusieurs enceintes successives / on a démoli les vieilles fortifications / on a construit de nouvelles fortifications / on a aménagé de nouveaux boulevards

24 | La rénovation du vieux Paris

QUESTIONS

1 De quelle couleur est le Louvre à l'heure actuelle? **2** Pourquoi le Louvre a-t-il changé de couleur? **3** Pourquoi le nettoyage du Louvre était-il une grande entreprise? **4** Pourquoi n'a-t-on jamais vu le Louvre tel que nous le voyons aujourd'hui? **5** Selon Raymond, qu'est-ce que c'est que «la patine des siècles»? **6** Qu'est-ce que c'est que le ravalement? **7** Quel aspect ont les rues où tous les immeubles ont été nettoyés? **8** Qui est-ce qui se charge de nettoyer les édifices publics? **9** Qu'est-ce que c'est que la Conciergerie? **10** Est-ce que ses vieilles tours sont toujours noires et sinistres? **11** Pourquoi Raymond n'aime-t-il pas les pigeons? **12** Savez-vous la différence entre de sales oiseaux et des oiseaux sales? **13** Pourquoi ne s'est-on pas débarrassé des pigeons? **14** Comment les pigeons bannis de Paris ont-ils pu y revenir? **15** Qu'est-ce que les Parisiens ont approuvé à l'unanimité? **16** Pourquoi beaucoup de gens se sont-ils opposés à la démolition des Halles Centrales? **17** Quand le roi Philippe Auguste a-t-il fait construire les Halles primitives? **18** Quel était au douzième siècle le moyen le plus sûr d'approvisionner Paris en produits périssables? **19** Que faisaient les «forts des Halles»? **20** Qu'est-ce que Raymond dit des vendeuses des Halles? **21** Comment les nettoyeurs des rues sont-ils vêtus? **22** Quelle espèce de balais ont-ils? **23** Quelle était la spécialité des petits restaurants près des Halles? **24** Où se trouve le nouveau «Marché d'intérêt national»? **25** Quand Bill a-t-il vu ce marché? **26** Quelle est son impression du nouveau marché? **27** À quoi Raymond a-t-il comparé une ville? **28** Peut-on conserver indéfiniment tous les bâtiments vénérables? **29** Raymond croit-il qu'on ira de Paris à Rungis pour déguster de la soupe à l'oignon? **30** Que diriez-vous si on vous invitait à aller manger de la soupe à l'oignon à trois heures du matin?

il y a quelques années

> Il y a quelques années, tous les bâtiments étaient sombres, noircis par le temps.
>
>> Il y a dix ans / Il y a quelque temps / Autrefois / Il n'y a pas très longtemps

la patine

> Le Louvre était couvert de la patine des siècles.
>
>> la crasse des siècles / un mélange de suie et de poussière / un mélange de suie et de poussière délayées par la pluie

le ravalement: la remise en état des façades

rénover

> J'ai entendu dire qu'on était en train de rénover certains quartiers parisiens.
>
>> démolir certains quartiers / reconstruire certains quartiers / rajeunir certains bâtiments / nettoyer Notre-Dame

nettoyer

> Le nettoyage donne un aspect plus gai aux bâtiments.
>
>> plus propre / plus attrayant / moins morose / moins triste

le commerce de la viande

> Le commerce de la viande s'est donc développé dans le voisinage de l'île de la Cité.
>
>> du poisson / des légumes / des fruits / des fleurs

avoir beau (avec infinitif)

> On aura beau créer des lieux de divertissement à Rungis.
>
>> établir de petits restaurants / faire de la soupe à l'oignon leur spécialité / faire beaucoup de réclame

25 | Plan d'urbanisme

QUESTIONS

1 De quoi parle-t-on beaucoup ces jours-ci? **2** À quelle distance le Rond-Point de la Défense est-il de la place de la Concorde? **3** Qu'est-ce qu'on est en train d'aménager autour du Rond-Point actuel? **4** Quel monument y a-t-il au Rond-Point de la Défense? **5** Où sont la circulation et le parking? **6** Pourquoi Bill dit-il: Bienheureux piétons? **7** Où sont les immeubles réservés aux affaires? **8** Où sont les immeubles destinés à l'habitation? **9** Quel est le but des autres bâtiments? **10** Pourquoi les nouvelles villes sont-elles d'une monotonie désespérante? **11** Y aura-t-il des gratte-ciel dans l'île de la Cité, à côté de Notre-Dame? **12** Y en aura-t-il dans d'autres endroits? **13** Y a-t-il eu de l'opposition au projet Maine-Montparnasse? **14** De quoi se rendent compte les gens qui s'opposent à la disparition des vieux bâtiments? **15** Est-ce que ces gens avouent que l'architecture moderne est impressionnante? **16** Y avait-il un grand style d'architecture au dix-neuvième siècle? **17** Qu'est-ce qu'on a reproché à Haussmann? **18** Pourquoi parle-t-on maintenant de démolir 80.000 maisons? **19** Comment dit-on *slums* en français? **20** Y a-t-il d'ordinaire le chauffage central dans les taudis? **21** Quand beaucoup de maisons parisiennes ont-elles été construites? **22** Ces maisons ont-elles été bien construites? **23** Ont-elles été bien entretenues? **24** Combien d'habitants y a-t-il dans l'agglomération parisienne? **25** Comment encourage-t-on les industries parisiennes à émigrer en province? **26** Comment le terrain laissé vacant est-il utilisé? **27** Est-ce qu'on peut construire des usines nouvelles à Paris? **28** Y a-t-il un véritable centre urbain dans le centre de la France? **29** Ces problèmes sont-ils particuliers à la France et aux États-Unis? **30** Le monde actuel est-il un monde qui ne change pas?

tirer parti de : utiliser

Le plan tire habilement parti <u>de la configuration du terrain</u>.

de la forêt / de la Seine / de l'emplacement des fortifications

se rendre compte : s'apercevoir (*realize*)

Même ces gens-là se rendent compte <u>qu'une modernisation est nécessaire</u>.

qu'il faut rénover les vieux quartiers / qu'il faut démolir les taudis / qu'il faut nettoyer les bâtiments noircis par le temps / que l'architecture contemporaine a des qualités

frémir : trembler de crainte

L'idée seule <u>fait frémir</u>.

fait trembler de crainte / fait trembler de colère / fait trembler de rage / fait trembler d'horreur

détruire 80.000 maisons

Croyez-vous que <u>détruire 80.000 maisons</u> soit un moyen de résoudre la fameuse crise du logement?

démolir tout un quartier / détruire quelques taudis / se défaire de quelques vieilles maisons / construire des gratte-ciel au centre de Paris / aménager quelques jardins publics

26 | Plaisirs et distractions

QUESTIONS

1 Y a-t-il beaucoup de cafés à Paris? **2** Ces cafés sont-ils brillamment illuminés? **3** Les bars en Amérique sont-ils d'habitude brillamment illuminés? **4** Où les gens s'installent-ils volontiers pendant la belle saison? **5** Pourquoi beaucoup de Français vont-ils au café? **6** Quand y vont-ils? **7** Y vont-ils pendant la semaine? **8** Qu'est-ce qu'on dit avec humour à propos de ce que font les Français le dimanche? **9** Est-ce que la coutume d'aller au café est nouvelle? **10** De quand date le Café Procope? **11** Pourquoi était-il célèbre au dix-huitième siècle? **12** Les littérateurs et les artistes fréquentent-ils toujours les cafés? **13** De quoi parle-t-on dans les cafés? **14** Quel spectacle peut-on y observer? **15** Ce genre de distraction est-il commun aux États-Unis? **16** Pourquoi beaucoup d'étrangers se plaisent-ils à Paris? **17** À quoi les Français attachent-ils beaucoup d'importance? **18** Pourquoi des Français vont-ils au café avant de rentrer chez eux? **19** Qu'est-ce que c'est que le guide Michelin? **20** Où était le chien pendant que son maître était à table? **21** Qu'est-ce qui se passait quand un autre chien arrivait? **22** Les Anglais aiment-ils aussi les chiens? **23** Qu'est-ce que les étrangers ont tendance à reprocher aux Américains? **24** L'ancienne Grèce glorifiait-elle ses athlètes? **25** Quels sont les sports les plus populaires en France? **26** Quelle qualité Jack admire-t-il chez les Français? **27** Quelles qualités admire-t-il chez les Américains? **28** Croit-il que ces qualités sont très importantes? **29** Bill est-il d'accord avec son ami? **30** Pourquoi lui propose-t-il d'aller s'asseoir à la terrasse d'un café?

au premier rang: *in the front row*

> On y est au premier rang pour observer le spectacle de la vie.

>> On est bien placé / On est admirablement placé / Il n'y a pas de meilleure place / On a pour ainsi dire un fauteuil d'orchestre

abuser de

> Quelques-uns d'entre eux ont tendance à abuser de l'espèce de libération dont vous parlez.

>> abuser de leur liberté / abuser de l'hospitalité des Français / ne pas respecter les usages des Européens / ne pas penser aux autres

néanmoins: conjonction qui marque une opposition

> Néanmoins, il faut respecter les usages du pays où l'on est.

>> Cependant / Pourtant / Toutefois / Mais

le guide Michelin: guide touristique très connu en France et ailleurs

sans bouger

> Les chiens restaient couchés sous la table sans bouger.

>> sans faire de bruit / bien sagement / sans déranger personne / sans attirer l'attention

. . . notre matérialisme

> Les Européens ont tendance à nous reprocher notre matérialisme.

>> notre amour des conforts de l'existence / notre recherche des plaisirs faciles / notre prospérité même

s'installer: s'asseoir

> Mais pour le moment, j'aimerais beaucoup m'installer à la terrasse de ce café là-bas.

>> m'asseoir / prendre quelque chose / me reposer un peu / passer une heure

27 | Dans la cuisine

QUESTIONS

1 Où la scène se passe-t-elle? **2** Qu'est-ce que Mme Brégand est en train de faire? **3** Où lit-elle une recette? **4** Pourquoi prépare-t-elle le dîner? **5** Est-ce qu'elle fait souvent la cuisine? **6** Aime-t-elle faire la cuisine? **7** Pourquoi ose-t-elle à peine entrer dans la cuisine lorsque la cuisinière y est? **8** Qu'est-ce que Jacqueline pense de sa mère comme cuisinière? **9** Pourquoi Mme Brégand dit-elle à Jacqueline de lui apporter des champignons et des œufs? **10** Est-il très difficile de faire une omelette aux champignons? **11** Qui propose à Bill de joindre la théorie à la pratique? **12** Où Bill trouve-t-il la recette de l'omelette aux champignons? **13** Quel proverbe cite-t-il? **14** Comment s'appelle l'ustensile de cuisine dans lequel on fait une omelette? **15** Qu'est-ce que Jacqueline pense du style du livre de cuisine? **16** Quelle question M. Brégand pose-t-il à Bill en entrant dans la cuisine? **17** Quelle est en général la spécialité des Américains qui font la cuisine? **18** Qu'est-ce que M. Brégand pense de la viande en Amérique? **19** Est-ce qu'il aime la mayonnaise sur une gelée de fruits? **20** Pourquoi pas? **21** Quand doit-on préparer une mayonnaise? **22** Quand la mayonnaise a-t-elle été inventée? **23** Où se trouve la ville de Port-Mahon? **24** Pourquoi le maréchal est-il allé à Port-Mahon? **25** La viande était-elle bonne? **26** Qu'est-ce que le maréchal a demandé à son cuisinier? **27** Comment a-t-on appelé cette sauce? **28** Comment ce nom est-il devenu «mayonnaise»? **29** Est-ce que M. Brégand pourrait préparer une mayonnaise? **30** Pourquoi Jacqueline dit-elle à son père qu'il a une quantité d'informations inutiles?

à qui manquent les occasions (*Who has no chances*)
> . . . à qui manquent les occasions de faire la cuisine.
>> de faire le ménage / de faire de la couture / de cultiver son jardin / de s'occuper de ses invités

les hommes se considèrent volontiers . . . : *men like to think of themselves . . .*
> Les hommes se considèrent volontiers comme d'excellents cuisiniers.
>> chauffeurs / photographes / connaisseurs de vins / mécaniciens

faire cuire un bifteck
> Quand il s'agit de faire cuire un bifteck, mon père se croit Vatel, ni plus ni moins.
>> faire cuire un rosbif / faire un œuf à la coque / faire une salade aux fines herbes / faire une omelette

28 | Son et Lumière

QUESTIONS

1 Où Bill et Raymond sont-ils allés en excursion? **2** Qui, au temps de la Renaissance, a fait construire là de magnifiques résidences? **3** Les châteaux sont-ils nombreux dans la région de la Loire? **4** Quel est le nom de quelques-uns de ces châteaux? **5** À quel moment Raymond propose-t-il de visiter Chambord? **6** Bill et lui ont-ils visité les autres châteaux la nuit? **7** Dans quels pays d'Europe les spectacles Son et Lumière existent-ils? **8** Où a-t-on inauguré les fameux spectacles Son et Lumière? **9** Y a-t-il des spectacles de ce genre aux États-Unis? **10** À qui l'initiative de ces spectacles est-elle due? **11** Qui était Robert-Houdin? **12** Dans quelles circonstances son petit-fils a-t-il eu l'idée de Son et Lumière? **13** Tous les châteaux de la région sont-ils encore habités? **14** L'entretien de ces châteaux est-il coûteux? **15** Quels domestiques faudrait-il avoir si on habitait dans un grand château de la Renaissance? **16** Combien de pièces y a-t-il dans le château de Chambord? **17** Qui a fait construire Chambord? **18** Pourquoi François Premier venait-il parfois à Chambord? **19** Avec qui venait-il? **20** Par qui le château était-il habité en l'absence du roi? **21** Laquelle de ses comédies Molière a-t-il jouée à Chambord? **22** Où le roi était-il assis pour assister à la représentation? **23** À quelle heure Bill et Raymond arrivent-ils à Chambord? **24** Quel souvenir une voix évoque-t-elle? **25** Qu'est-ce qu'on entend au loin? **26** De quoi les monologues et les dialogues sont-ils accompagnés? **27** Quels monuments choisit-on pour les spectacles Son et Lumière? **28** Par quoi l'illusion est-elle créée? **29** Combien de temps le spectacle dure-t-il? **30** Comment finit-il?

. . . n'est guère qu'à

Le château n'est guère qu'à une vingtaine de kilomètres d'ici.

n'est qu'à / est à / est à à peu près / n'est pas à plus d'

le château lui a paru plus animé . . .

Le château lui a paru plus animé, plus vivant que dans la journée.

plus impressionnant / plus plein de vie / moins abandonné / moins solitaire

se douter

Il ne se doutait guère que la gloire du comédien nommé Molière égalerait un jour la sienne.

Il ne soupçonnait guère / Il n'imaginait pas / Il ne pressentait pas / Il ne croyait pas

BLOIS

29 | Conversation sur l'économie

QUESTIONS

1 Que dit Bill au sujet des cultivateurs?   **2** Qu'est-ce qu'ils viennent de faire? **3** Quelle est la cause de leur mécontentement?   **4** Pourquoi y a-t-il maintenant des surplus?   **5** Le gouvernement fait-il des efforts pour contrôler les prix?   **6** Quels agriculteurs ont de la peine à joindre les deux bouts? **7** Que croyait Bill au sujet de l'agriculture française?   **8** A-t-on voulu augmenter la production agricole aux États-Unis?   **9** Est-ce qu'on peut augmenter indéfiniment la consommation des produits agricoles?   **10** La France est-elle encore un pays surtout agricole?   **11** Pourquoi est-il difficile d'établir un prix uniforme pour le blé?   **12** Pourquoi y a-t-il plus d'uniformité dans le coût des produits industriels?   **13** Dans quelles industries chaque pays peut-il se spécialiser?   **14** Quelle est une des raisons du succès du Marché Commun?   **15** Les tarifs douaniers entre les pays du Marché Commun sont-ils très élevés?   **16** Est-ce que les tarifs douaniers entre les pays du Marché Commun doivent éventuellement disparaître?   **17** Chaque pays a-t-il conservé tous ses droits?   **18** Quelle est l'origine du Marché Commun? **19** D'où l'idée est-elle venue?   **20** Combien de nations ont conclu un accord? **21** Connaissez-vous des villes industrielles en Europe?   **22** Le Marché Commun est-il la seule cause de la prospérité économique de l'Europe occidentale?   **23** Quelles habitudes ont changé en France?   **24** Est-ce que les Français ont commencé à acheter à crédit?   **25** L'automobile est-elle toujours un luxe en France?   **26** Combien de gens le Marché Commun groupe-t-il?   **27** Connaissez-vous des entreprises industrielles américaines qui se sont installées en France?   **28** Quelques Français considèrent-ils cela avec inquiétude?   **29** Quelle espèce de corde l'ancien Grec a-t-il remise à sa lyre?   **30** Croyez-vous qu'il soit possible d'arriver à un accord satisfaisant pour tous?

concurrence: rivalité (*competition*)

Tous s'efforcent de protéger leur agriculture contre la concurrence étrangère.

font tout ce qu'ils peuvent pour / s'appliquent à / font de grands efforts pour / font leur possible pour

produits agricoles

Mais on ne peut pas manger indéfiniment des artichauts.

des asperges / des épinards (*spinach*) / des choux de Bruxelles / des haricots verts (Prononcez: [deʃudʙʀysɛl] [deaʀicovɛʀ].)

se rendre compte

a) On s'est rendu compte qu'une partie considérable des ressources de l'Europe occidentale sont concentrées sur un territoire très limité.

On a remarqué / On s'est aperçu / On a constaté / On a noté

Le mot **réaliser** dans le sens de **se rendre compte** est maintenant passé dans l'usage courant.

b) Vous rendez-vous compte de ce que vous dites?

ce que vous avez dit / ce que vous faites / ce qui se passe / ce qui est arrivé

avoir horreur de:

Tandis que les générations précédentes avaient horreur des dettes, les Français commencent à acheter à crédit.

détestaient les dettes / craignaient les dettes / avaient un sentiment d'aversion pour les dettes / frémissaient à l'idée d'avoir des dettes

sans: *but for, were it not for*

Sans la vente à crédit, les affaires iraient sans doute très mal aux États-Unis.

Sans les matières premières / Sans une main-d'œuvre habile / Sans une main-d'œuvre abondante / Sans les grandes industries

or: see p. 62, note 6

30 | Notre-Dame de Paris

QUESTIONS

1 Est-ce que la cathédrale est très vieille? **2** Quand a-t-elle été construite? **3** Comment s'appelle en français la charte accordée par Jean sans Terre à ses sujets? **4** Les cathédrales ont-elles souvent besoin d'être réparées? **5** Où Jack voit-il un échafaudage? **6** Qu'est-ce qu'on est en train de réparer? **7** Est-ce que le temps est le seul élément destructeur? **8** Comment appelle-t-on la rangée de statues sur la façade? **9** Pourquoi l'appelle-t-on la galerie des Rois? **10** Que sont devenues les statues pendant la Révolution française? **11** De quand datent les statues actuelles? **12** Quelles machines avaient les gens au Moyen Âge? **13** Y avait-il alors des architectes? **14** Le travail de construction était-il dirigé par un seul maître? **15** Le travail de construction était-il laissé à la fantaisie du maître? **16** Quelle scène est représentée au portail central? **17** Retrouve-t-on cette scène dans d'autres cathédrales? **18** Que fait l'ange qui occupe le centre de la scène? **19** Quels personnages y a-t-il parmi les damnés? **20** Où sont placés les élus? **21** Quelle était la principale préoccupation des constructeurs de cathédrales? **22** Qui expliquait aux fidèles le symbolisme des cathédrales? **23** Quelle impression Jack a-t-il quand il entre dans la cathédrale? **24** Y a-t-il beaucoup de monde à l'intérieur? **25** Que font les gens qui sont à l'intérieur? **26** Pourquoi Jack et Bill marchent-ils avec précaution? **27** Comment Bill attire-t-il l'attention de Jack sur la partie supérieure de la cathédrale? **28** Qu'est-ce qu'ils admirent tous les deux? **29** Est-ce qu'ils avaient un guide pour la visite? **30** Que font-ils après avoir fait le tour de la nef?

disposer de

 a) Les moyens limités <u>dont ils disposaient</u> . . .

   dont ils avaient l'usage / qu'ils avaient à leur disposition / qu'ils pouvaient employer / qu'ils possédaient

 b) Ils avaient <u>quelques machines.</u>

   des leviers et des poulies / de l'enthousiasme / de la patience / des maîtres très habiles

devaient être

 Les maîtres devaient être <u>de merveilleux architectes.</u>

   très habiles / très expérimentés / au courant des procédés de construction / au courant des règles précises du symbolisme

la hauteur de la voûte

 Ils admirent tous les deux <u>la hauteur de la voûte.</u>

   la solidité des piliers / l'immensité de la nef / la belle lumière colorée des vitraux / les roses (*rose windows*)

31 | Voyage à Rouen

QUESTIONS

1 Où M. Brégand propose-t-il à Bill d'aller passer le week-end? **2** Pourquoi doit-il aller à Rouen? **3** Comment propose-t-il d'y aller? **4** Pourquoi préfère-t-il prendre le train? **5** Pourquoi dit-il qu'il vaut mieux partir de bonne heure? **6** Bill connaît-il la gare Saint-Lazare? **7** Où se trouve-t-elle? **8** À quelle heure les deux voyageurs arrivent-ils à la gare? **9** Pourquoi M. Brégand dit-il à Bill de se dépêcher? **10** En France, les trains sont-ils presque toujours à l'heure? **11** Pourquoi est-il plus amusant de voyager en seconde? **12** Qui sont d'ordinaire les gens qui voyagent en première classe? **13** Comment le train démarre-t-il? **14** Quelle remarque fait Bill à ce sujet? **15** Que veulent dire les lettres S.N.C.F.? **16** Est-ce qu'autrefois le service des chemins de fer était très satisfaisant? **17** Pourquoi les entreprises privées avaient-elles de la difficulté à moderniser leur équipement? **18** Connaissez-vous d'autres entreprises qui sont maintenant nationalisées? **19** Qui dirige une entreprise nationalisée? **20** Qu'est-ce qu'on a fait pour améliorer le service des chemins de fer? **21** Les trains français sont-ils rapides? **22** Qu'est-ce que c'est qu'un train de marchandises? **23** Les Français voyagent-ils beaucoup par le train? **24** Le coût d'un voyage par le train est-il très élevé? **25** Quel fleuve le train suit-il de plus ou moins loin? **26** Qui était Richard Cœur-de-Lion? **27** Pourquoi a-t-il fait bâtir une forteresse au bord de la Seine? **28** Que fait le train avant d'entrer dans la gare de Rouen? **29** Quand la ville de Rouen a-t-elle surtout souffert pendant la deuxième guerre mondiale? **30** Y a-t-il encore beaucoup de quartiers de la ville qui sont en ruines?

reconnaître

Je reconnais que le train est plus pratique pour un tel voyage.

J'admets / J'avoue / Je vous accorde / Je suis d'accord avec vous

donner un coup de fil

Je vais vous donner un coup de fil ce soir.

vous donner un coup de téléphone / vous téléphoner / vous le dire / vous le faire savoir

les jours d'affluence

On est plus tranquille en première, surtout les jours d'affluence.

les jours où il y a beaucoup de voyageurs / les jours où il y a foule en seconde classe / le samedi / le dimanche soir

. . . qu'on attendait

La nationalisation a-t-elle donné les bons résultats qu'on attendait?

qu'on espérait / sur lesquels on comptait / auxquels on s'attendait / espérés

. . . raisonnable

Le prix des billets est raisonnable.

modéré / peu élevé / accessible à tout le monde / à la portée de tout le monde

Rouen a beaucoup souffert . . .

Rouen a beaucoup souffert pendant la guerre.

a subi des bombardements / a subi des dégâts considérables / a été en partie détruite / a été souvent bombardée

32 | À Rouen

QUESTIONS

1 Qu'est-ce que M. Brégand propose de faire avant d'aller déjeuner? **2** Pourquoi appelle-t-il Rouen une ville-musée? **3** Où Bill a-t-il vu des tableaux représentant la cathédrale? **4** Qui était Claude Monet? **5** Pourquoi la rue s'appelle-t-elle rue de la Grosse Horloge? **6** Où cette horloge est-elle située? **7** Qui était Cavelier de la Salle? **8** Pourquoi la place du Vieux-Marché est-elle célèbre? **9** Où est la statue de Jeanne d'Arc? **10** Y a-t-il toujours un marché à cet endroit? **11** Y a-t-il encore beaucoup de marchés en plein air à Paris? **12** Où beaucoup de Parisiennes vont-elles maintenant faire leurs provisions? **13** Qu'est-ce que Mme Brégand pense de cette habitude nouvelle? **14** Apprécie-t-elle les produits surgelés? **15** Où Bill s'arrête-t-il ensuite? **16** Pourquoi y a-t-il là une grande variété de poissons? **17** Qu'est-ce qu'on appelle «fruits de mer»? **18** Pourquoi autrefois les éleveurs se débarrassaient-ils souvent de leurs jeunes bêtes? **19** Pourquoi gardent-ils maintenant plus souvent leurs animaux? **20** Quels produits les visiteurs voient-ils dans une autre partie du marché? **21** Pourquoi ces produits sont-ils très frais? **22** Que font souvent les ménagères avant d'acheter quelque chose? **23** De quand date le Palais de Justice de Rouen? **24** Pourquoi est-on en train de le réparer? **25** Qu'est-ce que les visiteurs voient dans une salle du Palais? **26** Pourquoi le tribunal correctionnel est-il en session? **27** Où l'accusé est-il placé? **28** De quoi est-il accusé? **29** À quelles heures de la journée les magasins sont-ils fermés? **30** Que pensez-vous de cette habitude?

s'engager
> Ils s'engagent dans une rue étroite bordée de petits magasins.
>> entrent / pénètrent / avancent / arrivent

arriver faire
> Tous les jours, les ménagères arrivent faire leurs provisions.
>> viennent faire leurs provisions / viennent acheter leurs provisions / viennent s'approvisionner / vont d'une marchande à l'autre

prendre l'habitude
> De plus en plus, les Parisiennes prennent l'habitude d'aller au supermarché.
>> s'habituent à aller / préfèrent aller / vont faire leurs provisions / aiment mieux faire leurs provisions

ne pas avoir de quoi (et l'infinitif)
> Autrefois les éleveurs n'avaient pas de quoi nourrir leur bétail pendant l'hiver
>> n'avaient pas les moyens de / ne pouvaient pas / manquaient de quoi / n'avaient pas assez pour

juste avant
> La vendeuse cueille ses fleurs juste avant de les apporter au marché.
>> juste au moment / peu de temps avant / quelques minutes avant / quelques instants avant

n'importe quoi
> Elles ne se contentent pas de n'importe quoi.
>> de n'importe quels légumes / de produits d'une qualité douteuse / de ce qu'on leur offre / de tout ce qu'elles trouvent

assister à une audience du tribunal correctionnel
> Ces gens assistent à une audience du tribunal correctionnel.
>> à un procès / au jugement d'un malfaiteur / à une conférence / à la représentation d'une pièce

33 | Touristes et vacanciers

QUESTIONS

1 Quelle saison approche? **2** Pourquoi Bill s'est-il mis à la recherche d'un pull-over? **3** Jusqu'à quelle date certains magasins sont-ils fermés? **4** À quelle date est fixée la réouverture des autres? **5** Pourquoi a-t-on choisi le 3 septembre pour la réouverture? **6** Pourquoi Bill pense-t-il que certains commerçants sont optimistes? **7** Pourquoi pense-t-il que d'autres sont pessimistes? **8** Est-ce que tous les commerçants vont en vacances en même temps? **9** Quels sont les mois préférés des vacanciers parisiens? **10** En quel mois surtout peut-il faire très chaud à Paris? **11** Qui popularise les mots tels que vacanciers, estivants, etc.? **12** Pourquoi ces mots passent-ils facilement dans l'usage courant? **13** Qu'est-ce qu'une loi de 1936 a rendu obligatoire? **14** Pourquoi cette loi n'a-t-elle pas été appliquée tout de suite? **15** Quand les vacances d'été sont-elles devenues une habitude presque universelle en France? **16** Les relations entre ouvriers et patrons sont-elles aussi tendues depuis l'établissement des congés payés? **17** Qu'est-ce que Bill a remarqué récemment en Bretagne? **18** Où a-t-il rejoint une longue file de voitures? **19** Pourquoi les gendarmes français sont-ils polis et obligeants? **20** Est-ce que Bill a fini par voir la presqu'île de Quiberon? **21** Par qui Nice était-elle très fréquentée au siècle dernier? **22** Qui a pris la place de l'ancienne clientèle? **23** Comment Jacqueline caractérise-t-elle les touristes anglais d'aujourd'hui? **24** Est-il possible de passer des vacances agréables à bon marché? **25** Où les campeurs peuvent-ils dresser leurs tentes en France? **26** Où est-ce qu'on met les bagages quand une famille part en voiture? **27** Pourquoi emmène-t-on souvent les grands-parents quand on va en vacances? **28** Est-ce que les campeurs français sont bien disciplinés en ce qui concerne la propreté des lieux qu'ils occupent? **29** Qu'est-ce que c'est que le gave de Pau? **30** Pourquoi les bords de cette rivière sont-ils encombrés de caisses de bois?

retourner à son travail

C'est le jour où quantité de commerçants parisiens <u>retournent à leur travail</u>.

reviennent à leur travail / reprennent leur travail / se remettent au travail / rouvrent leurs magasins

répondre

Ces termes <u>répondent à</u> des besoins nouveaux.

correspondent à / expriment / traduisent / représentent

empêcher

La guerre <u>a empêché</u> l'application de cette loi.

a gêné / a interdit / a rendu impossible / n'a pas permis

J'ai essayé sans y réussir

J'ai essayé <u>sans y réussir</u> d'atteindre Quiberon.

sans y parvenir / sans y arriver / sans pouvoir le faire / sans succès

à très bon marché

Il est facile de passer des vacances <u>à très bon marché</u>.

peu coûteuses / à prix raisonnable / à prix réduit / sans dépenser des sommes folles

se soucier peu de

Des intérêts privés <u>se soucient peu de</u> voir le camping prendre trop d'extension.

ne se soucient pas de / n'ont pas envie de / n'ont pas grande envie de / ne veulent pas

des sites attrayants

Les campeurs dressent leurs tentes dans des sites <u>attrayants</u>.

pittoresques / agréables / bien choisis / ravissants

s'installer au volant

Papa <u>s'installe au volant</u>.

fait le plein d'essence / met les bagages dans le coffre / monte dans la voiture / démarre avec bruit

34 | Dans les Causses

QUESTIONS

1 Y a-t-il beaucoup d'étrangers qui visitent la région des Causses?   **2** Pourquoi cette région est-elle surtout intéressante?   **3** Où est-elle située? **4** Qu'appelle-t-on un causse?   **5** Comment l'eau a-t-elle créé des rivières souterraines?   **6** Pourquoi Padirac est-il un endroit célèbre?   **7** Qu'a-t-on fait pour rendre le gouffre accessible aux touristes?   **8** À quelle profondeur se trouve la rivière?   **9** Comment la visite-t-on?   **10** Quel est le diamètre du gouffre proprement dit?   **11** Quand la rivière souterraine a-t-elle été découverte?   **12** Pourquoi le gouffre inspirait-il autrefois une terreur profonde?   **13** Qui était saint Martin?   **14** Que faisait-il quand il a rencontré le diable?   **15** Quelle proposition le diable lui a-t-il faite?   **16** Pourquoi ce diable n'était-il pas très malin?   **17** Qu'est-ce qu'il a fait après avoir perdu son pari?   **18** À quoi M. Brégand compare-t-il le lac suspendu?   **19** Que fait une goutte d'eau qui tombe dans une eau tranquille?   **20** Qu'est-ce qu'elle finit par faire quand elle tombe sur un rocher?   **21** Pourquoi prêtons-nous d'ordinaire peu d'attention aux merveilles de la nature?   **22** Quelle est la cause de la pluie qui tombe dans le lac souterrain?   **23** Y a-t-il des êtres vivants dans les eaux souterraines?   **24** Quelle est la profondeur maximum des eaux souterraines?   **25** De quelle couleur sont les eaux profondes? **26** Comment a-t-on découvert où allait la rivière souterraine?   **27** Quand la coloration a-t-elle reparu?   **28** Quel fromage bien connu vient de la région des Causses?   **29** Quel lait emploie-t-on pour faire ce fromage? **30** Comment le berger a-t-il découvert la façon de faire le roquefort?

Il a bien fallu
> Il a bien fallu construire des escaliers.
>> On a dû / On a décidé de / On ne pouvait éviter de / Il était indispensable de

L'exploration . . . demande environ
> L'exploration de la caverne demande environ deux heures.
>> exige environ / est l'affaire d'environ / n'exige pas plus de / demande moins de

après avoir atteint
> C'est après avoir atteint le fond du gouffre qu'on arrive à la rivière.
>> être arrivé au fond / être descendu jusqu 'au fond / avoir traversé le fond / avoir quitté le fond

depuis les temps les plus lointains
> Le gouffre était connu depuis les temps les plus lointains.
>> les temps les plus reculés / très longtemps / toujours / l'époque préhistorique

On a fini par . . .
> On a fini par découvrir le secret de leur existence.
>> On a réussi à / On est arrivé à / On est parvenu à / On a essayé de

merveilles auxquelles nous ne prêtons guère d'attention
> Le monde est plein de merveilles auxquelles nous ne prêtons guère d'attention.
>> auxquelles nous sommes habitués / qui n'attirent guère notre attention / auxquelles nous ne faisons guère attention / que nous ne remarquons guère

Il ne s'attend nullement à
> Le visiteur ne s'attend pas à trouver de la pluie à 300 pieds sous terre.
>> ne compte pas / est surpris de / est extrêmement surpris de / est on ne peut plus surpris de

Vocabulaire

ABBREVIATIONS

adj	adjective	*n*	noun
* (asterisk)	aspirate h	*p part*	past participle
dem	demonstrative	*pl*	plural
f	feminine	*pr*	present
imper	imperative	*pron*	pronoun
imperf	imperfect	*sg*	singular
ind	indicative	*subj*	subjunctive
intrans	intransitive	*trans*	transitive
m	masculine		

A

a: **il a** *pr ind 3rd sg of* **avoir**; **il y a** there is, there are

à at, in, into, to

abaisser to lower

abandon *m* desertion, discard

abandonné deserted

abandonner to abandon, leave

abattre to tear down, to cut down

aboiement *m* barking

abord: d'abord first; **tout d'abord** first of all

abordable reasonable, moderate (price)

aborder to approach

abri *m* shelter; **à l'abri de** protected from

abriter to shelter, to house

abrupt steep

absence *f* absence; **en son absence** in his absence

absolument absolutely; **voulait absolument** insisted on

absorber to absorb

absurdité *f* absurdity

abuser de to abuse, to take advantage, to use too freely

accablant(e) overwhelming

accélérer to accelerate

accepter to accept

accès *m* access

accessoire *m* accessory

accident *m* accident

accidenté hilly

accompagner to accompany

accomplir to accomplish, to bring about, to complete

accomplissement *m* execution; **en voie d'accomplissement** now being done

accord *m* agreement; **d'accord** in agreement; agreed!

accorder to grant; **s'accorder** to agree; **s'accorder mal** to disagree

accrocher: s'accrocher to cling to

accroissement *m* increase, growth

accumulation *f* accumulation

achat *m* purchase

achète *pr ind 3rd sg of* **acheter**

acheter to buy

acheteur *m* buyer

acier *m* steel

acquérir to acquire

acquis *p part of* **acquérir**

acquisition *f* acquisition

acropole *f* Acropolis

acte *m* act

acteur *m* actor

actif, active active, energetic

actualité *f* actuality; **actualités** current events; **d'actualité** timely

actuel(le) present day, of the present; **à l'heure actuelle** at present

actuellement at present

adaptation *f* adaptation

adapter to adjust; **s'adapter** to adapt oneself

admettre to admit

administration *f* administration

admirable admirable, amazing

admirablement admirably

admiration *f* admiration

admire *pr ind 3rd sg of* **admirer**

admirer to admire

admis *p part of* **admettre**

admission *f* admission

adopter to adopt

adorer to adore, to be crazy about

adresser: s'adresser à to speak to; to appeal to

aérien aerial

aérogare *f* air terminal

aéroport *m* airport

affaire *f* affair (business); **ses affaires** his things; **aux Affaires étrangères** in the Foreign Office; **se tirer d'affaire** to get along all right; **faire l'affaire** to be sufficient or satisfactory; **les affaires** business

affectation *f* affectation

affecter to affect

affiche *f* sign, poster

afficher to post

affluence *f* crowd

affreux awful

afin de in order to

Afrique *f* Africa

âge *m* age; **le Moyen Âge** the Middle Ages; **d'un certain âge** elderly

âgé(e) aged, elderly

agent *m* employee; **agent de police** *m* policeman

agglomération *f* built up area; **l'agglomération parisienne** greater Paris

agir to act; **s'agir de** to be a question of; **il s'agit de** it is a question of

agit: **s'agit** *pr ind 3rd sg of* **s'agir**
agrandir to become larger
agréable pleasant
agrément *m* pleasure
agrémenté made more pleasurable
agriculture *f* agriculture
ai: j'ai *pr ind 1st sg of* **avoir**
aide *f* aid, help; **à l'aide de cordes** with the help of ropes
aider to help
ailleurs elsewhere; **d'ailleurs** moreover, besides, anyway
aimablement amiably, in a kindly manner
aimer to like, to love
ainsi thus; **ainsi de suite** and so on; **pour ainsi dire** so to speak; **ainsi que** as well as
air *m* air; tune; **avoir l'air** to look, seem; **en plein air** in the open air; **prendre l'air** to take a walk
aisé easy
ait *pr subj 3rd sg of* **avoir**
ajouter to add
alcalin alkaline
algèbre *f* algebra
alimentation *f* food
allais: j'allais *imperf ind 1st sg of* **aller**
Allemagne *f* Germany
Allemand *m* German
aller to go; **allez-y** go ahead, go there
aller et retour round trip; **aller seulement** one way trip
allez: vous allez *pr ind 2nd pl of* **aller**
allonger to lengthen
allons *imper 1st pl of* **aller**
allusion *f* allusion
alors then, at that time
Alpes *f pl* Alps
alpinisme *m* mountain climbing
alsacien(ne) Alsatian
altérer to alter
altitude *f* height, altitude
aluminium *m* aluminum
amant, amante sweetheart, lover
amateur *m* amateur; lover of something
ambition *f* ambition
ambulant(e) itinerant
âme *f* soul
amélioration *f* improvement
améliorer to improve
aménagement *m* planning, laying out
aménager to arrange, to lay out, to open

up; **faire aménager** to arrange, to lay out
amende *f* fine
amener to bring about, to bring along
Américain(e) American; **américain(e)** *adj* American; **à l'américaine** American style
américanisme *m* americanism
Amérique *f* America
ami, amie friend
amical friendly
Amiens cathedral city north of Paris
amoncellement *m* pile
amour *m* love
amphithéâtre *m* amphitheatre, lecture room
amusant amusing, funny
amuser to amuse; **s'amuser** to pass the time away, to have fun
an *m year;* **tous les ans** every year; **le jour de l'An** New Year's Day
analogie *f* analogy
anatomie *f* anatomy
ancêtre *m* ancestor
ancien(ne) former, old; **ancien camarade** old friend; **meubles anciens** antique furniture; **Ancien Testament** Old Testament
âne *m* donkey
ange *m* angel
Anglais *m* Englishman
angle *m:* **angle droit** right angle
Angleterre *f* England
anglicisme *m* anglicism
angoisse *f* anguish
animal *m* animal, beast
animation *f* animation, bustle
animé animated, alive
année *f* year; **année scolaire** school year
anniversaire *m* anniversary, birthday
annonce *f* announcement
annuel yearly
anthropologie *f* anthropology
août August; **le mois d'août** August
apaiser to quiet down
apercevoir to notice; **s'apercevoir** to become aware
aperçoit *pr ind 3rd sg of* **apercevoir**
apesanteur *f* weightlessness
apparaissent *pr ind 3rd pl of* **apparaître**
apparaître to appear
appareil *m* apparatus, piece of machinery

apparemment apparently

apparence *f* appearance; **à l'apparence prospère** prosperous looking

apparent(e) apparent

appartement *m* apartment

appartenir à to belong to

appartient *pr ind 3rd sg of* appartenir

appel *m* appeal; **faire appel à** to appeal to

appeler to call

appétissant appetizing

application *f* application

appliquer: **s'appliquer** to apply

apporter to bring

apportez *imper of* apporter

apprécier to appreciate

apprendre à to learn to

apprivoisé tame

approbation *f* approbation

approchant similar

approcher to get near

approprié appropriate

approvisionner to supply; **s'approvisionner** to get one's provisions

approximatif approximate

appui *m* support

appuyer (sur) to press (a button)

après after; **d'après** according to

après-midi *m or f* afternoon; **l'après-midi** in the afternoon

aptitude *f* aptitude, fitness

aquarium *m* aquarium

arbitrairement arbitrarily

arbre *m* tree

arc *m: Arc de Triomphe* Arch of Triumph

arcade *f* arcade

archaïque archaic, out-of-date

arche *f* arch

architecte *m* architect

architecture *f* architecture

arène *f* arena

argent *m* money; silver

argenterie *f* silverware

argile *f* clay

argument *m* argument

aride arid, sterile

aristocrate *m* aristocrat

aristocratique aristocratic

Arménien *m* Armenian

arrangement *m* plan

arranger to put in order

arrêt *m* stop; **sans arrêt** continually

arrête: **il s'arrête** *pr ind 3rd sg of* s'arrêter

arrêter to stop (*trans*); **s'arrêter** to stop (*intrans*)

arrière *m* the rear; **en arrière** backward

arrivant *pr part of* arriver

arrive *pr ind 3rd sg of* arriver

arrivé *p part of* arriver

arrivée *f* arrival

arriver to arrive, to happen, to succeed; to reach; **y arriver** to succeed in it

art *m* art; **art de prédire** skill in predicting

artère *f* arterial street

artichaut *m* artichoke

article *m* article

artificiel(le) artificial

artisan *m* artisan, craftsman

artiste *m* artist

artistique artistic

ascenseur *m* elevator

Asie *f* Asia

aspect *m* aspect

asperge *f* asparagus

aspiration *f* desire

assaisonner to season

asseoir to seat; **s'asseoir** to sit down

assez enough, rather

assiégé *m* person besieged

assiégeant *m* person besieging

assiéger to lay siege to

assis *p part of* asseoir

assis(e) seated

assister à to attend, to be present at

association *f* association

associer to associate

assourdir to deafen

assourdissant deafening

assurance *f* insurance

assuré certain, permanent

assurément surely

assurer to assure; to insure

astronaute *m* astronaut

astronomie *f* astronomy

athlète *m* athlete

Atlantique *m* Atlantic Ocean

atmosphère *f* atmosphere

atomique atomic

attacher to tie, to attach; **mal attaché** badly tied, poorly attached

attarder: **s'attarder** to linger

atteindre to attain, to reach

atteint: **il atteint** *pr ind 3rd sg of* atteindre

attend *pr ind 3rd sg of* attendre

attendez *imper of* attendre

attendre to expect, to wait for; **s'attendre à** to expect; **en attendant** meanwhile

attention *f* attention; concern; **Attention!** watch out!

attirer to attract

attraction *f* attraction

attrait *m* attraction

attraper to catch

attrayant attractive

au to the [*contracted form of* à + le]

auberge *f* inn; **auberges de la Jeunesse** Youth Hostels

aucun(e) any; **sans aucun doute** without any doubt

audace *f* boldness, daring

audacieux(se) bold, audacious

au-delà beyond

au-dessus above

audience *f* session, hearing

auditoire *m* audience

augmenter to increase

aujourd'hui today

auparavant before

auprès de near, with

aussi also; **aussi . . . que** as . . . as; **Aussi** (*at beginning of sentence*) and so

autant as much, as many; **autant que** as much as; **tout autant** quite as much

autel *m* altar

authenticité *f* authenticity

auto *m or f* car; **en auto** by car

autobus *m* bus

autocar *m* sight-seeing bus

automation *f* automation

automatique automatic

automatiquement automatically

automne *m* autumn

automobile *f* car; *adj* automotive

autorité *f* authority; **les autorités compétentes** the responsible authorities

autoroute *f* turnpike, freeway

autour de around

autre other; **vous autres Américains** you Americans

autrefois formerly; **d'autrefois** of former times

autrement otherwise; in another way

Autriche *f* Austria

avalanche *f* avalanche

avancer: s'avancer to advance

avant before; **avant tout** above all; **en avant** forward; **bien avant** long before; **avant** *m* the front part

avantage *m* advantage

avec with

avenir *m* future

aventure *f* adventure; **tenter l'aventure** to try one's luck

avenue *f* avenue

avertir to warn

avion *m* airplane

avis *m* opinion, advice; **à mon avis** in my opinion

avocat *m* lawyer

avoir to have; **avoir l'air de** to have the appearance of, to look; **avoir vingt ans** to be twenty; **avoir froid** to be cold; **il y a** there is, there are; **il y a dix ans** ten years ago; **avoir beau** (to do something) in vain

avouer to admit, to confess

axe *m* axis

B

babine *f* lip (of a feline), **lécher ses babines** to lick his chops

bac *m* ferry

baccalauréat *m* examination at the end of the courses in "lycée"; the degree

bagages *m pl* baggage

baigneuse *f* bather; **jolies baigneuses** bathing beauties

balai *m* broom

balance *f* scales

balcon *m* balcony

Balzac great French novelist (1799–1850)

banc *m* bench

banlieue *f* suburbs

bannissement *m* exile

banque *f* bank

banquette *f* seat, bench

bar *m* bar

barbe *f* beard

baromètre *m* barometer

barque *f* small boat

barrage *m* dike, dam

barrière *f* barrier

bas *m* base, bottom

bas, basse low

bas-relief *m* bas-relief

bassin *m* pond

bateau *m* boat; **bateau-mouche** sightseeing boat on the Seine

bâtiment *m* building

bâtir to build

battre to beat; **battre son plein** to be in full swing

bavardent *pr ind 3rd pl of* **bavarder**

bavarder to gossip

béant gaping

beau, belle, beaux, belles beautiful, handsome; **il fait beau** the weather is fine; **Beaux-Arts** Fine Arts; **avoir beau** (to do something) in vain

beaucoup (de) many, much

beauté *f* beauty; **de toute beauté** perfectly beautiful

bébé *m* baby

Belgique *f* Belgium

belle *f of* **beau**

béret *m* beret

berger *m* shepherd

besoin *m* need; **avoir besoin de** to need

bétail *m* livestock

bête *f* animal; *adj* stupid

betterave *f* beet

beurre *m* butter

bibliothèque *f* library; **Bibliothèque Nationale** National Library

bicentenaire *m* bicentenary

bicyclette *f* bicycle

bien *adv* well; many, a great deal; **Eh bien!** Well!; **bien que** although; **le bien** the good, wealth; **Vous êtes bien Américain** You are very American

bienfaisant beneficent, beneficial

bientôt soon; **à bientôt** I'll see you soon

biftek *m* minute steak

bijouterie *f* jewelry, jewelry store

billet *m* ticket; note; **billet de première classe** first class ticket

bison *m* bison

bizarre strange

blanc, blanche white

blé *m* wheat

blessure *f* wound

bleu, bleue blue

blond, blonde blond

blouse *f* workman's smock

bocal *m* glass jar

bœuf *m* beef, ox

boire to drink

bois *m* wood; **charbon de bois** charcoal; **Bois de Boulogne** park in Paris

bois: **je bois** *pr ind 1st sg of* **boire**

boisson *f* drink

boîte *f* box; **boîte de nuit** night club

boivent: **ils boivent** *pr ind 3rd pl of* **boire**

bombardement *m* bombing

bon, bonne good

bonbon *m* candy

bonjour good morning, good afternoon

bonne *f* housemaid

bord *m* edge, side

border to border

bordure: **en bordure** bordering

bouche *f* mouth

boucherie *f* butcher shop

bouchon *m* cork, floater

bouger to move, to budge

bougie *f* candle

boulanger *m* baker; **un garçon boulanger** a baker's delivery boy

boulevard *m* boulevard; **les Grands Boulevards** one of the principal streets in the center of Paris

bouquet *m* bouquet, corsage

bouquiniste *m* dealer in old books

bourgeoisie *f* middle class; **la bonne bourgeoisie** the upper middle class

Bourgogne *f* Burgundy

bourse *f* scholarship, fellowship

bout *m* end; **joindre les deux bouts** make both ends meet; **au bout de** at the end of, after

bouteille *f* bottle

boutique *f* shop

bouton *m* button

boutonnière *f* button-hole

branchage *m* branches, twigs

branche *f* branch

bras *m* arm

bravement bravely

bravoure *f* bravery, gallantry

brebis *f* sheep

bref in short; *adj* short

Bretagne *f* Brittany

breton *m* Breton

brièveté *f* brevity

brillamment brilliantly, brightly

brillant(e) brilliant, bright

briser to break

broder to embroider

bronze *m* bronze

brouillard *m* fog
bruit *m* noise
brûler to burn
brun(e) brown, brunette
brutalement brutally
bûche *f* log
bûcher *m* stake
budget *m* budget
building *m* very large building
bureau *m* office
buste *m* bust
but *m* goal, objective
buvez: vous buvez *pr ind 2nd pl of* boire

C

c' *see* ce
ça *see* cela
çà: çà et là here and there
cabaret *m* cabaret
cabine *f* capsule
cabinet *m* small room; **cabinet de travail** study
cabriolet *m* two-wheeled buggy
cacher: se cacher to hide
cachot *m* prison cell
cadeau *m* gift
café *m* coffee; café, bar
cage *f* cage
caisse *f* wooden box
calcaire *m* limestone
calculer to calculate
calendrier *m* calendar
calme calm, quiet
camarade *m* comrade, friend
camion *m* truck
camionnette *f* light-truck
campagne *f* country; **à la campagne** in the country; **campagne de presse** newspaper campaign; **les campagnes** rural communities
camping *m* camping
candidat *m* candidate
canne *f* cane; **canne à pêche** fishing pole
canon *m* cannon
canonisé canonized
canotage *m* boating
cap *m* cape
capable able, capable
capitaine *m* captain
capital (aux) *m* capital
capitale *f* capital
caporal *m* corporal

captiver to catch, to capture
car for, because
caractère *m* character, nature
caravane *f* trailer
carotte *f* carrot
carrefour *m* intersection
carrosse *m* carriage
carte *f* map; menu; **carte des vins** wine card
cartel *m* cartel, trust
cas *m* case; **en tout cas** in any case
casino *m* casino
casser to break; **se casser le cou** to break one's neck
cataracte *f* cataract
cathédrale *f* cathedral
catholique Catholic
cause *f* cause; **à cause de** because of
causer to talk, chat; to cause
causse *m* deeply eroded limestone plateau
cave *f* wine cellar
caverne *f* cavern
ce it
ce, cet, cette that, this; **ces** those, these; **ce . . . -ci, -la** this, that; **à cette heure-ci** at this time
ceci *demon pron* this
cela, ça *demon pron* that; **c'est ça** that's it; **Ça va?** How goes it? **Comment ça va?** How are you?
célèbre famous
célébrer to celebrate
celle *see* celui
celles-ci *see* celui-ci
cellule *f* cell
celui *m* celle *f* ceux *m pl* celles *f pl* the one, the ones; **celui-ci, celle-ci** this one, the latter
censé deemed, supposed
cent a hundred; **pour cent** percent
centaine *f* about a hundred
centenaire *m* centenary
centime *m* centime, 1/100 of a franc
centimètre *m* centimeter
central central
centre *m* center; **le Centre** the central part of France
cependant however
ce que which (*object*)
ce qui which (*subject*)
cercle *m* circle
cérémonie *f* ceremony

cerf *m* stag, deer
cerise *f* cherry
certain(e) certain; **d'un certain âge** elderly; **certains** certain people
certainement certainly
certes certainly
ces *see* ce
cesse: **sans cesse** constantly
cesser to cease, stop
ceux *see* celui
chablis Chablis, a white Burgundy wine
chacun(e) each one
chair *f* flesh
chaise *f* chair; **chaise pliante** folding chair; **chaise à porteurs** sedan chair
chaleur *f* heat
chambertin *m* a red Burgundy wine
chambre *f* room; **chambre à coucher** bedroom
champagne *m* champagne, sparkling wine from Champagne
champignon *m* mushroom
chance *f* luck; **vous avez de la chance** you are lucky; **Quelle Chance!** What Luck!
change *pr ind 3rd sg of* changer
changement *m* change; **changement politique** political change
changer (de) to change; **changer de ligne** to change lines
chanson *f* song
chansonnier *m* street singer
chant *m* song, singing
chanter to sing
chanteuse *f* singer *fem*
chapeau *m* hat
chapelle *f* chapel
chaque each
charabia *m* gibberish
charbon *m* coal; **charbon de bois** charcoal
charcuterie pork-butcher's shop
charcutier *m* pork butcher
charge *f* load
chargé (de) charged with, in charge of; loaded with; full of
charger to load
charmant(e) delightful, charming
charme *m* charm
charmé(e) delighted
chasse *f* hunt
chasser to hunt
chasseur *m* hunter

chat *m* cat; **pas un chat** not a soul
château *m* castle, château
chaud(e) hot
chauffage *m* heating
chauffer to heat
chauffeur *m*: **chauffeur de taxi** taxi driver
chaussée *f* surface of the street
chauve-souris *f* bat
chaux *f* lime
chef *m* leader
chef-d'œuvre *m* masterpiece
chemin *m* way, road; **chemin de fer** railroad
cheminée *f* chimney, fireplace
chêne *m* oak
cher, chère dear
chercher to look, to look for; **vient chercher** comes for; comes to get; **chercher à** to try
chercheur *m* seeker
cheval, chevaux *m* horse(s), horsepower
chevalier *m* knight
cheveux *m pl* hair; **elle a les cheveux gris** she has gray hair
chez at the shop of; **chez tous les libraires** at all the book dealers'; **chez nous** at our house, in our country; **Chez Mme Lange** at Mme. Lange's
chic stylish; nice; **chic type** a wonderful fellow
chien *m* dog
chiffre *m* number, figure
chimie *f* chemistry
chimique chemical
chirurgical surgical
choc *m* shock, blow
chœur *m* chorus
choisir to choose; **bien choisi** appropriate
choix *m* choice
cholestérol *m* cholesterol
choquant(e) shocking
choquer to shock
chose *f* thing; **quelque chose** something; **autre chose** something else; **pas grand-chose** nothing much; **choses et autres** this and that
chou(x) *m* cabbage; **choux de Bruxelles** Brussels sprouts
chrétien(ne) Christian
chrysanthème *f* chrysanthemum
chute *f* fall, spill
-ci *see* ce

ci: **par ci par là** here and there
ciel *m* sky
cierge *f* candle
cinéma *m* movies
cinq five
cinquantaine about fifty; **la cinquantaine** the fiftieth year
cinquante fifty
cinquantenaire *m* fiftieth anniversary
cinquième fifth; **class de cinquième** second year of lycée
circonstance *f* circumstance
circulation *f* traffic; trade
cire *f* wax
cirque *m* cirque
clair clear, well-lighted
classe *f* class
classique classical
clavicule *f* collar-bone
client(e) customer
clientèle *f* customers
climat *m* climate
clochard *m* bum
clôture *f* fence
coalition *f* coalition
Coca-Cola *m* Coca-Cola
cochon *m* pig
coercitif(ve) coercive
cœur *m* heart; **en plein cœur** right in the heart
coexistence *f* coexistence
coffre *m* trunk
cogner to knock
coin *m* corner
coïncidence *f* coincidence
colère *f* anger
collection *f* collection
collectionner to collect
collège *m* secondary school other than lycée
collègue *m* colleague
colline *f* hill
colonne *f* column
coloration *f* coloration
coloré(e) colored
combatif(ve) pugnacious, aggressive
combattant *m* combatant; **ancien combattant** veteran
combien? how much? how many? **combien de temps?** how long?
Comédie-Française *f* French repertory theater in Paris

comédien *m* actor
comique comic
comité *m* committee
comme as, like
commémoratif(ve) commemorative
commémorer to commemorate
commencement *m* beginning
commencent *pr ind 3rd pl of* **commencer**
commencer à to begin, commence
commencez *imper of* **commencer**
comment how **Comment ça va?** How goes it? How are you?
commenter to comment
commerçant *m* merchant; *adj* commercial
commerce *m* business; trade
commercial(e) commercial
commettre to commit
commode convenient; *f* dresser
commodité *f* convenience, comfort
commun(e) common
communication *f* communication
communiquer to communicate
compagnie *f* company
comparer to compare
compatriote *m* fellow countryman
compenser to make up for, to compensate for
complaisamment willingly
complet, complète complete
complètement completely
compléter to complete
complexe complex
complexité *f* complexity
compliment *m* compliment
composé (de) made up (of)
composer to compose
composition *f* composition
compositeur *m* composer
compréhensible comprehensible
comprendre to understand; to include; **cela se comprend** that is comprehensible
comprends: **je comprends** *pr ind 1st sg of* **comprendre**
comprenez: **vous comprenez** *pr ind 2nd pl of* **comprendre**
compris *p part of* **comprendre**; **y compris** including
compte *m* account; **tenir compte de** to take into account; **se rendre compte** to realize

compter to count; **sans compter** without counting

compte-rendu *m* account

concentré concentrated

concentrique concentric

concernant concerning

concerner to concern; **en ce qui concerne** as for, as far as ... is concerned

concert *m* concert

concierge *m* or *f* janitor, caretaker

conclure to conclude

conclut *pr ind 1st sg of* **conclure**

concorde *f* peace

concurrence *f* competition

concurrent *m* competitor

condamner to condemn

condiment *m* condiment

condition *f* condition; **dans ces conditions** in these circumstances; **conditions d'existence** living conditions; **à condition que** if

conduire to drive; to conduct, to lead, to take

conduit *pr ind 3rd sg of* **conduire**

conduite *f* conduct, guidance

conférence *f* lecture

confesser to confess

configuration *f* lie (of the land)

confins *m pl* limits

confirmer to confirm

conflit *m* conflict

conformément according to

confort *m* comfort

confortable comfortable

confrère *m* colleague

confusion *f* confusion

congé *m* vacation, leave; **jour de congé** day off; **prendre congé** to take leave

congrès *m* convention

connais: je connais *pr ind 1st sg of* **connaître**

connaissance *f* acquaintance; **faire leur connaissance** meet them; **personne de connaissance** acquaintance

connaissent *pr ind 3rd pl of* **connaître**

connaisseur *m* connoisseur, expert, good judge

connaît *pr ind 3rd sg of* **connaître**

connaître to know, to be acquainted with

connu *p part of* **connaître**

conquête *f* conquest

consacrer to consecrate; **consacré par l'usage** accepted by usage

consciemment consciously

conscient(e) conscious

conseil *m* advice, counsel; **sages conseils** wise advice; **conseil d'administration** board of directors

conseille *pr ind 3rd sg of* **conseiller**

conseiller to advise

conséquence *f* result

conséquent: par conséquent consequently, therefore

conservateur(trice) conservative

conserver to keep, to preserve (*trans*); **se conserver** to keep, to be kept

considérable considerable; extensive

considérablement considerably

considération *f* consideration

considéré *p part of* **considérer**

considérer to consider

consister to consist

consoler to console

consommation *f* consumption

consommer to consume, to use, to use up

constamment at all times, constantly

constater to note

constituer to constitute

constitution *f* constitution

constructeur *m* builder

construction *f* building

construire to build

construit *p part of* **construire**

consulter to consult

contagieux(euse) contagious

contemporain *m* contemporary

contenir to contain

content(e) happy, glad

contenter: se contenter to be content

contenu *p part of* **contenir**

conteur *m* story teller

continu(e) continual

continue *pr ind 3rd sg of* **continuer**

continuer to continue

continuité *f* continuity

contour *m* outline, circuit

contourner to go around

contrainte *f* restraint

contraire contrary

contrairement à contrary to

contraste *m* contrast

contravention *f* police ticket; **dresser une contravention** give a ticket contre against; **par contre** on the other hand; **le pour et le contre** the pros and the cons

contribuable *m* taxpayer

contribuer à to contribute to

contribution *f* contribution

contrôle *m* control

contrôler to control, to check

convaincu convinced

convenir to suit; **il convient de** it is proper to

conversation *f* conversation

convive *m* fellow diner

copieusement copiously

coquillage *m* shell fish

cor *m* horn

corde *f* string; rope

corps *m* body

correspondance *f* connection

correspondre to correspond

corruption *f* corruption

corsage *m* blouse

cosmopolite cosmopolitan, international

costume *m* costume

côte *f* slope, climb, coast; **la Côte d'Azur** the Riviera; **côte à côte** side by side

côté *m* side; **du côté de** on the side of; **à côté de** beside, alongside

côtelette *f* chop

cou *m* neck

coucher: se coucher to go to bed, to lie down

couler to flow

couleur *f* color

couloir *m* corridor, passage

coup *m* blow; **coup d'État** seizing of power; **un coup d'œil** a glance; **coup de fil** telephone call; **tout à coup** suddenly; **coups et blessures** assault and battery

coupable guilty

cour *f* court, yard

courage *m* courage

courageux (se) courageous

couramment commonly, fluently

courant running, current; **au courant** informed

coureur *m* racer

couronner (de) to crown with

cours *m* course; **au cours de** in the course of; **en cours de route** in its course; **cours d'eau** stream

course *f* race

court(e) short; **tout court** in short

courtisan *m* courtier

couteau *m* knife

coût *m* cost

coûter to cost

coûteux(euse) expensive

coutume *f* custom

couture *f* sewing; **haute couture** fashions

couvent *m* convent

couvert *p part of* **couvrir**

couverture *f* cover

couvrir to cover

cow-boy *m* cowboy

crabe *m* crab

craie *f* chalk

craindre to fear

crampon *m* clamp

crasse *f* dirt

crèche *f* manger, crèche

crédit *m* credit; **à crédit** on credit

créer to create

crème *f* cream

creuser to dig

crevette *f* shrimp

crie *pr ind 3rd sg of* **crier**

crier to cry, to shout

crieur *m* crier

crise *f* crisis

critique critical

croc *m* hook

croire to believe, to think; **je crois bien** I should say so; **se croire** to believe oneself to be

crois: je crois *pr ind 1st sg of* **croire**

croissance *f* growth

croissant(e) growing

croix *f* cross

croyais: je croyais *imp ind 1st sg of* **croire**

croyez: vous croyez *pr ind 2nd pl of* **croire**

cru *p part of* **croire**

cruauté *f* cruelty

crudité *f* crudity, crudeness

cruel cruel

crustacé *m* crustacean

cube *m* cube

cueillir to pick

cuisine *f* kitchen; cooking

cuisinière *f* cook; kitchen stove

cultivateur *m* farmer

cultiver to grow

culture *f* farming, crop; culture

culturel cultural
cure *f* treatment; **faire une cure** follow a treatment
curieusement inquiringly; strangely
curieux(se) arresting, curious
curiosité *f* curiosity; curio
CV: cheval-vapeur horsepower
cycle *m* cycle, period
cycliste *m* cyclist; **course cycliste** bicycle race
cynique *m* cynic

D

dalle *f* paving stone
dame *f* lady
damné *m* damned; accursed
dancing *m* night club
danger *m* danger
dangereux(se) dangerous
dans in, into; **dans quelques jours** within a few days; **dans les 1400 dollars** in the neighborhood of $1400
dater (de) to date (from)
davantage more
de of; from; **du, de la, des** of the; from the; some
débarrasser: se débarrasser to get rid of
debout standing
début *m* beginning
débutant *m* beginner
décembre December
décentraliser to decentralize
décerner to grant
décharger to unload
décide *pr ind 3rd sg of* **décider**
décider to decide
décision *f* decision, ruling
déclarer to declare
déconcertant disconcerting
décor *m* setting, scenery
décoration *f* decorations
décoré decorated; wearing a ribbon
décourager to discourage
découverte *f* discovery
découvrir to discover
décrire to describe
dédale *m* labyrinth
dedans within, therein
défaire: se défaire de to get rid of
défaut *m* lack; default
défendre to defend

défense *f* defense; **Défense de fumer** No smoking
défenseur *m* defender
définition *f* definition
dégâts *m pl* damage
degré *m* degré, level
dégringolade *f* tumble
dégringoler to tumble
déguster to taste
dehors *m* outside; **en dehors de** outside of, aside from
déjà already
déjeuner to lunch, to have lunch; *m* lunch, luncheon, mid-day meal
delà: au delà de beyond
délabré dilapidated
Delacroix French painter of Romantic period (1798–1863)
délayer to dilute
délicat(e) delicate, subtle
délicieux(euse) delightful; delicious
délire: en délire wild
demain tomorrow
demande *pr ind 3rd sg of* **demander**
demander to ask, to require; **se demander** to wonder
démarrer to start (vehicle)
demeure *f* dwelling
demeurer to live
demie *f* half
demi-obscurité *f* semi-darkness
demoiselle *f* girl
démolir to tear down, to demolish
démolition *f* demolition
démon *m* demon
démonstration *f* demonstration
démontrer to prove, to demonstrate
départ *m* departure
dépasser to exceed, to pass; **qui a dépassé la cinquantaine** who is over fifty
dépêcher: se dépêcher to hurry
dépêchons-nous *imper 1st pl of* **se dépêcher**
dépend *pr ind 3rd sg of* **dépendre**
dépendre to depend
dépens: aux dépens de at the expense of
dépenser to spend
déplorable wretched
déposer to deposit, to place, to put down
depuis since; **qui est depuis longtemps** which, for a long time, has been; **depuis ... jusqu'à** from ... to

déranger to disturb
dernier, dernière last
dès as early as
des of the, some [*contracted form of* **de + les**]
désagréable disagreeable
descendent *pr ind 3rd pl of* **descendre**
descendre to go down, to unload, to get off; to take down; to stay (at a hotel)
descente *f* descent
descriptif descriptive
désert(e) deserted
désespérant depressing
désespoir *m* despair
déshérité disinherited, outcast, wretched
déshonorer to dishonor
désignation *f* naming, designation
désigner to call
désir *m* desire
désirer to desire
désireux anxious to
désordre *m* disorder
désormais henceforth, hereafter
dessert *m* dessert
dessin *m* drawing
dessinateur *m* designer
dessiner to draw
dessus on, upon; **au-dessus de** above
destin *m* fate
destination *f* destination
destiné à intended for
destructeur destructive
destruction *f* destruction
détail detail; **au détail** retail
détendre: se détendre to relax
détente *f* relaxation
déterrer to unearth, to dig up
détester to dislike, to hate
détritus *m pl* debris
détruire to destroy
détruit(e) *p part of* **détruire**
dette *f* debt
deux two
deuxième second
deuxièmement secondly
devait: il devait *imperf ind 3rd sg of* **devoir**
devant in front of; before; **responsable devant l'Assemblée** responsible to the Assembly
devanture *f* store window
déveine *f* bad luck

développer: se développer to develop
devenir to become
deviennent: ils deviennent *pr ind 3rd pl of* **devenir**
deviner to guess
devoir *m* duty
devoir must, have to; to owe; **je dois** I must, I am supposed to; **je devais** I was supposed to; **j'ai dû** I must have, I had to; **je devrais** I should; **j'aurais dû** I should have; **ils devaient être** they must have been
dévotion *f* devotion; **dévotion particulière** special cult
devriez: vous devriez *condl 2nd pl of* **devoir** you should
diable *m* devil; **pauvre diable** poor fellow
dialogue *m* dialog
dictionnaire *m* dictionary
dieu *m* god; **Dieu merci** thank Heaven, fortunately
différence *f* difference
différent(e) different
différer to differ
difficile difficult
difficilement with difficulty
difficulté *f* difficulty
digne worthy, dignified
dignité *f* dignity
dimanche Sunday
dimension *f* dimension, size
diminuer to diminish
diminution *f* decrease
dîne: je dîne *pr ind 1st sg of* **dîner**
dîner to dine, to have dinner; *m* dinner, the evening meal
dînons *imper 1st pl of* **dîner**
dinosaure *m* dinosaur
diplôme *m* diploma; degree
dirai: je dirai *fut 1st sg of* **dire**
dire to say; **dites-moi** tell me; **dites donc** say; **c'est-à-dire** that is to say; **à vrai dire** to tell the truth; **vouloir dire** to mean; **c'est beaucoup dire** that is saying too much; **comme on l'a dit** as has been said; **se dire** to say to oneself
direct direct
directement directly
directeur *m* director
direction *f* guidance, directing, overseeing; direction; **le comité de direction** board of directors

dirigeant *m* leader
diriger to direct
disais: je disais *imperf ind 1st sg of* **dire**
discernement *m* discrimination
discipline *f* discipline; academic subject
discipliné disciplined
discothèque *f* record library, discotheque
discours *m* speech
discrètement discretely
discrétion *f* tact
discutable open to discussion
discuter to discuss
disent *pr ind 3rd pl of* **dire**
disgracieux ugly
disons: nous disons *pr ind 1st sg of* **dire**
disparaître to disappear; to die
disparition *f* disappearance
disparu *m* person who is dead
disparu *p part of* **disparaître**
dispersé scattered
dispersion *f* dispersion, scattering
disposé(e) disposed, inclined; **tout dis-posé** quite willing
disposer de to have at one's disposal
disposition *f* disposal
disque *m* disk, record
dissertation *f* dissertation
distance *f* distance; **à quelque distance** some distance away
distingué distinguished
distinguer to distinguish
distraction *f* amusement, pastime
distraire: se distraire to amuse oneself, to take relaxation
distribuer to distribute
dit *pr ind 3rd sg of* **dire**
dites *imper of* **dire**
divergence *f* difference; **divergence de vues** difference of opinion
divers various
divertissant entertaining
divertissement *m* amusement
diviser to divide
dix ten
dix-neuf nineteen; **dix-neuvième** nineteenth
dizaine about ten
document *m* document
doigt *m* finger
dois: je dois *pr ind 1st sg of* **devoir**
doit: il doit *pr ind 3rd sg of* **devoir**
dollar *m* dollar

dôme *m* dome
domestique *m or f* servant
domicile: à domicile at home
dominé dominated
dominer to dominate, to overlook
dommage: c'est dommage it's too bad
donc then; therefore; consequently; **entrez donc** do come in; **dites donc** well say!
donjon *m* tower (used as a prison)
donne *pr ind 3rd sg of* **donner**
donner to give
dont whose, of whom, of which
dortoir *m* dormitory
dos *m* back
dose *f* dose
dossier *m* back (of a seat)
douane *f* customs
douanier: tarif douanier customs, tariff
douce *see* **doux**
doucement gently
doué gifted
doute *m* doubt; **sans doute** no doubt, probably
douter (de) to doubt; **je n'en doute pas** I don't doubt it
douteux questionable
doux, douce mild; soft
douzaine *f* dozen
dramatique dramatic
dramatisation *f* dramatization
dressé trained (animal)
dresser to set, to set up; **se dresser** to stand
droit *m* law; *adj* right, straight
droite: à droite to the right
du *see* **de**
dû *p part of* **devoir**
duc *m* duke
duplicité *f* duplicity
dur, dure hard
durable durable, lasting
durée *f* duration
durer to last
dysenterie *f* dysentery

E

eau *f* water; **eau courante** running water
écarter to push aside
échafaudage *m* scaffold

échanger to exchange
échelle *f* ladder
échouer to fail
éclair *m* lightning
éclairer to light
éclat *m* burst, fragment
éclatant dazzling
école *f* school; **École des Beaux-Arts** School of Fine Arts; **Grandes Écoles** leading technical and professional schools
économie *f* economy
économique economic; inexpensive
écouter to listen
écraser to run over, to run down
écrier: s'écrier to exclaim
écrire to write
écrit *p part of* écrire
écriture *f* handwriting
écrivain *m* writer
édifice *m* building
édition *f* edition
éducation *f* education
effacer to efface
effet *m* effect; **en effet** indeed, in effect; that's right; **effets personnels** personal effects; **effets lumineux** light effects
efficace effective
effondrement *m* collapse
efforcer: s'efforcer to try hard
effort *m* effort
également equally, also
égaler to equal
égalité *f* equality
égard: à son égard in regard to it; à cet égard in this respect
église *f* church
égout *m* sewer
élargir: s'élargir to widen
électeur *m* voter, elector
élection *f* election
électricité *f* electricity
électrifier to electrify
électrique electric
élégant(e) elegant
élément *m* element
élémentaire elementary
élève *m or f* student
élevé high; **peu élevé** not very high
élever to raise; **bien élevé** well trained, well brought up
éleveur *m* cattle breeder

élite *f* elite
elle she; her; it
éloigner: s'éloigner to get farther away
éloquent(e) eloquent
élu *m* elect; chosen
embarrasser to embarrass
embellir to beautify
embouteillage *m* traffic jam; bottle neck
émérite expert
émettre to put out, to issue
émigrer to move out
éminent(e) eminent
emmener to take along
empaqueté packaged
emparer: s'emparer to seize
empêcher to prevent
empereur *m* emperor
empiler to pile up
emplacement *m* location
emploi *m* use
employé *m* employee, white-collar worker
employer to use
en in; to; **en France** in France, to France
en *pron* of it; some; **en ... trop** too much (of it); **en changer** to change (from) it
enceinte *f* walls around a city
encens *m* incense
enchanté(e) happy (to meet you); enchanted
encombrant cumbersome, annoying
encombrement *m* traffic jam
encombrer to encumber
encore still; yet; **pas encore** not yet
encourager to encourage
encyclopédie *f* encyclopedia
endommagé damaged
endroit *m* place
endurance *f* endurance
énergie *f* energy, power
énergique energetic
enfance *f* childhood
enfant *m* child
enfer *m* hell
enfin finally
enfoncer: s'enfoncer to sink
engager: s'engager to enter
enlevant *pr part of* enlever; **en enlevant** taking off
enlever to remove, to take off
ennui *m* annoyance

ennuyeux inconvenient; **c'est ennuyeux** it's really too bad

énorme enormous

énormément de a great quantity of

enrouler to roll around, to flow around

enseigne *f* sign; **enseignes peintes** painted signs

enseignement *m* instruction, teaching

ensemble *m* whole; *adv* together

ensuite then, afterwards

entasser to pile up

entend *pr ind 3rd sg of* entendre

entendre to hear; to understand; **entendre parler de** to hear of; **entendre dire que** to hear that; **on ne s'entend plus** people can no longer hear

entendu *p part of* entendre; **bien entendu** of course

enterrer to bury

enthousiasme *m* enthusiasm

entier, entière entire

entourer to surround

entraîner to drag away

entre *pr ind 3rd sg of* entrer

entre between; among; **quelques-uns d'entre eux** some of them

entrée *f* main course, meat course; entrance; admission

entrepreneur *m* businessman

entreprise *f* enterprise, concern, firm; undertaking

entrer (dans) to enter, to come into, to pull into

entretenir to keep up, to keep in repair

entretien *m* upkeep

entrez *imper of* entrer

envahir to invade, to occupy

envie *f* desire; **avoir envie de** to want to, to feel like; **vous me donnez envie de . . .** you make me want to . . .

environ about

environs *m pl* vicinity

envoient *pr ind 3rd pl of* envoyer

envoyer to send

épais(se) thick, heavy

épaule *f* shoulder

épeler to spell

épinards *f pl* spinach

épique epic

épisode *m* episode

époque *f* period, time; **à l'époque biblique** in Biblical times

épreuve *f* test, trial; **mettre à l'épreuve** to test

éprouver to test, to experience

épuisé exhausted

équestre equestrian

équilibre *m* equilibrium, balance

équipage *m* following; **en grand équipage** in full regalia

équipe *f* team

équiper to equip

équivalent equivalent

ère *f* era

ériger to erect

érodé eroded

erreur *f* error

érudition *f* learning

escalier *m* stairs, staircase

escamoter to avoid, to conceal (by trickery)

escargot *m* snail

escroc *m* crook

espace *m* space

Espagne *f* Spain

Espagnol *m* Spaniard

espèce *f* kind; sort; **espèce de coalition** a sort of coalition

espère: **j'espère** *pr ind 1st sg of* espérer

espérer to hope; **j'espère bien** I certainly hope

esprit *m* mind, spirit, wit; **avoir l'esprit clair** to have a clear head

essaie *pr ind 3rd sg of* essayer

essayer to try

essence *f* gasoline; **faire le plein d'essence** to fill up the tank

essentiel *m* essential, the main thing

essentiellement essentially

estampe *f* print

est-ce que? *the interrogative formula (lit is it that . . . ?)*

esthète *m* esthete

esthétique *f* aesthetic

estimer to esteem, to estimate

estivant *m* summer vacationer

estomac *m* stomach

et and

étable *f* stable, barn

établir to establish

établissement *m* plant, establishment

étage *m* floor, story; **maison à deux étages** three-story house (ground floor is not counted) étalage *m* display

étape *f* stage (of a trip)

état *m* state, government; **en bon état** in good condition; **les États-Unis** the US; **aux États-Unis** in the US

été *m* summer

été *p part of* être

éteindre: s'éteindre to go out, to be extinguished

étendre: s'étendre to extend, to spread, to stretch

êtes: vous êtes *pr ind 2nd pl of* être; vous n'y êtes pas du tout that isn't it at all

ethnographie *f* ethnography

étiquette *f* label

étoile *f* star

étonnant surprising

étonnement *m* astonishment

étonner to astonish

étrange strange, peculiar

étranger foreigner; **à l'étranger** abroad

être to be; *m* a being

étroit(e) narrow, strict

étroitement closely

étude *f* study

étudiant(e) student

étudier to study

Europe *f* Europe

européen, européenne *adj* European; **Européen** *m* European

eux they, them; **chez eux** to their house; **eux-mêmes** they themselves

éveil: en éveil awake, alive

éveiller to awaken, to stimulate

événement *m* event

éventuellement eventually

évêque *m* bishop

évidemment of course

évidence: en évidence in a conspicuous place

évident obvious, evident

éviter to avoid

évocateur evocative, suggestive

évocation *f* act of remembering or recalling, evocation

évoquer to call to mind, to evoke

exactement exactly, precisely, just

exactitude *f* promptness, exactitude

exagéré(e) exaggerated

exagérer to exaggerate, to go too far; **n'exagérez pas** don't go too far

examen *m* examination

examinateur *m* examiner

examine *pr ind 3rd sg of* examiner

examiner to examine

excavation *f* excavation

excellence *f* excellence

excellent(e) excellent

excepter to except

excepté except, excepting

exceptionnel(le) extraordinary

excessif(ive) excessive; high

excessivement excessively

excursion *f* excursion, trip

excuse: je m'excuse *pr ind 1st sg of* s'excuser

excuser to excuse; **s'excuser** to apologize

exécuter to execute

exemple: par exemple for example

exercer to exercise

exercice *m* exercise

exigeant particular, hard to please

exiger to require, to exact

exil *m* exile

existence *f* existence

existentialisme *m* existentialism

exister to exist

expédition *f* expedition

expérience *f* experience, experiment

expérimental experimental

expérimenté experienced

expérimenter to experiment

expert(e) expert, skilful

explication *f* explanation

explique *pr ind 3rd sg of* expliquer

expliquer to explain

exploit *m* exploit

explorateur *m* explorer

exploration *f* exploration

explorer to explore

explosif *m* explosive

explosion *f* explosion

exporter to export

exposer to expose, to exhibit

exposition *f* exhibit, exposition

expression *f* expression

exprimer to express

extension *f* extension

extérieur(e) exterior, foreign

extraordinaire extraordinary

extrêmement extremely

extrémiste radical

extrémité *f* end

fable *f* fable

fabriquer to manufacture

façade *f* facade, front

face: en face de in front of; opposite

fâcher: se fâcher to get angry

facile easy

facilité *f* facility

faciliter to facilitate, to make easy

façon *f* way, manner; la façon de frapper the knock

facteur *m* factor, postman

Faculté *f* faculty; Faculté des Lettres that part of the University which is devoted to the teaching of Letters (Humanities)

faible weak; low

faillir to fail; j'ai failli tomber I almost fell

faim *f* hunger; avoir faim to be hungry; avoir grand-faim to be very hungry

faire to do, make; faire un tour take a walk; faire une promenade take a walk; faire la cuisine to cook; faire remarquer to call attention; faire la connaissance de to make the acquaintance of; faire glisser to slip (*trans*); il fait chaud it is hot; faites-le bien chauffer heat it thoroughly; faire partie de to be a part of; toute faite ready made; tout à fait entirely; cela ne fait rien that makes no difference; faire passer un examen to give an exam; comment se fait-il que ...? How is it that ...?; Ne vous en faites pas don't worry

fais: tu fais *pr ind 2nd sg of* faire

faisceau *m* beam

fait *p part of* faire

fait: il fait *pr ind 3rd sg of* faire

fait *m* fact

faites: vous faites *pr ind 2nd pl of* faire

faites *p part f pl of* faire

falaise *f* cliff

falloir *impers verb* to have to; il faut one must, it is necessary; il a fallu it was necessary

fameux(euse) famous, much talked of

familier familiar

famille *f* family

fanatique de devoted to, crazy about

fantaisie *f* whim, caprice

farce *f* farce, low comedy

farouche fierce, wild

Far-West *m* the West

fatalement inevitably

fatigant tiring

fatigue *f* weariness, fatigue

fatigué(e) tired

faudrait: il faudrait *condl 3rd sg of* falloir it would take, it would require

faune *f* fauna, animal life

faut: il faut it is necessary, one must *pr ind 3rd sg of* falloir

fauteuil *m* armchair; fauteuilles d'orchestre orchestra seats

faveur *f* favor

favorable favorable

favorablement favorably

favoriser to favor

féminin(e) feminine

femme *f* woman, wife

fenêtre *f* window

fer *m* iron; en fer of iron

ferai *fut 1st sg of* faire

ferme firm

ferme *f* farm, farmhouse

fermé *p part of* fermer

fermer to close, to shut, to enclose; se fermer to close (*intrans*)

fermeture *f* closing

fermier *m* farmer

fête *f* celebration

fêter to celebrate

feu *m* fire

feuille *f* leaf

février February

fidèle *m* faithful person

fier, fière proud

fierté *f* pride

fièvre *f* fever; la fièvre typhoïde typhoid fever

figure *f* face, figure

fil *m* thread; au fil de l'eau with the current, down stream

file *f* file; à la file indienne in single file

fille *f* daughter, girl; jeune fille girl

film *m* film

fils *m* son

fin *f* end

finalement finally

financier(ère) financial, monetary

financièrement financially

finir to finish; **finit par payer** ends up by paying, finally pays; **d'avoir . . . fini** of having finished; **en finissant** finishing
finissez *imper of* **finir**
fixe stable
fixer to establish, to fix
flanqué(e) flanked; **flanqué de tours** flanked with towers
fleur *f* flower
fleuri(e) decorated with flowers; in bloom
fleuve *m* river
flexible flexible
flocon *m* flake
flore *f* flora, vegetable life
florissant prosperous
flot *m* wave; flow, flowing
flotte *f* navy
flotter to float
foi *f* faith; **ma foi non** no, I couldn't (*lit* no, by my faith!)
foie *m* liver
foire *f* fair, street fair
fois *f* time; **une fois** once; **à la fois . . . et** both . . . and, at the same time . . . and
Folies-Bergère Paris variety show
fonctionnaire *m* government employee
fonctionnement *m* operation
fond *m* bottom, back; **au fond d'un jardin** with a garden in front, at the back of a garden; **au fond** at bottom, in reality
fondamental basic
fondre to melt; **faire fondre** to have . . . melted
font *pr ind 3rd pl of* **faire**
footballeur *m* football player
force *f* force
forêt *f* forest
forgeron *m* blacksmith
formation *f* formation
forme *f* form, shape; **sous toutes les formes** under any form; **en forme de** in the shape of
former to form
formidable huge, formidable
formule *f* formula, setup
fort, forte strong; good; *m* strong man; **fort des * Halles** porter; *adv* very
fortification *f* fortification
fortune *f* wealth
fou, folle crazy; **plus on est de fous plus on rit** the more the merrier

foule *f* crowd
fourchette *f* fork
fourneau *m* stove, grill
fournir to furnish, to supply
fournisseur supplier
foyer *m* fireplace
fracture *f* fracture
fraîche *see* **frais**
fraîcheur *f* freshness
frais, fraîche cool; cold; fresh; **au frais** where it is cool
frais *m pl* expense; **se mettre en frais** to go to great expense or trouble, to take the trouble
fraise *f* strawberry
franc *m* franc
français *m* French; **Français** *m* Frenchman; **français(e)** *adj* French
France *f* France; **Théâtre de France** formerly the **Odéon**
France-Soir a Paris daily
franchement frankly
franchir to cross
frapper to knock; to strike
frein *m* brake; **frein hydraulique** hydraulic brake
frémir to tremble, to shudder
fréquemment frequently
fréquent(e) frequent
fréquenté(e) patronized, visited
frère *m* brother
friand fond of
fripé rumpled
froid *m* cold; **avoir froid** to be cold; **il fait froid** it is cold (weather)
fromage *m* cheese
frontière *f* frontier
fruit *m* fruit; **fruits de mer** seafood
frustration *f* frustration
fumer to smoke
fusée *f* rocket
futur future

G

gagnant(e) winning; *m* winner
gagner to earn; to win
galerie *f* gallery; corridor
gallo-romain Gallo-Roman
galon *m* stripe
garantir to guarantee
garçon *m* boy; waiter

garde *m* guard
garder to keep
garde-robe *f* wardrobe
gare *f* railroad station
gaspillage *m* waste
gastronomique gastronomic, of or pertaining to eating
gâté spoiled
gâteau *m* cake
gauche left
Gaule *f* Gaul
gaulois(e) Gallic
gave *m* mountain stream in the Pyrénées
gelée *f* jelly, gelatine; **gelée sucrée** sweetened gelatine
gênant(e) bothersome
gendarme *m* state police
gêner to bother
général(e) general
généralement generally
génération *f* generation
génie *m* genius
genre *m* kind, gender
gens *m or f pl* people; **jeunes gens** young men, young people; **les petites gens** the humble people
gentil, gentille nice, kind
gentiment kindly
géographe *m* geographer
géographie *f* geography
géologie *f* geology
géométrie *f* geometry
géranium *m* geranium
gérant *m* manager
germanique Germanic
geste *m* gesture
gibier *m* game
giron *m* lap
glace *f* ice
gland *m* acorn
glisser to slip (*intrans*); **faire glisser** to slip (*trans*)
gloire *f* glory
glorifier to glorify
golf *m* golf
gosse *m* kid, child
gothique Gothic, style of architecture created in France in the 12th century
gouffre *m* cave, chasm
gourmet *m* gourmet, epicure
goût *m* taste
goutte *f* drop

gouvernement *m* government
grâce à thanks to; **faire grâce de** to spare
gracieusement gracefully
gracieux(se) elegant, graceful
graduellement gradually
gramme *f* gram
grand(e) tall; great; **Grande-Bretagne** *f* Great Britain; **la Grande Charte,** Magna Carta; **pas grand-chose** nothing much; **les grands et les petits** the great and small; **grand-duc** *m* grand duke
grandir to grow
grandissant growing
grand-mère *f* grandmother
grand-père *m* grandfather
gras (se) fat
gratte-ciel *m* skyscraper
gratuit(e) free
grave serious
graveur *m* engraver
gravité *f* gravity, seriousness
gravure *f* engraving
gré: bon gré mal gré like it or not
grec *m* Greek
Grèce *f* Greece
grenouille *f* frog
grille *f* fence
griller to cook on a grill
grimper to climb
grimpeur *m* climber
gris(e) gray
grisonnant turning gray
gros, grosse big, large; **en gros** wholesale
grotte *f* grotto
groupe *m* group; **en groupe** in a group
grouper to group, to bring together
guère: ne . . . guère scarcely, hardly
guéri *p part of* **guérir**
guérir to cure; **se guérir** to get well
guérison *f* cure
guerre *f* war; **guerre mondiale** world war
guichet *m* ticket window
guide *m* guide
guider to guide
guillotine *f* guillotine

H

habile skilful
habilement skilfully
habileté *f* skill

habillé(e) dressed
habiller: s'habiller to dress
habit *m* dress, costume; habits *m pl* clothes
habitant *m* inhabitant
habitation *f* home, habitation
habité inhabited
habiter to live, to dwell
habitude *f* habit, practice; habitudes gastronomiques eating habits; d'habitude usually
habitué(s) (à) accustomed (to)
habituel(le) customary
habituer: s'habituer à to get used to
*Halles, les *f pl* Central Market
*haricot *m* bean
harmonie *f* harmony; harmoniousness
harmoniser: s'harmoniser to harmonize
*hasard *m* chance; par hasard by chance
*hasarder to venture
hâte: à la hâte hastily
*haut(e) high, loud; haut-parleur loudspeaker
*hauteur *f* height
hélas alas
Henry IV popular King of France (1589–1610)
herbe *f* grass; fines herbes herbs
*hérissé(e) de bristling with
héroïne *f* heroine
héroïque heroic
*héron *m* heron
*héros *m* hero
hésitation *f* hesitation
hésiter to hesitate
heure *f* hour; à cinq heures et demie at five-thirty; de bonne heure early; de très bonne heure very early; à l'heure per hour; on time; à l'heure actuelle now, at present; juste à l'heure right on time; tout à l'heure in a short while, a short while ago; heures d'affluence rush hours
heureusement fortunately
heureux(se) happy, fortunate
histoire *f* history; story
historique historical
hiver *m* winter; en hiver in winter
hivernant *m* winter vacationer
*hollandais(e) Dutch
*Hollande, la *f* Holland
*homard *m* lobster

homme *m* man; jeune homme young man; homme d'État statesman
homogène homogeneous, of one kind
honneur *m* honor
honorable respectable
honorer to honor
honorifique honorary
*honte: avoir honte (de) to be ashamed (of)
horaire *m* schedule
horloge *f* wall clock
horreur *f* horror
horrible horrible
horriblement terribly
*hors out of, outside
*hors-d'œuvre *m pl* appetizers
hospitalier hospitable
hospitalité *f* hospitality
hostilité *f* hostility
hôte *m* host; guest
hôtel *m* hotel
*hotte *f* basket carried on the back
*houx *m* holly
*huit eight
huître *f* oyster
humain(e) human
humaniste *adj* humanistic, cultural
humanités *f pl* the humanities
humeur *f* humor
humide damp, humid
humidité *f* humidity
humour *m* wit
*hutte *f* hut

I

ici here
idéal(e) ideal
idée *f* idea
identifier to identify
idiot idiotic
ignorance *f* ignorance
île *f* island; île de la Cité island in the Seine in the center of Paris
illisible illegible
illuminé(e) lighted
illuminer to light up
illusion *f* illusion
illustre famous
image *f* picture
imaginaire imaginary

imagination *f* imagination
imaginer to imagine; to fancy, to picture
immédiat immediate, near
immédiatement immediately
immémorial immemorial
immense vast
immensité *f* vastness
immeuble *m* building, real estate
impartial(e) impartial
impartialité *f* impartiality
impatience *f* impatience
impatient(e) impatient
impératrice *f* empress
impérial imperial
impérissable imperishable
imperméable *m* raincoat
importance *f* size, importance
important(e) important, large
importation *f* import
importe: n'importe (où) no matter (where); tout ce qui importe all that matters; peu importe it makes little difference
importer to import, to be important
imposant(e) imposing
imposer to impose; s'imposer to be established, to take over
impossible impossible
impôt *m* tax
impression *f* impression
impressionné *p part of* impressionner
impressionner to impress
impressionnisme *m* impressionism
impressionniste *m* impressionist
imprimer to print
imprudent foolhardy
inadmissible unacceptable
inattendu(e) unexpected, strange
inaugurer to inaugurate, to unveil, to set up
incapable unable
incertitude *f* uncertainty
incident *m* incident, event
incommode inconvenient
inconcevable inconceivable
inconnu(e) unknown
inconvénient *m* disadvantage
incroyablement incredibly
incrusté incrusted, covered with
indéfiniment indefinitely
indépendance *f* independence
Indes: les Indes, l'Inde India

indication *f* sign; notice
indifférence *f* indifference
indifférent indifferent
indignation *f* indignation
indigne unworthy
indiquer to indicate
indirect indirect
indiscret indiscreet; impolite
indispensable indispensable
indistinct(e) indistinct
individu *m* individual
individualisme *m* individualism
individualiste *m or f* individualist
individualité *f* individuality
industrialiser to industrialize
industrie *f* industry
industriel(le) industrial
inégalité *f* inequality
inerte inert, inactive, sluggish
inexpliqué unexplained
inférieur(e) inferior
infiltration *f* infiltration
infiltrer: s'infiltrer to trickle
infime very small
infiniment infinitely
inflation *f* inflation
influence *f* influence
information *f* information
ingénieur *m* engineer
ingénieusement cleverly
ingénieux ingenious, clever
inhabité uninhabited
inintelligible unintelligible
initiative *f* original idea
initier to initiate
injuste unfair
innocemment innocently
innovation *f* innovation
inoffensif(ve) harmless
inondation *f* flood, inundation
inondé flooded
inoubliable unforgettable
inquiet worried
inquiétude *f* worry, anxiety
insalubrité *f* impurity, unwholesomeness
inséparable de tied up with
inspiration *f* inspiration
inspirer to inspire
instabilité *f* instability
installation *f* installation
installer: s'installer to sit down, to get settled

instant *m* instant, moment
Institut des Études Politiques Graduate school of Political Science
instituteur *m* teacher (elem. school)
instructif(ve) instructive
instruction *f* instruction, education
instruire to teach, to instruct
instrument *m* instrument; contraption
insuffisant inadequate
insulte *f* insult
intégrité *f* integrity
intelligent(e) intelligent
intempéré(e) not temperate; intemperate
intention *f* intention; **avoir l'intention de** to intend
interdire to forbid; **il est interdit de** it is forbidden
interdit *p part of* **interdire**
intéressant(e) interesting
intéresser to interest, to concern; **s'intéresser** to be interested
intérêt *m* interest; **divergence d'intérêts** conflict of interests
intérieur *m* interior; **à l'intérieur** inside
interminable endless, interminable
international(e) international
internationalisé internationalized
interpeller: s'interpeller to shout at each other
interrogation *f* question
interrompent *pr ind 3rd pl of* **interrompre**
interrompre to interrupt
intervalle *m* interval
intervenir to intervene
intriguer to puzzle, to intrigue
introduire to bring in
introuvable impossible to find
inusité(e) unusual
inutile useless
invasion *f* invasion
inventer to invent
invitation *f* invitation
invité *m* a guest
inviter to invite
ira *fut 3rd sg of* **aller**
ironiquement ironically, jokingly
ironiste *m* an ironical person
irons: nous irons *fut 1st pl of* **aller**
irrévocable irrevocable, unchangeable
isoler to isolate; **s'isoler** to isolate oneself
Italie *f* Italy
Italien(ne) Italian; **italien(ne)** *adj* Italian

J

jamais ever; **ne ... jamais** never
jambon *m* ham
janvier January
jardin *m* garden; **jardin potager** vegetable garden; **le Jardin du Luxembourg** the Luxemburg Gardens
jardinier *m* gardener
jaune yellow
jeter to throw; **jeter un coup d'œil** to glance, to take a look; **se jeter** to empty (into)
jeu *m* play; **en jeu** at stake; **le jeu de la libre concurrence** functioning of free competition
jeune young; **jeune fille** girl; **jeunes gens** young men, young people
jeunesse *f* youth
joie *f* joy, pleasure
joindre to join; **joindre les deux bouts** make both ends meet; **se joindre** to be joined
joli(e) pretty
joliment prettily
jouent *pr ind 3rd pl of* **jouer**
jouer to play; **jouer aux cartes** to play cards
jouet *m* toy
jouir to enjoy
jour *m* day; **un jour** some day; **le jour** in the daytime; **un de ces jours** one of these days; **tous les jours** every day; **de nos jours** in our time; **ces jours-ci** these days; **jours d'affluence** busy days
journal(aux) *m* newspaper
journaliste *m* journalist
journée *f* day, the entire day; day's work
jovial(e) jolly
joyeusement joyously
joyeux joyous
judicieusement judiciously
juge *m* judge
jugement *m* judgment; **Jugement dernier** Last Judgment
juger to judge, to consider
juillet July
juin June
jus *f* juice
jusqu'à as far as; until; **jusque-là** until then

juste just; **juste à l'heure** right on time; **au juste** exactly
justifier to justify

K

kaki *m* khaki
kilo *m* kilogram (2.2 pounds)
kilomètre *m* kilometer (⅝ of a mile)
kiosque *m* news stand
klaxon *m* horn
klaxonner to blow a horn

L

l' *see* **le**
la *see* **le**
là there; **c'était là** that was; **là-bas** over there; **jusque-là** until then
-là *see* **ce, cet, cette . . . là**
labyrinthe *m* maze
lac *m* lake
lacet: route en lacet hairpin curves
laisse: en laisse on a leash
laisser to let, to leave; to allow; **je vais vous les laisser à un franc** I will let you have them for one franc
lait *m* milk
laitue *f* lettuce; **quartier de laitue** quarter of a head of lettuce
lampe *f* lamp; **lampe à pétrole** kerosene lamp
lancement *m* launching; orbiting
lancer to throw
langage *m* speech
langue *f* language, tongue
lanterne *f* lantern
lapin *m* rabbit
lard *m* bacon
large wide, broad
largeur *f* width
latin *m* Latin
laver to wash
le, la, les, l' the; *pron* he, her, it, them
lécher to lick
lecteur *m* reader
légende *f* legend; inscription
léger, légère light
légèrement slightly; lightly
légume *m* vegetable

lendemain: le lendemain the next day; **du jour au lendemain** overnight
lent(e) slow
lentement slowly
lequel, laquelle, lesquels, lesquelles *rel pron* which
lettre *f* letter; **gens de lettres** writers; **à la lettre** literally
leur(s) *poss adj* their; **leur** *pron* to them, for them
lever to raise
levier *m* lever
libération *f* liberation
libérer to liberate, to set free
liberté *f* freedom; **liberté d'esprit** freedom of the mind; independence
libraire *m* book dealer
libre free; **l'école libre** schools not run by the government
lieu(x) *m* place; **au lieu de** instead of; **avoir lieu** to take place; **lieu de rendez-vous** meeting place; **nom de lieu** place name; **il y a lieu** there is reason, there are grounds
lieue *f* league
lieutenant *m* lieutenant
liftier *m* elevator operator
ligne *f* line
limiter to limit
limousine *f* limousine
linge *m* linen
lire to read
lisent *pr ind 3rd pl of* **lire**
lisez: vous lisez *pr ind 2nd pl of* **lire**
lisiez: vous lisiez *imperf ind 2nd pl of* **lire**
liste *f* list
lit *m* bed
litre *m* liter (slightly more than an American quart)
littéralement literally
littérateur *m* writer
littérature *f* literature
livre *m* book; **livres d'occasion** second-hand books; **livre de cuisine** cookbook
livre *f* pound
livrer to deliver
local(e) local
localité *f* town, village, place
locomotive *f* locomotive
loge *f* loggia
logement *m* housing
loger to house, to put up

logique logical

loi *f* law

loin far; **loin de là** far from it; **loin d'être extrémiste** far from being radical; **au loin** in the distance

lointain(e) far-off, distant; **dans le lointain** in the distance

loisir *m* leisure

long(ue) long; **le long de** along; **sept kilomètres de long** 7 kilometers long; **à la longue** in the long run

longtemps a long time, long; **depuis longtemps** for a long time

longuement at length

lorsque when

louable praiseworthy

Louis XV King of France (1715–1774)

lourd(e) heavy

lourdement heavily

loyal loyal

lu *p part of* **lire**

lucarne *f* dormer-window

lueur *f* dim light

lui him, to him, her, to her

lui-même himself, itself

lumière *f* light

lumineux light

lune *f* moon

luxe *m* luxury

Luxembourg *m* Luxemburg

luxueux luxurious

lycée lyceum (combination of high school and junior college)

lyre *f* lyre

M

M. *abbr for* **Monsieur** Mr.

machine *f* machine, car

magasin *m* store; **grand magasin** department store

magie *f* magic

magnétophone *m* tape recorder

magnifique magnificent

magnifiquement magnificently

mai May

maillot *m* jersey

main *f* hand; **main-d'œuvre** *f* labor, labor supply

maint many; **maintes fois** many times

maintenant now

maintenir to maintain, to keep

maintiennent: ils maintiennent *pr ind 3rd pl of* **maintenir**

mais but; **mais oui** oh! yes

maison *f* house; firm

maître *m* master, teacher

majorité *f* majority

mal *m* evil; **avoir du mal** have difficulty; *adv* **mal** badly; **pas mal** a good many; not bad

malade sick

maladie *f* disease, sickness

malencontreusement unluckily

malfaiteur *m* felon, offender

malgré in spite of

malheur *m* misfortune; **le malheur est** the sad part is

malheureusement unfortunately

malheureux(euse) unhappy, unsuccessful

malicieusement maliciously; knowingly

malin shrewd, cunning, sly

maman *f* mother

Manche *f* the English Channel

mangeable edible

manger to eat

manière *f* manner

manifestation *f* demonstration

manifestement clearly, evidently

manifester to show; to demonstrate

manœuvre *f* manoeuvre

manœuvrable manœuverable

manque *m* lack

manquer to miss, to fail; to lack

manuel *m* manual

manuscrit *m* manuscript

marais *m* swamp; **Le Marais** section of Paris

marbre *m* marble

marchand(e) merchant, dealer

marchander to bargain

marchandise *f* goods; **train de marchandises** freight train

marche *pr ind 3rd sg of* **marcher**

marché *m* market; **marché aux fleurs** flower market; **à bon marché** cheap; **le bon marché** cheapness, low cost; **Marché Commun** Common Market

marcher to walk, to run (cars, watches); to succeed

mare *f* pool

maréchal *m* marshal

mari *m* husband

marié(e) *p part of* **marier** married
marque *f* make, sign
marqué *p part of* **marquer**
marquer to mark
marquis *m* marquis
marron *m* chestnut
mars March
martyr *m* martyr
massacrer to slaughter
masse *f* crowd, mass
massif *m* mountain mass; clump of shrubbery or flowers; **Massif Central** the moutains in the center of France
massif(ve) massive
match *m* game; match
matérialisme *m* materialism
matérialiste *adj* materialistic
matériel *m* equipment, matériel
mathématiques *f pl* mathematics
matière *f* (school) subject; **matière première** raw material; **matière colorante** dye
matin *m* morning; **une heure du matin** 1:00 A.M.; **le matin** in the morning; **tous les matins** every morning
matinée *f* morning
mauvais(e) bad; **la mauvaise direction** the wrong direction
mayonnaise: **sauce mayonnaise** mayonnaise dressing
me me, to me
mécanicien *m* mechanic
méchant(e) wicked
mécontent(e) displeased, discontent
médecin *m* doctor
médecine *f* medicine
médiocre mediocre
Méditerranée *f* Mediterranean
meilleur(e) better; **le meilleur, la meilleure** the best
mélange *m* mixture
membre *m* member
même even; **le même, la même, les mêmes** the same; *adj* same (if preceding noun), very, self (if following noun); **tout de même** nevertheless; **au cœur même de la ville** in the very heart of the city; **de même que** just as
mémoire *f* memory
mémorable memorable

menacé threatened
ménage *m* household; **faire le ménage** to clean house
ménager to provide, to install
ménagère *f* housewife
mener to lead
mentionner to mention
menu *m* menu
mer *f* sea; **la Mer du Nord** the North Sea
merci thank you
mère *f* mother
mérite *pr ind 3rd sg of* **mériter**
mériter to deserve
merveille *f* marvel
merveilleux(se) marvelous
messe *f* mass
messieurs (*pl of* **monsieur**) gentlemen
mesure *f* measure; bill; **à mesure que** as; **dans la mesure que** to the extent that; **dans une certaine mesure** to a certain extent
mesurer to measure
met: **il met** *pr ind 3rd sg of* **mettre**
méthode *f* method
métier *m* trade, occupation
mètre *m* meter (39.36 inches)
métrique metric
métro (*abbr of* **métropolitain**) *m* Paris subway
mettre to put, to put on; **se mettre d'accord** to get together
meuble *m* a piece of furniture
Midi *m* the South
mieux better; **rien de mieux** nothing better; **le mieux** the best
milieu *m* milieu; surroundings; group; middle; **au milieu de** amidst
mille thousand
millier *m* (about a) thousand
million *m* million
millionnaire *m* millionaire
mimosa *m* mimosa
mine *f* mine
minéral(e) mineral
ministère *f* ministry, cabinet
ministériel(le) ministerial; of or pertaining to a cabinet
ministre *m* member of cabinet
minorité *f* minority
minuit *m* midnight
minuscule tiny
minute *f* minute

mis *p part of* **mettre; bien mis** well dressed
misérable poor, shabby
Mme (*abbr of* **Madame**) *f* Mrs.
mode *f* style; **à la mode** in style
modération *f* moderation
moderne modern, up-to-date
modernisation *f* modernization
moderniser to modernize
modestement modestly
modique modest, trifling
mœurs *f* manners
moindre less; **le moindre** the least
moine *m* monk
moins less; **à midi moins dix** at ten minutes to twelve; **au moins, du moins** at least; **ni plus ni moins** neither more nor less; **plus ou moins** more or less; **le moins** the least; **le moins du monde** the least bit
mois *m* month
moisissure *f* mold
moitié *f* half
moment *m* moment; **en ce moment** right now
monarchie *f* monarchy
monde *m* world; people; **beaucoup de monde** many people; **tout le monde** everyone; **un monde nouveau** a new world
monologue *m* monologue
monotonie *f* monotony
monsieur sir; Mr.; **messieurs** gentlemen
monstre *m* monster; *adj* monstrous
montagne *f* mountain; **montagnes Rocheuses** Rocky Mountains
montagneux(se) mountainous
montant(e) steep
monte *pr ind 3rd sg of* **monter**
montée *f* climb
monter to mount, to go up, to climb; *trans* to take up; **monter dans** to get in
Montmartre center of Paris night life
montre *f* watch
montrer to show
monument *m* monument
moquer: se moquer de to make fun of
morceau *m* piece
morose sullen, dark, dismal
mort *f* death; *m* dead person
mort *p part of* **mourir**
mot *m* word

moteur *m* motor
motocyclette *f* motorcycle
motorisé motorized
mouiller: se mouiller les pieds to get one's feet wet
moule *f* mussel
moulin *m* mill; **moulin à vent** windmill
mourir to die
mousse *f* moss; frozen dessert; **mousse aux fruits** a fruit mousse
moustache *f* mustache
mouton *m* sheep
mouvement *m* movement
moyen *m* means; **par ses propres moyens** under its own power
moyen(ne) medium; **Moyen Âge** Middle Ages
moyennant by paying
moyenne *f* average
muguet *m* lily of the valley
mule *f* mule
multicolore multi-colored
multiple multiple
multiplier: se multiplier to multiply
multitude *f* multitude
municipal of a city
mur *m* wall; **aux murs gris** with gray walls
mûr(e) ripe
muraille *f* wall
muscle *m* muscle
musée *m* museum
musicien *m* musician
musique *f* music
mutiler to mutilate
mystère *m* mystery

N

n' *see* **ne**
nager to swim
naissance *f* birth
naître to be born; **qui vient de naître** who has just been born
narrateur *m* narrator
natal(e) native
nation *f* nation
national(e) national
nationaliser to nationalize
nationalité *f* nationality
Nativité *f* Nativity

nature *f* nature; **de nature à** likely to
naturel(le) natural
naturellement naturally, of course
navigateur *m* sailor
navire *m* ship
ne: ne . . . pas not; **ne . . . guère** scarcely, hardly; **ne . . . jamais** never; **ne . . . plus** no longer, no more; **ne . . . que** only; **ne . . . ni . . . ni** neither . . . nor
néanmoins nevertheless
nécessaire necessary
nécessairement necessarily
nécessité *f* necessity
nécessiter to make necessary, to call for
nef *f* nave (of a church)
négligeable negligible
négliger to neglect
neige *f* snow
neiger to snow
nettoyage *m* clearing
nettoyer to clean
nettoyeur *m* cleaner
neuf, neuve new
neutre neutral
ni neither, nor; **ne . . . ni . . . ni** neither . . . nor
nitrocellulose *f* nitrocellulose
niveau *m* level
noble noble
noblement nobly
nocturne nocturnal
Noël *m* Christmas
noir(e) black
noirci blackened
noix *f* walnut
nom *m* name; **au nom sinistre** with the sinister name
nombre *m* number; **bon nombre** a good many
nombreux(euse) numerous
nommer to name, to appoint
nord *m* North
Normandie *f* Normandy
nostalgie *f* homesickness; nostalgia
notamment notably, especially
note *f* grade
noter to grade, to note
notre *adj* our
nôtre: le nôtre, la nôtre, les nôtres *pron* ours
nourrir to feed
nous we; us; ourselves

nouveau, nouvelle new; **tout nouveau** right new; **de nouveau** again
nouvelle *f* (piece of) news; **vous m'en direz des nouvelles** you'll love it
La Nouvelle-Orléans New Orleans
novembre November
nu(e) naked
nuance *f* nuance, tint, shade
nuée *f* cloud
nuit *f* night; darkness; **toute la nuit** all night; **la nuit** by night; **une nuit blanche** a sleepless night
nullement not at all
numéro *m* number (in a series)

O

obélisque *m* obelisk
objet *m* object, thing
obligeant helpful
obliger to oblige; **vous serez obligé de** you will have to
obscur dark
obscurité *f* darkness
observateur *m* observer
observation *f* observation
observe *pr ind 3rd sg of* **observer**
observer to notice, to observe
obstacle *m* obstacle
obus *m* cannon shell
occasion *f* opportunity; **avoir l'occasion de** have occasion to; **livre d'occasion** secondhand book; **une occasion** a bargain; **à l'occasion de** on the occasion of
occidental(e) Occidental, Western
occupation *f* occupation
occupé(e) occupied, busy
occuper to occupy; **s'occuper de** to take care of
odeur *f* odor
œil *m* eye; **yeux** eyes; **leur mettait sous les yeux** put before their eyes; **un coup d'œil** a glance
œillet *m* pink, carnation
œuf *m* egg; **œuf à la coque** soft boiled egg
œuvre *f* work; **main-d'œuvre** *f* labor, labor supply
offenser to offend
offert *p part of* **offrir**
officiel official
offre: il offre *pr ind 3rd sg of* **offrir**

offrir to offer; to provide; to present; **s'offrir** to afford
oie *f* goose
oignon *m* onion
oiseau *m* bird
omelette *f* omelet; **omelette aux champignons** mushroom omelet
omettre to omit
on, l'on one, someone, they, people
oncle *m* uncle; **chez son oncle** in his uncle's office
ont *pr ind 3rd pl of* **avoir**
opération *f* operation
opérer to operate
opinion *f* opinion
opposition *f* opposition
optimiste optimist
option *f* option
or now; but
orage *m* storm
oral, oraux oral
orange *f* orange
orateur *m* orator
orbite *f* orbit
ordinaire ordinary; **d'ordinaire** usually
ordonné(e) orderly
ordonner to command
ordre *m* order; **d'ordre économique** of an economic nature
ordure *f* rubbish, trash
oreille *f* ear
organisation *f* organization
organiser to organize; to set up
organisme *m* organism
orienter to direct, to orientate, to turn
orifice *m* opening
original(e) original
originalité *f* originality
origine *f* origin
orné *p part of* **orner**
ornement *m* ornament, adornment
orner to adorn
os *m* bone
oser to dare
ôter to take away
ou or
où where, when, in which; **d'où** whence
oublier to forget
ouest *m* West
oui yes; **mais oui** oh! yes
outil *m* implement
outre beyond; **outre les Français** in addition to the French; **en outre** besides, moreover; **Outre-Manche** Great Britain; **Outre-Atlantique** the U.S.
ouvert(e) open
ouverture *f* opening
ouvrant: en ouvrant in opening
ouvre *pr ind 3rd sg of* **ouvrir**
ouvrier *m* laborer
ouvrir to open (*trans*); **s'ouvrir** to open (*intrans*)

P

page *f* page
paille *f* straw
pain *m* bread; loaf of bread
paisible peaceful
paisiblement peacefully
palais *m* palace; **palais de justice** courthouse
pancarte *f* sign
panier *m* basket
panneau *m* panel; **panneau-indicateur** road sign; **panneau-réclame** billboard
panorama *m* panorama
papier *m* paper
paquebot *m* ocean liner
par by; **par ici** this way
paraît: il paraît *pr ind 3rd sg of* **paraître**
paraîtrait *condl 3rd sg of* **paraître**
paraître to appear, to seem; **vient de paraître** just out; **paraît-il** it seems
parallèlement parallel to, along with
parapluie *m* umbrella
parasol *m* parasol
parc *m* park
parce que because
parcours *m* route
pare-brise *m* windshield
parent *m* parent, relative
parfait(e) perfect; right
parfaitement perfectly
parfois sometimes
pari *m* bet
parier to bet
Paris-Presse a Paris daily
Parisien(ne) Parisian
parking *m* parking lot
parle *pr ind 3rd sg of* **parler**
parlent *pr ind 3rd pl of* **parler**
parler to speak

parmi among
paroi *f* wall, inner side
parole *f* word (spoken)
parsemer to sprinkle
part *f* part, share; **prendre part** to take part, to participate; **quelque part** somewhere; **d'autre part** on the other hand
part: il part *pr ind 3rd sg of* **partir**
partager to share
partant *pr part of* **partir; en partant** on leaving
parterre *m* flower bed
parti *m* party (political); **tirer parti de** to make use of, to turn to advantage
participant *m* participant
participer to take part
particulier(ière) particular
particulièrement particularly, especially
partie *f* part; **en partie** in part; **faire partie de** to be a part of; **une partie de bridge** a bridge game
partir to leave, to start, to set out; **à partir de ...** beginning with ...
partout everywhere, on all sides
pas *m* step
pas: ne ... pas not; **pas exactement** not exactly
passage: de passage à passing through, temporarily in
passager(ère) temporary; *n* passenger
passant *m* passer-by
passé *m* past
passé *p part of* **passer**
passer to pass; to pass by; to spend (time); to take (an examination); **se passer** to take place, to happen
passionnant(e) thrilling, exciting
Pasteur famous French scientist (1822–1895)
pâté *m* paté; **pâté de foie gras** goose liver paté
patiemment patiently
patience *f* patience
patine *f* patina
patinette *f* scooter
pâtisserie *f* pastry; pastry shop
pâtissier *m* pastry-cook
patron *m* boss, employer
patte *f* leg (of animal); paw
pauvre poor; **pauvre diable** poor fellow
pavillon *m* pavilion

payer to pay, to pay for
pays *m* country; **pays étranger** foreign country; **avoir le mal du pays** to be homesick; **Les Pays-Bas** Netherlands
paysage *m* landscape
paysan *m* peasant
Peau-Rouge *m* redskin; American Indian
pêche *f* fishing; **pêche à la ligne** angling
pêcher to fish
pêcheur *m* fisherman; **pêcheur à la ligne** angler
pédagogique pedagogical
pédaler to pedal, to ride a bicycle
peindre to paint
peine *f* difficulty, penalty; **à peine** scarcely; **sans peine** easily
peint(e) *p part of* **peindre**
peintre *m* painter
peinture *f* painting
pelouse *f* lawn
pendant during; for; **pendant quelques semaines** for a few weeks
pénétration *f* penetration
pénétrer to enter
pénible difficult, painful
pense *pr ind 3rd sg of* **penser**
penser to think; **penser à** to think of
percer to pierce
perdre to lose; **perdre son temps** to waste time; **se perdre** to be lost
perdu *p part of* **perdre** isolated
père *m* father
performance *f* performance
périphérie *f* periphery
périssable perishable
permettez *imper of* **permettre**
permettre to permit, to allow; **se permettre** to take the liberty of
permis *p part of* **permettre**
permission *f* permission; leave; **permission de minuit** pass until midnight
perpétuel(elle) permanent; constant
perplexité *f* state of perplexity, of uncertainty
persécuter to harass
persistant(e) persistent
personnage *m* person (of importance)
personne *f* person; **en personne** in person
personnel *m* staff, employees
personnel(le) personal
personnellement personally
perspective *f* view

PERSPECTIVE

persuadé convinced

perte *f* loss; **à perte de vue** as far as you can see

pertinent(e) relevant, to the point

peser to weigh

pessimiste pessimist

petit(e) small; **petit-fils** *m* grandson

pétrole *m* oil

peu *m* little; **un peu, quelque peu** a little; somewhat; **peu à peu** little by little; **à peu près** about, approximately; **peu de gens** few people; **sous peu** shortly, soon

peuple *m* people; common people

peuplé inhabited, occupied

peur *f* fear; **de peur de** for fear of; **avoir peur** to be afraid; **de peur que** for fear that; **faire peur** to scare, to frighten; **peur bleue** fright

peut: **il peut** *pr ind 3rd sg of* **pouvoir**

peut-être perhaps

peuvent: **ils peuvent** *pr ind 3rd pl of* **pouvoir**

peux: **je peux** *pr ind 1st sg of* **pouvoir**

phare *m* lighthouse, beacon; headlight

phénomène *m* phenomenon

philosophe *m* philosopher

photographie, photo *f* photograph

phrase *f* sentence, phrase

physiothérapie physiotherapy

physique physical

piano *m* piano

pièce *f* play; room

pied *m* foot

pierre *f* stone

piéton *m* pedestrian

pigeon *m* pigeon; **pigeon-voyageur** homing pigeon

pilier *m* pillar

pire worse

pis: **tant pis** too bad

piscine *f* swimming pool

piste *f* path

pittoresque picturesque

pivot *m* swivel

place *f* square; **la place de l'Opéra** Opera Square

place: **à la place de** instead of

place *pr ind 3rd sg of* **placer**

placer to place, to put

plafond *m* ceiling

plage *f* beach

plaider to plead

plaindre: **se plaindre** to complain

plaine *f* plain

plainte *f* complaint

plaire to please; **s'il vous plaît** please, if you please; **se plaire à** to be pleased in (or at)

plaisant(e) amusing; **un mauvais plaisant** a poor joker

plaisanterie *f* joke

plaisent: **se plaisent** *pr ind 3rd pl of* **se plaire**

plaisir *m* pleasure; **cela me fait plaisir** it pleases me

plaît *pr ind 3rd sg of* **plaire**

plan *m* map; plan; **sur le plan national** on a national scale; **plan d'aménagement** city planning

plante *f* plant

planté *p part of* **planter**

planter to plant; **planté de** planted with

plaque *f* plaque

plat *m* dish; **un plat chauffé** a heated dish

plateau *m* plateau, top

plein(e) full; **en plein air** in the open; **battre son plein** to be in full swing

pleut: **il pleut** *pr ind 3rd sg of* **pleuvoir**

pleuvoir to rain

pliant(e) folding; **une chaise pliante** a folding chair

plomb *m* lead

pluie *f* rain

plupart *f* most; majority; **la plupart des gens** most people

plus more; **plus ou moins** more or less; **plus de** more than; **plus que** more than (with verb); **de plus en plus** more and more; **ni plus ni moins** neither more nor less; **ne ... plus** no more, no longer; **le(la, les) plus** the most; **le plus sûr** the surest; **non plus** not ... either

plusieurs several

plutôt rather

pneumatique, pneu *m* tire

poche *f* pocket

poêle *f* frying pan

poème *m* poem

point *m* point, place; **point de vue** point of view; **sur le point de** on the point of; **en tout point** entirely; **à point** cooked just enough

poisson *m* fish
poitrine *f* chest
poivrer to pepper
poli polite
police *f* police; **agent de police** police-man
policier of the police; **roman-policier** detective story
poliment politely
politesse *f* civility
politique *f* politics; *adj* political
pommard *m* Pommard, a red Burgundy wine
pomme *f* apply; **pomme de terre** potato
ponctualité *f* punctuality
pont *m* bridge; **Le Pont-Neuf** New Bridge, the oldest bridge in Paris
populariser to popularize
populaire popular; **Paris populaire** Paris of the people
popularité *f* popularity
population *f* population
porc *m* pork, pig
porcelaine *f* porcelain
port *m* port
portail *m* portal, large door
porte *f* gate, door; **porte cochère** carriage entrance
porte *pr ind 3rd sg of* porter
porte-bonheur *m* bringer of goodluck
portée *f* reach; **hors de portée** out of reach
portefeuille *m* wallet
porter to wear; to carry; **elle porte bien son âge** it carries its age well, grows old gracefully; **porter sur** to concern
porteur *m* porter, bearer
portrait *m* portrait
pose *pr ind 3rd sg of* poser
poser to place; to put; to ask (a question); **poser un problème** to raise a problem; **se poser** to land (of planes, birds, etc.)
posséder to possess
possible possible; **tout leur possible** all they can
poste *m* station; **poste émetteur** broadcasting station (radio)
pot *m* pot
potager: **jardin potager** vegetable garden
poteau *m* stake

poulie *f* block and pulley
poupée *f* doll
pour in order to (with infinitive); *prep* for; **pour qui** for whom; **gentil pour moi** nice to me; **le pour et le contre** the pros and cons
pourquoi why
pourrait: **il pourrait** *condl 3rd sg of* pouvoir
poursuite *f* pursuit
poursuivre to pursue
pourtant however, for all that
pousse *pr ind 3rd sg of* pousser
pousser to push, to grow; **faire pousser** to grow
poussière *f* dust
pouvez: **vous pouvez** *pr ind 2nd pl of* pouvoir
pouvoir to be able, can, could, may, might; **il pourrait bien** he might well; *m* power
pouvons: **nous pouvons** *pr ind 1st pl of* pouvoir
pratique *adj* practical; *f* practice
pratiquer to practice
pré *m* meadow
préalablement previously
précaution *f* precaution
précédé preceded
précédent(e) preceding
précis(e) precise, exact
précisément precisely
prédicateur *m* preacher
prédiction *f* prediction
prédire to predict
préétabli pre-established
préférer to prefer
préfet *m* prefect
préhistorique prehistoric
préjugé *m* prejudice
premier(ière) first; **en première classe** in first class
premièrement *adv* first
prend *pr ind 3rd sg of* prendre
prendre to take; to pick up; **prendre la fuite** to take flight; **prendre quelque chose** to have something to drink (or eat); **s'y prendre** to go about it
prennent: **ils prennent** *pr ind 3rd pl of* prendre
préoccupation *f* concern
préoccupé(e) worried

PRÉPARATION

préparation *f* preparation

préparer to prepare; **se préparer** to get ready

près (de) near; **tout près** very near; **à peu près** approximately; **de près** closely

présence *f* presence

présent(e) present

présentation *f* introduction

présenter to introduce, to present; **se présenter** to be a candidate

présidence *f* presidency

président *m* president

presque almost

presqu'île *f* peninsula

presse *f* press

pressé in a hurry

presser: se presser to hurry; to mill around

prestidigitateur *m* magician

prétendre to claim, to maintain

prêter to lend

prétexte *m* pretext

prêtre *m* priest

preuve *f* proof

prévoir to make provisions for

prévoyance *f* foresight

prévoyant provident, prudent

prier to pray; to ask

primaire primary, elementary

primitif(ve) old, original, primitive

primordial(e) primordial

prince *m* prince

principal(e) principal

principauté *f* principality

principe *m* principle; **principes de structure** structural principles

pris *p part of* **prendre**

printemps *m* spring

prison *f* prison

prisonnier(ière) prisoner

privé private

privilège *m* privilege

privilégié privileged

prix *m* price; **à prix fixe** fixed price

probablement probably

probatoire qualifying

problème *m* problem

procédé *m* process, method

procéder to proceed

prochain(e) next, near at hand

proche near; **Proche-Orient** *m* Near East

procurer: se procurer to get, to procure

prodigieux(euse) prodigious, very unusual

prodigue prodigal

production *f* production

produire to produce

produit *m* product; **produits alimentaires** food; **produits cosmétiques** cosmetics

professeur *m* professor

profession *f* profession

professionnel(le) professional

profit *m* profit

profitable profitable

profiter de to take advantage of

profond deep; profound; fundamental

profondeur *f* depth

programme *m* program; course

progrès *m* progress

projecteur *m* projector, spotlight

projectile *m* projectile

projet *m* plan; project

prolongement *m* continuation

prolonger: se prolonger to extend

promenade *f* walk

promènent: se promènent *pr ind 3rd pl of* **se promener**

promener: se promener to take a walk; **se promener en auto** to ride in a car

promeneur *m* stroller

promettant promising

promettre to promise

prompt prompt

prononcer to pronounce

prononciation *f* pronunciation

proportion *f* proportion

proportionné proportionate

propos: à propos by the way; apropos

propose *pr ind 3rd sg of* **proposer**

proposé(e) proposed

proposer to propose, to suggest

propre own; clean; **sa propre perfection** his own degree of perfection

propreté *f* neatness

propriétaire *m or f* owner

prospère prosperous

prospérité *f* prosperity

protéger to protect

protestation *f* protest

protester to protest

prouver to prove

proverbe *m* proverb

province *f* province; **en province** out of town, in the country

provision *f* supply
provoquer to provoke, to cause
proximité *f* proximity
prudent(e) prudent, sensible
psychologie *f* psychology
psychologique psychological
psychologue *m* psychologist
P. T. T., Postes, Télégraphes et Téléphones former name of the postal, telegraph and telephone service
public *m* public; *adj* public, publique public
publicité *f* publicity, advertising
puis then, afterwards
puisque since
puissance *f* power
puissant(e) powerful
puits *m* well
pull-over *m* sweater
punir to punish
pur(e) pure
purement purely
puritain puritan
Pyrénées *f pl* Pyrenees

Q

quai *m* platform
qualité *f* quality; en qualité de as
quand when
quantité *f* quantity
quarante-huitième forty-eighth
quarante-septième forty-seventh
quarante-sixième forty-sixth
quart *m* quarter; trois quarts d'heure three-quarters of an hour
quartier *m* quarter; Le Quartier latin the Latin Quarter; un quartier de laitue a quarter of a head of lettuce
quatorze fourteen
quatre four
quatrième fourth; quatrième étage fifth floor (The ground floor is not counted as an *étage*.)
que *conj* that; *rel pron* whom, which; que? what; qu'est-ce que? what
quel(le) *interrog adj* what
quelque, quelques some, a few; quelque chose something
quelquefois sometimes

quelques-uns, quelques-unes some, a few
quelqu'un someone
querelle *f* quarrel
question *f* question
queue *f* tail; faire la queue to wait in line
qui who; qui? who? whom?
quiconque whoever
quinze fifteen
quittent *pr ind 3rd pl of* quitter
quitter to leave; se quitter to separate, to leave each other
quoi what; avoir de quoi to have enough to
quoi? what? à quoi bon? what is the use? en quoi? of what?
quotidien(enne) daily

R

raccourcir to shorten
racine *f* root
raconter to relate, to tell
radio *f* radio
raide steep
raison *f* reason; en raison de because of
raisonnable reasonable, fair
raisonnablement reasonably
rajeunir to rejuvenate
ralentir to slow down
ralentissement *m* slowing down
ramener to bring back
ramoneur *m* chimney-sweep
rang *m* row; au premier rang in the front row
rangée *f* row
ranger to put away
rapide rapid, fast
rapidement fast, rapidly
rappeler to recall; se rappeler to remember, to recall
rapport *m* rapport, relation
rapporter to bring back, to relate
rapprocher: se rapprocher de to approach, to get closer
rare unusual, rare
rarement rarely
rassuré *p part of* rassurer
rassurer to reassure
rattacher: se rattacher to go back to
ravalement *m* cleaning and repair of a building

ravaler to clean and repair
ravissant charming
rayon *m* department (in a store), ray (of the sun)
réaliser to carry out
réalisme *m* realism
réalité: en réalité in reality
rebord *m* edge
rebours: à rebours in reverse
récemment recently
récent(e) recent, new
recette *f* receipt
recevoir to receive
recherche *f* seeking after
rechercher to look for, to go in for
récit *m* narration, narrative
réclame *f* advertising; **faire de la réclame** to advertise
réclamer to demand
reçoit: il reçoit *pr ind 3rd sg of* **recevoir**
récolter to harvest
recommandation *f* recommendation, advice
recommander to advise, to recommend
recommence *pr ind 3rd sg of* **recommencer**
recommencer to begin again
réconfortant comforting
reconnaît *pr ind 3rd sg of* **reconnaître**
reconnaître to recognize
recours *m* recourse
recouvert(e) covered
reçu *p part of* **recevoir**; **être reçu à un examen** to pass an examination
reculer to back up
redoutable formidable
réduire to reduce
réel, réelle real, actual
refaire to make over, to remake
refaites *p part f pl of* **refaire**
réfectoire *m* dining-hall
refléter: se refléter to be reflected
réforme *f* reform, reorganization
réfrigérateur *m* refrigerator
refuge *m* refuge
refuser to refuse, to reject
regagner to return to
regardant *pr part of* **regarder**
regarde *pr ind 3rd sg of* **regarder**
regarder to look at
regardez *imper of* **regarder**
régate *f* regatta

régie *f* state-owned business
régime *m* regime, government
région *f* region
régional regional
régionalisme *m* regionalism
règle *f* rule
regrettable regrettable
regretter to regret
régulier(ière) regular
reine *f* queen
réjouissance *f* rejoicing
relâché relaxed
relatif(ve) à having to do with
relation *f* relation
relativement relatively
relique *f* relic, remnant
remarquable remarkable
remarque *pr ind 3rd sg of* **remarquer**
remarquer to notice
remède *m* remedy
remédier to remedy
remercie *pr ind 3rd sg of* **remercier**
remercier to thank
remettre to put back; **remettre en train** to set going again
remise en état *f* restoration
remonter to go up again; to go up
rempart *m* rampart
remplacement: en remplacement as a replacement
remplacer to replace
remplir to fill
Renaissance *f* Renaissance
Renault popular French make of autos
rencontre *f* meeting of two persons; **vient à leur rencontre** comes to meet them
rencontrer to meet (*trans*); **se rencontrer** to meet (*intrans*)
rendez-vous *m* meeting place, appointment
rendre to give back; to make; **les honneurs qui leur sont rendus** the honors which are given them; **se rendre à** to go to; **se rendre compte** to realize
renne *m* reindeer
renoncer à to give up
renouveler to renew
rénover to remodel
renseignement *m* information
rentrée *f* return; **rentrée des classes** reopening of school (after a vacation)
rentrer to go back home, to go back in

renvoyer to send back
réorganisation *f* reorganization
réouverture *f* reopening
répandre: se répandre to spread
répandu(e) widespread
réparer to repair
repas *m* meal
repêcher to fish out
répété repeated
replier to fold over
réplique *f* retort, reply
répond *pr ind 3rd sg of* **répondre**
répondre to answer, to reply
répondu *p part of* **répondre**
réponse *f* answer, reply
repos *m* rest
reposer: se reposer to rest
représentation *f* performance; showing; representation
représenter to represent
reprocher to reproach; **de vous le reprocher** to reproach you for it
reproduire to reproduce
république *f* republic
réputation *f* reputation
requis required
réserver to reserve
résidence *f* residence
résistant hard
résonner to resound
résoudre to resolve; to solve
respecter to respect
respectif(ve) respective
responsabilité *f* responsibility
responsable responsible
ressembler à to resemble, to look like
ressortir to go out again
ressources *f pl* resources
restaurant *m* restaurant
restauration *f* restoration
restaurer to restore; to restore to the throne
reste *m* rest
rester to stay, to remain; **il n'en reste pas moins** none the less
restriction *f* restriction
résultat *m* result
résulter to result
rétablir to reestablish
retard: en retard late (behind schedule)
retomber to fall back
retour *m* return; **aller et retour** round trip; **en retour** in return, on the other hand
retournent *pr ind 3rd pl of* **retourner**
retourner to go back, to return, to turn over; **se retourner** to turn around
retrouver to find again; to meet
réunion *f* meeting
réunir to get together, to bring together; **se réunir** to meet
réussir (à) to succeed (in); to pass (an examination)
réussissait *imperf ind 3rd sg of* **réussir**
réveil *m* awakening
réveiller: se réveiller to wake up
réveillez-vous *imper of* **se réveiller**
réveillon *m* meal eaten on Christmas eve at midnight
révèle *pr ind 3rd sg of* **révéler**
révéler to reveal; **se révéler** to prove oneself
revenir to come back; to return; **qui en revient** who comes back from it
reviennent *pr ind 3rd pl of* **revenir**
révision *f* revision
revivre to revive, to come to life
revoir to see again; **se revoir** to see each other again, to meet again
révolution *f* revolution
révolutionnaire revolutionary
revu *p part of* **revoir**
revue *f* magazine
rez-de-chaussée *m* ground floor, street level
riant *pr part of* **rire**
riche rich
rideau *m* curtain
ridicule ridiculous
rien nothing; **ne ... rien** nothing; **rien de plus simple** nothing simpler
rigide rigid, inflexible
rire to laugh
risquer to risk, to run the risk of
rive *f* bank
rivière *f* stream
robe *f* dress
robuste tough
rocher *m* rock
rocheux (se) rocky; **les Rocheuses** *f pl* the Rocky Mountains
roi *m* king
rôle *m* role
Romain *m* Roman

roman *m* novel; **roman policier** detective story
romantique romantic
rompre to break, to break up
rond(e) round
rond-point *m* circle (traffic)
roquefort *m* Roquefort cheese
rose *f* round window of stained glass
rotatif(ve) rotary
roucouler to coo (like a turtledove)
roue *f* wheel
rouge red
rouler to roll
route *f* route; way; road; **trouver sa route** to find one's way
rouvrir to reopen
royal(e) royal
rudimentaire rudimentary
rue *f* street; **dans la rue** on the street
ruine *f* ruin

S

sa *see* **son**
sac *m* bag; **sac à provisions** shopping bag
sacré sacred; **quasi-sacré** practically sacred
sage wise, sagacious
sagesse *f* wisdom
sain et sauf safe and sound
saint(e) saint
Saint-Lazare name of large Paris railroad station
sais: je sais *pr ind 1st sg of* **savoir**
saisir to grasp
saison *f* season; **en toute saison** all the time; **marchand des quatre saisons** street vendor
sait: il sait *pr ind 3rd sg of* **savoir**
salade *f* salad, salad greens
salaire *m* salary (of a laborer)
sale dirty
saler to salt
salle *f* auditorium, large room; **salle de spectacles** theater; **salle à manger** dining room; **salle de bains** bathroom
salon *m* living room; **salon de l'Automobile** Automobile Show
sang *m* blood
sans without; but for
santé *f* health

satisfaction *f* satisfaction
satisfaisant satisfactory, successful
satisfait(e) satisfied
sauce *f* sauce, dressing
saucisse *f* sausage
sauf except
saut *m* jump
sauté browned; **sauté au beurre** browned in butter
sauter to jump
sauver to save
savait: il savait *imperf 3rd sg of* **savoir**
savant *m* scholar *adj* learned
savent: ils savent *pr ind 3rd pl of* **savoir**
saveur *f* flavor
savez: vous savez *pr ind 2nd pl of* **savoir**
savoir to know; to know how
Scandinave *m* Scandinavian
scène *f* scene
sceptique skeptical
science *f* science
sculpture *f* sculpture
séance *f* session
sec, sèche dry
second(e) second
secondaire secondary
secours: au secours! help!
secousse *f* jolt
secret *m* secret
section *f* section; department; division
seigneur *m* lord
sein *m* chest; bosom
Seine *f* the river which flows through Paris
seize sixteen
selon according to
semaine *f* week; **en semaine** on week days
semblable similar
semblent *pr ind 3rd pl of* **sembler**
sembler to seem
sens *m* direction; sense, meaning; **dans tous les sens** in every direction; **sens unique** one way traffic
sensé(e) sensible
sensiblement perceptibly
sentez: vous vous sentez *pr ind 2nd pl of* **se sentir**
sentimental(e) sentimental
sentir to smell; **se sentir** to feel
séparation *f* separation
sept seven

septembre September
seraient: ils seraient *condl 3rd pl of* être
serait: il serait *condl 3rd sg of* être
série *f* series
sérieusement seriously
sérieux(se) serious; **prendre au sérieux** take seriously
sermon *m* sermon
seront: ils seront *fut 3rd pl of* être
sert *pres ind 3rd sg of* servir
service *m* service; **service militaire** military service; **service des P. T. T.** postal, telegraph, and telephone service
serviette *f* napkin
servir to serve, to be of use; **se servir de** to use
serviteur *m* servant
session *f* session, period
seul(e) alone, lonely; single
seulement only; but; **non seulement** not only
sévèrement severely, strictly
si if; whether; so; yes; **mais si** oh yes
siècle *m* century
siège *m* seat, siege
sien: le sien, la sienne, les siens, les siennes his, hers
signalisation routière *f* road signs
signe *m* sign
signifie *pr ind 3rd sg of* signifier
signifier to mean
silencieusement silently
silencieux(se) silent
simple simple
simplement simply
simplicité *f* simplicity
singe *m* monkey
singulier(ère) singular, notable
sinistre sinistre
sinueux winding
sirop *m* syrup
site *m* site
situation *f* situation
situé(e) situated
six six
sixième sixth; **la classe de sixième** first year of lycée
ski *m* ski; **faire du ski** to go skiing
skieur *m* skier
slalom *m* slalom
smoking *m* tuxedo

sobrement soberly
social(e) social
société *f* society
sociologie *f* sociology
sœur *f* sister
soif *f* thirst; **avoir soif** to be thirsty
soigner to take care of
soigneusement with care
soin *m* care; **avoir soin** to take care
soir *m* evening; **tous les soirs** every evening; **le soir** in the evening
soirée *f* evening
soit *pr subj 3rd sg of* être; **soit . . . soit** either . . . or
soixante sixty
soixante-dix seventy
sol *m* soil, ground; **au ras du sol** level with the ground
soldat *m* soldier
soleil *m* sun; **au soleil** in the sunshine; **soleil couchant** setting sun
solide solid, compact, compactly built
solidement solidly; **solidement construit** well built
solidité *f* solidity
solitude *f* solitude
solstice *m* solstice
solution *f* solution
sombre dark
somme *f* sum
sommeil *m* sleep
sommes: nous sommes *pr ind 1st pl of* être; **nous sommes au mois d'août** it is August
sommet *m* summit
somptueux sumptuous
son *m* sound
son, sa, ses his, her, its
sonne: il sonne *pr ind 3rd sg of* sonner
sonner to ring
sonore sonorous, of sound
sont *pr ind 3rd pl of* être
Sorbonne *f* the division of the University of Paris which is devoted to the study of letters (Humanities)
sort *m* fate
sort: il sort *pr ind 3rd sg of* sortir
sorte *f* sort; kind; **toute sorte** all kinds; **de sorte que** so that; **en quelque sorte** somewhat, so to speak
sorti *p part of* sortir
sortie *f* exit; **à la sortie** on leaving

sortir to go out, to come out
souci *m* care, worry
soucier: se soucier de to be anxious, worried about
soudain sudden; suddenly
soudainement suddenly
souffrir to suffer
soulever to lift
soulier *m* shoe
soupçonner to suspect
soupe *f* soup
soupeser to weigh (in one's hand)
souplesse *f* flexibility
source *f* spring
sourire *m* smile; to smile; en souriant smiling
sous under; sous une pluie fine in a misty rain
sous-marin *m* submarine
sous-sol *m* underground level, basement
souterrain(e) underground
souvenir *m* souvenir, memory; souvenirs à vendre souvenirs for sale
souvenir: se souvenir (de) to remember
souvent often
souviens: je me souviens *pr ind 1st sg of* se souvenir
spacieux spacious
spécialisation *f* specialization
spécialisé specialized
spécialiser: se spécialiser to specialize
spécialiste specialist
spécialité *f* specialty
spectacle *m* sight, spectacle
spectateur *m* spectator
spéléologie *f* speleology, study of caves
splendeur *f* splendor
sport *m* sport
sportif(ve) sporting
square *m* small public park
stable stable
stade *m* stadium
stalactite *f* stalactite
stalagmite *f* stalagmite
standardiser to standardize
station *f* station; station thermale watering place
stationnement *m* parking
stationner to park
statue *f* statue
structure *f* structure; principes de structure structural principles

style *m* style
subir to undergo, to suffer
submerger to submerge
subventionner to subsidize
succèdent: il se succèdent *pr ind 3rd pl of* se succèder
succéder to succeed, to take the place of; se succéder to follow each other
succès *m* success
successif(ve) successive
successivement in turn
sucre *m* sugar; sirop de sucre syrup made of sugar and water
sucré(e) sweetened
suffire to suffice, to be enough
suffisamment sufficiently
suffisant sufficient
suffire to suffice, to be enough; se suffire to be self-supporting
suffit: il suffit *pr ind 3rd sg of* suffire
suffrage *m* vote; suffrage universel universal suffrage
suggère *pr ind 3rd sg of* suggérer
suggérer to suggest
suicider: se suicider to commit suicide
suie *f* soot
suis: je suis *pr ind 1st sg of* être
Suisse *f* Switzerland
suit: il suit *pr ind 3rd sg of* suivre
suite *f* continuation, succession; et ainsi de suite and so on; à la suite de as a result of; tout de suite immediately
suivant according to; suivant(e) following
suivent: ils suivent *pr ind 3rd pl of* suivre
suivi *p part of* suivre
suivre to follow; to take (a course)
sujet *m* subject; à ce sujet about that
superflu(e) superfluous, useless
supérieur(e) upper, higher
supériorité *f* superiority
supermarché *m* supermarket
suppose: je suppose *pr ind 1st sg of* supposer
supposer to suppose
supprimer to abolish
sur on; about; un mois sur quatre one month out of four
sûr(e) sure; j'en suis sûr I am sure of it
sûrement surely
sûreté *f* safety
surface *f* surface
surgelé fast frozen

surmonter to top, to surmount
surpeuplé overpopulated
surplombé overhung
surplus *m* surplus
surprenant surprising
surprendre to surprise
surpris *p part of* surprendre
surprise *f* surprise
surproduction *f* over-production
surtout especially, principally
survivance *f* survival
survivre to survive
suspendre to hang, to suspend
suspendu *p part of* suspendre
svelte slender
symbiose *f* symbiosis
symbole *m* symbol
symbolisme *f* symbolism
symphonique symphonic
systématique systématique
système *m* system

T

table *f* table; **table de nuit** night table
tableau *m* painting
tâche *f* task
talent *m* talent
tandis que while, whereas
tant (de) so many, so much; **tant est grand . . .** so great is . . .
tante *f* aunt
tantôt . . . tantôt now . . . now
tapis *m* rug
taquiner to tease
tard late; **plus tard** later
tarif: tarif douanier *m* customs
taudis *m* slums, slum tenement
taxi *m* taxi
technicien *m* technician
technique *f* technique; *adj* technical
technologie *f* technology
tel, telle such; a certain
téléphone *m* telephone
télé-speaker, télé-speakerine T.V. announcer
télévision *f* television
tempéré temperate
temporaire temporary
temps *m* time; weather; **Quel Temps!** What Weather!

tendance *f* tendency
tendre (à) to tend; **tendre** to extend
tendu strained
tenir to hold; **tenir compte de** to take into account; **tenir la route** to stay on the road; **se tenir** to be held
tennis *m* tennis; **court de tennis** tennis court
tente *f* tent
tenter to attempt; to tempt, to attract
tenue *f* bearing and dress
terme *m* term
terminaison *f* ending
terminer to end
terminologie *f* terminology
terrain *m* ground, land
terrasse *f* terrace; **terrasse d'un café** sidewalk café
terre *f* earth, ground
terreur *f* terror
terrible terrible
terrifier terrify
terrine *f* earthenware bowl
territoire *m* territory
testament *m* testament; **Nouveau Testament** New Testament
tête *f* head; **en tête à tête** alone (two people)
texte *m* text
théâtre *m* theatre
théâtral(e) theatrical
théorie *f* theory
théorique theoretical
tien: le tien, la tienne, les tiens, les tiennes yours; **À la tienne!** To your health!
tiennent: ils tiennent *pr ind 3rd pl of* tenir
tiens! well!
tient *pr ind 3rd sg of* tenir; **se tient** is held
tiers *m* third
tigre *m* tiger
timbre *m* stamp
tintamarre *m* din, uproar
tirer to draw, to pull; **tirer parti de** to make use of; **se tirer d'affaire** to get along all right
tiroir *m* drawer
toit *m* roof
toiture *f* roof
tokay *m* Tokay wine
tolérer to tolerate
tombe *f* tomb

tombée: tombée de la nuit *f* nightfall
tomber to fall
torrentiel torrential
tort *m* wrong; **avoir tort** to be wrong
tortueux(euse) crooked
totalité *f* whole
toucher à to touch upon
toujours always, still; **pour toujours** forever
tour *m* trip; turn; walk; **faire un tour** take a walk, **faire demi-tour** to turn back; **faire le tour de** to go around (something); **le Tour de France** bicycle race around France; *f* tower; **la tour Eiffel** the Eiffel Tower
tourisme *m* travel
touriste *m* tourist
tournant *m* curve
tourner to turn; **se tourner** to turn around
Toussaint *f* All Saints' Day (Nov. 1)
tout, toute, tous, toutes *adj* all, every; **toute la journée** all day; **tous les jours** every day; **tout, toute, tous, toutes** *pron.* all, everybody, everything; **tout** *adv* all, quite completely; **tout de même** all the same; **tout en parlant** while talking; **pas du tout** not at all; **tout à fait** completely; **tout de suite** immediately; **tout droit** directly, straight; **tout à coup** suddenly; **tous les 50 ans** every 50 years
toutou *m* doggy
trace *f* trace
tracé *m* design
tradition *f* tradition
traditionnel(le) traditional
traditionnellement traditionally
traduire to express
tragique tragic
train *m* train; **en train de** in the act of, busy; **remettre en train** to start going again
traîneau *m* sleigh
traité *m* treatise
traitement *m* treatment; salary (of white collar workers)
trajet *m* trip, distance
tranquille quiet; **soyez tranquille** don't worry
tranquillement quietly
transférable transferable
transfert *m* transfer, removal

transformation *f* transformation
transformer to transform; **se transformer** to be rebuilt
transmettre to transmit
transparent transparent
transport *m* transportation
transporter to transport
travail *m* **travaux** *pl* work
travailler to work
travailleur *m* worker
travers: à travers through
traversent: ils traversent *pr ind 3rd pl of* **traverser**
traverser to cross
trentaine about thirty
très very
triangle *m* triangle
tribu *f* tribe
tribunal *m* court of justice; **tribunal correctionnel** criminal court
tricycle *m* tricycle
triomphal(e) triumphal
triste sad, depressing
tristesse *f* sadness
troglodyte *m* cave dweller
trois three
troisièmement thirdly
tromper to deceive; **se tromper** to be mistaken
trompeur(euse) deceptive, misleading
trône *m* throne
trop too; too much; too many
trottoir *m* sidewalk
troupe *f* troupe
trouve: il trouve *pr ind 3rd sg of* **trouver**
trouver to find; to think; **se trouver** to find oneself, to be
truffe *f* truffle, a kind of mushroom
truie *f* sow
tumulte *m* scuffle
type *m* type; **chic type** a wonderful fellow

U

ultra-moderne ultra modern
un, une one; a; **les uns des autres** from each other; **ni l'un ni l'autre** neither
unanime unanimous
uniforme *m* or *adj* uniform
uniformité *f* uniformity
union *f* union

unique single, unique
unir to connect
universitaire academic
universel universal
université *f* university
urbain(e) urban
urbanisme *m* city planning
usage *m* custom, use
usager *m* user
usine *f* plant, factory
utiliser to use, to make use of
utilitaire utilitarian
utilité *f* usefulness

V

va: il va *pr ind 3rd sg of* **aller**
vacances *f pl* vacation; **en vacances** on vacation
vacancier *m* vacationer
vacant(e) vacant
vacciner to vaccinate
vague vague
vaguement vaguely
vais: je vais *pr ind 1st sg of* **aller**
valeur *f* value
valise *f* handbag
valoir to be worth; **il vaut mieux** it is better
vanité *f* vanity
vanter to boast; to boast about
variable variable
varier to vary
variété *f* variety
vaste vast, large
vaut: il vaut *pr ind 3rd sg of* **valoir**
veau *m* veal
vécu *p part of* **vivre**
véhémence: avec véhémence vehemently
véhicule *m* vehicle
veille *f* the day (or night) before; **la veille de Noël** Christmas Eve
vendeur *m* seller, salesman; **vendeur de journaux** newspaper huckster; **vendeuse** saleswoman
vendre to sell; **se vendre** to be sold; **à vendre** for sale
vénérable venerable
venez *imper of* **venir**; **vous venez** *pr ind 2nd pl of* **venir**
venir to come; **venir de** to have just; **vient de paraître** just out

vent *m* wind; **moulin à vent** windmill
vente *f* sale
venu *p part of* **venir,** having come, who has come
véracité *f* veracity, truth
verbe *m* verb, speech, **avoir le verbe haut** to talk loud
verdoyant verdant
véritable real, veritable
vérité *f* truth
verrez: vous verrez *fut 2nd pl of* **voir**
verriez: vous verriez *condl 2nd pl of* **voir**
vers towards; about
verser to pour
version *f* translation
vert(e) green
vertigineux(euse) breathtaking, dizzy
vertu *f* virtue
vestige *m* vestige, remnant
vêtements *m pl* clothes
vêtir to dress
vêtu *p part of* **vêtir**
vétuste decrepit
veut: il veut *pr ind 3rd sg of* **vouloir**
viande *f* meat
vice-roi *m* viceroy
vicissitude *f* vicissitude
victoire *f* victory
vide empty
vie *f* life; **la vie chère** the high cost of living
vieil, vieille *see* **vieux**
vieillard *m* old man; *pl* old people
vieillir to age
viennent: ils viennent *pr ind 3rd pl of* **venir**
vient: il vient *pr ind 3rd sg of* **venir**
vieux, vieil *m,* **vieille** *f,* **vieux, vieilles** *pl* old; **mon vieux** old man; **vieux de plusieurs siècles** several centuries old
vif, vive alive; **couleurs vives** bright colors
vigoureux strong
village *m* village
villageois *m* country people
ville *f* town, city
villégiature *f* stay in the country
vin *m* wine
vingt twenty
vingtaine *f* about twenty
violemment violently
violette *f* violet
violon *m* violin

virage *m* sharp road turn

virer to turn, to twist

visage *m* face

visite *f* inspection

visiter to visit, to go to see; to inspect

visiteur *m* visitor

vite fast

vitesse *f* speed; **toute sa vitesse** full speed

vitrail(aux) stained glass window

vitrine *f* showcase

vivacité *f* animation, vivacity

vivait *imperf ind 3rd sg of* vivre

vivant(e) alive, living; **langue vivante** modern language; **de son vivant** in his lifetime

vivre to live

vogue *f* vogue, fad

voici here is

voie *f* way; **en voie d'accomplissement** being carried out

voilà there is, that is; **voilà tout** that's all

voir to see

voisin(e) neighboring; close to; **les rues voisines de** the streets near . . .

voisinage *m* vicinity, neighborhood

voit: **il voit** *pr ind 3rd sg of* voir

voiture *f* vehicle of any kind: car, carriage, pushcart; **voiture d'enfant** baby carriage

voix *f* voice; **à voix basse** in a low voice; **à haute voix** aloud

volant *m* steering wheel

voleur *m* thief

volontaire voluntary

volontairement voluntarily

volontiers gladly, willingly, readily

volume *m* volume, book

vont: **ils vont** *pr ind 3rd pl of* aller

voter to vote

votre *adj* your; **le vôtre** *pron* yours

voudrais: **je voudrais** *condl 1st sg of* vouloir; **je voudrais bien** I should like very much

voulez: **vous voulez** *pr ind 2nd pl of* vouloir

vouloir to want, to wish; **vous voulez dire** you mean; **vous voulez parler** you mean; **comment voulez-vous . . .** how do you expect . . .; **Que voulez-vous!** What can you expect!

voûte *f* vault, arched ceiling

voyage *m* trip

voyageur *m* traveler

voyant *pr part of* voir

voyez: **vous voyez** *pr ind 2nd pl of* voir

voyons *imper of* voir, let's see; see here; come now

vrai(e) true; **à vrai dire** to tell the truth

vraiment truly, really

vu considering

vue *f* view; opinion; vision, sight; **à perte de vue** as far as you can see

vulgaire ordinary, vulgar

W

wigwam *m* wigwam

Y

y there; on it; to it

yeux *see* œil

Z

zigzaguer to zigzag

zone *f* zone; **zone bleue** zone of limited parking